中交财务智库

企业集团财务决策模型与应用

彭碧宏 丁慧平 朱宏标 吴文往 著

中国财经出版传媒集团
中国财政经济出版社

图书在版编目（CIP）数据

企业集团财务决策模型与应用/彭碧宏等著．—北京：中国财政经济出版社，2019.7

ISBN 978－7－5095－9045－4

Ⅰ.①企…　Ⅱ.①彭…　Ⅲ.①企业集团－财务决策－决策模型　Ⅳ.①F276.4

中国版本图书馆 CIP 数据核字（2019）第 115195 号

责任编辑：李筱文　　　　　　责任校对：徐艳丽

封面设计：思梵星尚

中国财政经济出版社 出版

URL：http：//www.cfeph.cn

E－mail：cfeph@cfeph.cn

社址：北京市海淀区阜成路甲 28 号　邮政编码：100142

营销中心电话：88190406　北京财经书店电话：64033436　84041336

北京财经印刷厂印刷　各地新华书店经销

710×1000　毫米　16 开　17.75 印张　220 000 字

2019 年 7 月第 1 版　2019 年 7 月北京第 1 次印刷

定价：72.00 元

ISBN 978－7－5095－9045－4

（图书出现印装问题，本社负责调换）

本社质量投诉电话：010－88190744

打击盗版举报热线：010－88190414　QQ：447268889

总　序

作为国务院国资委监管的中央企业，中国交通建设集团有限公司（以下简称“中交集团”）在中国改革开放的浪潮中应运而生，伴随中国经济的腾飞和国资国企改革的深化不断成长、壮大，已经发展成为资产总量和业务规模超万亿元的特大型企业。特别是党的十八大以来，中交集团深入学习贯彻习近平新时代中国特色社会主义思想，以“五商中交”战略和“三者”定位为指引，企业规模、效益、质量全面提升，正沿着建设具有全球竞争力的世界一流企业阔步前行。

一流的财务管控能力是一流企业的重要支撑。如果将企业运行比作人体结构，财务系统则掌握着企业的神经系统（信息）、血液系统（资金）、成长系统（利润）和免疫系统（风险）四大核心系统，是企业实现基业长青的关键。

近年来，随着“五商中交”战略的深入实施和国有资本投资公司试点改革的有序推进，中交集团财务管理工作逐渐从传统的“核算型”向“价值管理型”“战略驱动型”加速转变，产融融合与升级更是国有资本投资试点公司主要转型方向，在服务改革、兼并收购、降本增效、税务筹划等方面发挥了重要作用，财务信息化与业财融合水平持续提升。目前，已基本形成“战略引领、价值导向、财务创新、管理与服务并重、底线思维”的财务管理特色。

当前，全球经济已进入数字经济时代，互联网、物联网、云计算、大数据、人工智能等新一代信息技术的融合创新，将给企业发展带来从业结构到组织形态、从发展理念到商业模式的全方位变革和突破。财务管理工作要积极拥抱时代变化，重点围绕关系企业发展的长期性、根本性、方向性、全局性、创新性、风险性“六大问题”夯基固本、创新发展，全面推进“334”工程建设，推动财务资金管理由被动管理向主动管理转型，由单一要素管理向系统化管理、全价值链管理转变，由大会计管理思想向价值创造型、战略驱动型转变，以更高的站位、更大的格局、更宽的视角支撑企业战略落地和高质量发展。

基于此，中交集团在总结企业多年管理经验的基础上，编撰了财务管理系列丛书，涵盖《企业集团财务预警解决方案——中国交通建设集团有限公司的实践》《全球一流企业发展中的财务转型——中国交建财务共享服务中心典型案例》《企业集团财务决策模型与应用》等多方面内容，为企业财务管理提供了系统解决方案、经验与案例。希望本丛书能够抛砖引玉，构建与读者交流的平台，共同促进企业财务管理水平持续提升，有力助推企业科学管理与高质量发展，为全面建设具有全球竞争力的世界一流企业不断做出新的贡献。

宋海良

中交集团总经理、中国交建总裁

2019 年 9 月

序

随着我国市场经济的迅速发展，企业集团化的趋势也越来越明显。相对于单体企业，集团化企业具有业务规模大型化、业务类型多元化、组织结构多级化、业务关联复杂化等特征，对企业集团的投资能力、融资能力、资产配置能力、风险管控能力等都提出了更大的挑战。作为我国重要经济支柱的微观单元体，中央企业和上市公司，通常也是以企业集团形式经营。在驾驭管理复杂业务的同时，这类企业（或企业集团）还必须面对国资委、信用评级机构以及资本市场的考核与评价，尤其是错综复杂的财务绩效考核与评价。

面对日益庞大的业务管理和多重的业绩评价要求，如何更有效地提升企业集团财务管理决策水平是其面临的重要挑战。为了进一步提高企业集团资源配置效率，提高经营管理决策科学性，在大数据、智能化技术已逐渐得到广泛运用并正在改造传统行业商业模式、提升企业运营效率的今天，企业集团亟需建立一套信息化财务管理模型系统作为管理决策的辅助工具，帮助管理层更有效地模拟预测未来业绩，管控财务风险，优化资源配置，发现管理短板，从而提升企业绩效，实现可持续发展。

本书正是基于企业管理变革的时代背景，探索研究企业集团建立财务管理决策模型的理论、方法，并加以实务应用。本书内容结构分为理论篇和实务篇。理论篇详细阐述了企业集团财务模型系统的理论基础、总体设计、逻辑功能、模型架构。实务篇则以CC集团为例，从财务预警、企业估值与价值管理、PPP项目财务决策、企业战略与管理决策、大数据时代的应用展望等方面，展示了财务模型在辅助考核评价、财务预警、资本市场管理、业务市场管理、特殊业务管理重要决策中的应用。本书的研究成果不仅体现在企业集团财务管理模型系统这一管理工具的开发和应用，而且是对企业财务管理重要决策的系统梳理和阐释。本书的特点在于从企业集团管理决策视角阐述了财务决策模型的构建原理、逻辑功能和对企业经营策略、投资策略、融资策略的辅助决策作用，突出了企业集团财务决策与财务预警、价值管理、PPP项目投资决策的内在逻辑。PPP是近年来我国快速发展的大型基础设施项目的新型融资与经营模式。如何进行PPP项目的财务分析与决策，以及PPP项目投资的规模性和长期性对企业集团的财务绩效会产生怎样的影响，都是业界非常关注的热点问题。本书从单体PPP项目和企业集团整体两个层面进行了阐释，为企业集团进行PPP项目投资决策提供了分析视角和方法。此外，本书还从财务视角，运用财务指标，针对企业经营管理中的市场拓展、资源配置、运营管理、风险管控、并购抉择、财务可持续投融资等重大决策提供了思维逻辑和分析方法，这些方法的运用能够为企业集团管理决策提供定性与定量相结合的决策依据。

企业集团财务管理模型系统的构建，充分体现了公司财务理论与企业集团管理实践的有机结合，是我国企业集团管理工具的有益探索和崭新实践。本书的研究成果可为大型企业集团结合自身业务构建财务管理模型系统提供良好的借鉴和理论支撑，通用性强、适应面广，具有广泛的推广应用价值。本书提出的企业管理决策理念、逻辑思维与方法，也可为企业管理业界提供有价值的参考。

彭碧宏

中交集团总会计师、中国交建财务总监

2019 年 9 月

前 言

企业集团作为一种重要的现代经济组织形式，具有规模经济、产业链构建、一体化发展、业务相对多元化、组织结构趋于复杂等特点。作为企业集团经营过程中的核心组成部分，财务管理在反映企业财务状况、提供决策依据、提升资源配置效率、管控财务风险和增强企业可持续发展能力等方面发挥着极其重要的作用。

随着大数据、信息化时代的到来，伴随着互联网及计算机信息技术的飞速发展，不断产生的管理变革促使互联网信息技术在企业集团财务管理中得到了广泛应用。顺应企业发展的需要，对企业集团历史财务报表数据进行汇集整理，构建财务模型，用于量化分析和把握企业集团经营发展的内在逻辑规律，帮助企业经营管理层及财务人员在日常经营活动中实时掌握相关财务数据变化规律，为企业集团可持续成长提供决策支撑，已成为企业追求长远发展所必不可少的方法和工具。

本书旨在为业界读者提供一本介绍企业集团财务模型构建与应用的专业书籍，阐释企业集团财务模型服务于企业决策的逻辑思路与方法，并给出具体应用的翔实案例，为企业集团构建和运用财务模型进行动态财务管理，提升抗风险能力和应变能力，实现企业长远发展提供借鉴。

本书注重从企业集团财务决策的角度阐释和讨论企业集团财务决策模型的构建原理、逻辑功能、应用范围；强调从经营业务策略、投资业务策略、融资业务策略与公司战略相适配的视角认知和理解企业集团财务决策的重要性；以公司财务报表为载体阐释了企业集团财务模型输入、运算、输出的逻辑原理，从应用视角详述了企业集团财务决策与财务预警、价值管理、战略与管理决策、PPP项目投资的内在逻辑，并展望了大数据在企业集团财务决策中的应用前景。

全书由9章组成，在内容撰写上主要体现了以下几方面的特点。

1. 在整体结构上从3个方面构架本书的内容体系，由理论篇（第一章至第二章）、模型构建篇（第三章至第四章）和应用篇（第五章至第九章）组成。理论篇包括企业集团财务模型构建的背景和功能需求、理论基础和总体设计思路；模型篇包括企业集团财务模型的逻辑功能、子模型构成和逻辑运算；应用篇为企业集团财务模型的实际应用场景，包括财务预警、价值管理、PPP项目财务决策、战略与管理决策、大数据应用展望。

2. 在系统介绍企业集团财务模型功能与决策逻辑的基础上，尽可能反映和体现复杂组织结构类型的企业集团财务决策的功能特点。第二章至第四章着重阐述了企业集团财务模型的功能需求分析和总体架构设计，各子模型的功能及之间的逻辑关联，财务预报表模型及其运算逻辑；第六章就财务模型应用于价值管理的功能与方法进行了论述，并结合公司实例进行了阐释；第八章从管理决策视角阐释了市场拓展、资源配置、运营管理、企业并购、可持续发展等方面财务模型的决策支持功能。

3. 强调和体现了企业集团财务模型对企业绩效考量、财务预警的辅助决策功能。基于企业财务绩效考量指标，运用财务模型设计并实施财务预警系统，对财务信息进行监测和预警，可有助于企业及时采取有效措施改善经营，防范财务危机发生。在第五章中，针对企业经营、投资、融资和预警优化管理等方面讨论了运用财务模型建立财务预警指标体系及反馈调整逻辑以及通过财务预警进行辅助决策的具体功能作用，注重体现了企业集团财务模型在经营管理中的实际应用。

4. 重点讨论了 PPP 项目投资对企业集团财务决策的影响。PPP 项目应用于基础设施建设，具有情况复杂、体量大、风险高、影响时间长等特点，如何科学合理地进行 PPP 项目的投资决策关乎企业的整体发展。同时，如何将 PPP 项目的财务决策纳入企业集团整体财务决策也是财务模型面临的挑战之一。关于 PPP 项目的投资评价，传统净现值模型由于未考虑项目的公益属性（公共基础设施）特点而存在局限性，本书对传统的净现值分析方法进行了创新性改进。在第七章中，针对 PPP 项目的经济属性、类型特征、运作模式、风险特点以及财务决策，结合 PPP 项目实例，就 PPP 项目投资决策对企业集团财务指标的影响进行了翔实分析。

5. 在企业集团财务模型原理及逻辑功能的阐述和应用方面，书中运用了大量图表进行表述和说明以便于读者理解，针对企业财务管理决策特点，注意把握相关理论的衔接性与系统性，并结合具体实例阐释了企业集团财务模型的功能运用，使本书在理论原理与功能逻辑方面的阐述更趋完备。

本书的成功出版得益于中国交通建设集团有限公司在撰写内容、研究资料获取方面给予的鼎力支持，也是与北京交通大学合作研究的成功之作。付梓之际，在此由衷感谢在本书成稿期间给予了支持和关注的中国交通建设集团有限公司历任财务主管领导及其在立题思想与理念思维上对丰富本书内涵所作的贡献。同时由衷感谢中国交通建设股份有限公司贾淑娟、黄河、刘洋、王佳磊和北京交通大学何琳博士、徐鲲博士为此书的成稿所做出的贡献。

本书在撰写过程中参考了相关国内外文献资料，在此谨向有关学者和朋友表示深切的感谢。

囿于作者水平有限，书中难免有不妥之处，敬请读者提出指正。

作者

2019年5月于北京

目　录

理论篇

模型构建篇

应用篇

理　论　篇

第一章

绪　论

财务管理作为企业日常运营过程中的重要组成部分，具有反映财务状况、提供决策依据、提升企业资源配置效率、管控财务风险和增强企业可持续发展能力等重要作用。

而随着大数据、信息化时代的到来，企业需要构建服务于企业集团财务管理决策的模型工具，运用量化的数据分析快速有效地整合财务信息，支撑日益复杂和庞大的企业管理活动。

本书旨在提供企业集团财务模型构建方法，并给出具体应用的详细案例，为企业集团构建和运用财务模型进行动态财务管理，提升抗风险能力和应变能力，实现长远发展提供参考。

本书共包含三篇，分别为理论篇、模型构建篇和应用篇。

理论篇包括本书第一章至第三章，介绍了企业集团及其财务模型的相关概念及特征，分析了财务模型的意义、作用及其所应具备的功能，在引导读者了解财务模型构建所涉及的相关理论的基础上，进行了财务模型的总体框架设计和逻辑功能设定。

模型构建篇为本书第四章，详细阐述了企业集团财务模型的设计过程，包括模型输入、模型运算、模型输出以及后续模型质量监测四个阶段，为读者提供模型构建的实操指导。

应用篇为本书第五章至第九章，详细介绍了企业集团财务模型的具体应用场景，包括从财务预警、估值决策、PPP 项目财务决策、战略管理决策四个方面分析模型的实际应用，并结合大数据时代信息化的发展浪潮，对财务模型未来的构建方式与应用前景进行了展望。

本书内容框架如图 1－1 所示。

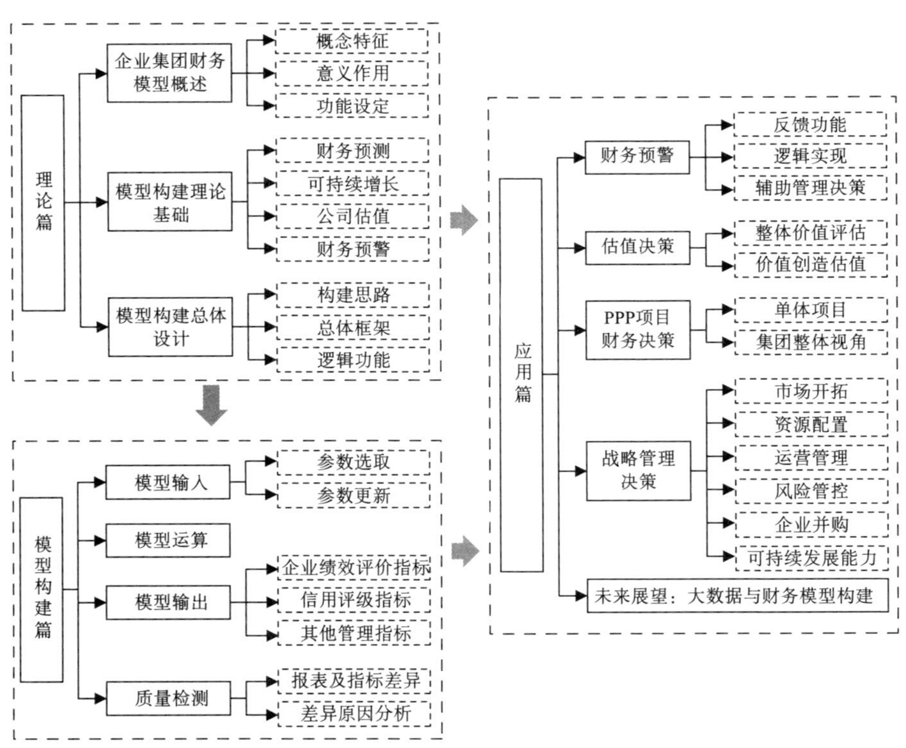

图 1－1　本书内容框架

第一节 企业集团财务模型概述

随着互联网及计算机技术在企业集团财务管理中的广泛应用，对企业集团历史财务报表数据进行收集整理，定量分析总结并掌握其内在发展规律，构建财务模型，使企业经营管理层及财务人员在日常生产经营中实时掌握财务数据变化规律，为企业集团的可持续成长提供决策支撑，已经成为每家追求长远发展的企业必不可少的工具。

一、企业集团特征

现代社会中经济组织形式多样，企业集团作为其中一种重要的现代经济组织形式，具有规模经济、产业链构建、一体化发展、业务相对多元、组织结构趋于复杂等特点。同时，由于其自身体量庞大，业务及财务管理特征有别于小规模企业或单一企业，对于财务模型的整体构建也有所不同。

（一）企业集团业务特征

企业集团是以一个或少数具有法人地位的实力雄厚的大企业为核心，以一批具有共同利益、受核心企业不同程度控制或影响的企业、事业单位为外围，以产权联结为主要纽带，以产品、技术、经济契约等为辅助纽带，以实现整体价值最大化为目标的多层次多法人的经济联合体。企业集团是现代先进的高级的企业联合形式，也是生产集中和资本规模积聚的最新形式，是社会化大生产和市场经济发展的必然结果。企业集团具有以下几方面业务特征[①]：

1. 业务规模大型化。企业集团是由多个法人组成的联合体，它突破了部门、地区、行业、所有制等固有界限，按照内在经济技术联系的需要实行联合。联合方式灵活，有按产品的联合，有按加工工艺的联合，也有资金、技术、设备、劳动力等方面的联合，还有供、产、销的联合及生产和科研的联合等。根据我国《企业集团登记管理暂行规定》（工商总局企业注册局，1998 年 4 月 6 日）的规定，设立企业集团应具备以下条件：

（1）企业集团的母公司注册资本在 5 000 万元人民币以上，并至少拥有 5 家子公司；

（2）母公司和其子公司的注册资本总和在 1 亿元人民币以上；

（3）集团成员单位均具有法人资格。

由此可知，企业集团的业务规模庞大，拥有一定的经济实力，能发挥规模经济的优越性，这对资产管理能力、经营决策能力等也提出了更高的要求。

2. 业务类型多元化。组成企业集团的成员可以多种多样，包括工商企业、科研单位、金融组织等。成员一般均具有法人地位，集团成员单位既有各自独立的经济利益，又有共同利益。企业集团各成员单位之间存在着多种联结纽带，如财务方面的资金融通，人事方面的高层管理人员派遣，新技术新产品的共同研发、资源共享，信息方面的联网、相互交换和共享，采购、营销、服务网络的共享等。企业集团的业务相对多元化，且交叉性、复杂性较为明显。一些企业集团甚至拥有诸多不甚相关的多元化板块（即混合经营型企业集团），目的在于实施企业集团的产业转型、寻找新的利润增长点或进行资本运作等。

3. 组织结构层级化。按照产权联系纽带，企业集团内部呈现“金

---

① 王明虎：《企业集团财务管理教程（第二版）》，立信会计出版社 2017 年版；邬烈岚：《企业集团财务管理》，立信会计出版社 2017 年版。

字塔”形的组织架构。处于金字塔塔尖的第一层次是集团公司（母公司），即企业集团的核心企业，除了进行生产经营和资本运作外，还是企业集团的战略管理中心，负责集团整体战略规划、组织运营协调、内部管理控制等。第二层次是控股层企业（即紧密层企业），由集团公司的控股子（孙）公司组成，分为全资控股、绝对控股和相对控股三种形式。第三层次是参股层企业（即半紧密层企业），由集团公司的参股公司组成。第四层次是协作层企业（即松散层企业），由与集团公司和子公司以生产经营合同、协议和托管等方式建立较为稳定的协作关系的企业构成。一般认为后两层不作为企业集团的成员。

4. 业务关联复杂化。由于合并、收购、分拆、重组等资本运作行为，组成企业集团的各种经济利益在不断变化中，集团内母子公司之间业务具有关联性和复杂性。业务的关联性可能体现为上下游之间的产业链关联，也可能通过规模、范围经济加大对其产业领域及市场的深度开发，获取竞争优势并取得利润，还可能体现为相关多元化板块之间的资源、技术、品牌等优势共享。

5. 管理决策信息化。企业集团通常子公司和涉及的行业板块众多，子公司之间或各板块之间的业务又有大量的关联性，使得总部的管理决策较为复杂，这就要求企业集团内部具有一个高效率的信息管理系统，及时提供准确信息，并辅助管理者进行决策。现代化的企业集团通常都拥有管理信息系统，用于应对复杂的业务管理和进行管理决策。

（二）企业集团财务管理特征

财务管理是企业集团管理的重要组成部分，本质是以资金运动为对象，是关于资金的获得和有效使用，并处理资金运动中的财务关系的经济管理活动。企业集团作为区别于单体企业的组织形式，在财务管理主体、目的、机理、手段等诸多方面均具有不同特点。

1. 企业集团财务决策主体多层级。企业集团是企业联合体，呈现一元中心下的多层级复合结构特征。一方面，企业集团财务管理的核心是母公司，其凭借出资人身份或集团核心地位，对所控制的子公司及其他成员的投融资决策及利润分配等制定统一战略，实施统一规划，发挥一元中心的作用。另一方面，子公司以及其他成员企业均是独立法人，不仅有独立的经营自主权，也有独立的理财自主权，是各自财务管理的主体。

企业集团财务决策主体呈多层级，各层级会倾向于关注局部利益，但局部最优未必整体最优。企业集团需要根据自身的管理体制、类型规模、成长阶段、组织结构等选择适当的财务管理体制，采用恰当的财务管理方式，构建财务模型，并采取建立财务共享中心、构建内部资金生态系统等措施，协调企业集团内部的财务管理机制流程，实现企业集团内部的财务管理协同，形成整体最优决策。

2. 企业集团财务管理目标多维性。企业集团具有资产规模庞大、业务多元复杂、组织结构多层次等特性，且面临来自资本市场、监管层、债权人以及企业对子公司的内部考核等多方面要求，其财务管理目标具有多维性。不仅要考虑企业集团整体利益，还需均衡各子公司局部利益；不仅需要满足外部市场监管者及企业集团投资者、债权人的利益诉求，还要考虑企业集团母、子公司的协同发展要求；在协调统一各方利益目标的情况下，实现企业集团价值最大化与可持续发展，构建良好的成长环境。因此，企业集团需要关注的财务指标涵盖多方面，而财务指标之间往往相互关联。通过财务模型可以观察企业决策对财务指标的影响，为优化决策提供依据。

3. 企业集团财务管理注重资本运营。资本运营是指利用市场法则，通过资本的技巧性运作或资本的合理流动，实现价值增值、效益增长的一种经营方式。在实践中，单一企业可以仅从事产业经营，而不进行资本运营；对大企业、大集团而言，除了产业经营外，可利用其聚集的资本进行资本运营，且资本运营在集团财务管理中体现了重要地位和作用。企业将各种资源要素，包括产品、技术、设备、厂房、商标、战略、服务、文化、管理团队等，以资本的形式进行流动、整合和重构，进一步优化配置，形成合力，可实现企业集团资本的最大限度增值。财务模型的主要功能是能够很好地协助企业集团处理复杂的资本运营决策，分析财务指标变化，进行价值判断。

二、企业集团财务模型的作用

（一）概念界定

企业集团财务模型是应用计算机技术及软件平台，通过整理分析财务报表中的大量数据，结合企业日常生产经营的客观环境，发现和掌握财务数据之间内在逻辑关系，从而运用数学表达式构建的财务模型，用于满足企业日常财务管理及经营决策的需要，帮助正确预判企业未来的发展方向。与其他财务模型相比，鉴于企业集团在其生产经营和业务发展的过程中，规模体量不断增大，财务模型的构建不仅需要考虑宏观经济政策、金融市场环境，以及中观行业发展风向等，还需兼顾企业集团在自身愈加复杂的沟通交流环境下，不同层级、不同业务类型的管理决策和绩效考核等需求，发掘内部财务协同机理。

企业集团高层管理人员可以通过财务模型客观分析企业发展情况与财务管理状况，避免盲目跟风，合理配置资源，科学理性地做出经营管理及投融资等决策，制定企业集团未来战略布局。企业集团中层财务部门人员可以利用财务模型参与到企业日常经营过程中，根据各自的职责范围，为企业经营管理者提供参考性意见，实现业务与财务相融合。

随着外界环境的不断变化，企业集团所指定的发展战略或面临的财务问题也会随之改变，即在某段时间内建立的模型或许只在当下特定的环境条件和发展方向内有效。为此，财务模型的理论和方法可能需要根据不同的外部环境、不同的企业战略以及不同的发展阶段进行修正，而不是一成不变的。

（二）意义及作用

企业集团是我国目前重点发展的经济组织，也是我国经济发展中举足轻重的实体经济力量。企业集团的发展，需要技术进步、市场开拓，也需要管理创新。其中，财务管理是企业集团管理的核心部分，企业集团要以资本为纽带，利用财务管理凝聚企业集团整体的力量，做好投资和筹资，充分发挥财务在日常运营中的枢纽作用，使集团取得良好效益。

随着企业集团的不断发展，商业模式逐步转型、业务领域和地域不断扩张、业务规模及业务复杂程度也迅速增加，对其融资能力、资产配置能力、风险控制能力都提出了新的挑战，管理难度也随之加大。此外，在驾驭管理复杂业务的同时，作为央企或上市公司的企业集团还必须接受国资委、信用评级机构以及资本市场的考核与评价，满足错综复杂的财务考核与评价要求。

因此，面对日益庞大的业务管理和多重的业绩评价要求，需要一套适应企业集团实际发展情况、体现企业业务运行规律的企业集团财务模型，以便能够协助管理层更有效地预测未来经营业绩、控制财务风险、优化资源配置、发现管理短板，从而提升企业绩效，实现可持续发展。总体而言，企业集团财务模型的意义及作用主要有以下几点：

1. 预测企业全景。利用财务模型可以直观预测企业集团未来的营业收入、盈利情况、资产规模、资本结构等，为管理层、治理层展现公司未来一段时间企业经营、财务状况的全景图，方便从全局战略视角把控企业集团发展方向。

2. 提供决策支撑。构建企业集团财务模型的过程中，能够充分反映业务、资产、负债、利润、现金流等之间的逻辑关系和联动关系，为公司进行战略规划、资源配置以及各项决策提供数据支撑。

3. 助力考核达标。通过构建企业集团财务模型，发掘各项经营、投资及融资活动对绩效考核指标的作用及影响程度，对影响绩效指标的可调参数的重要性进行敏感性分析并排序，有助于管理层在合理范围内调整管理决策。

4. 风险预警防控。企业集团财务模型设有对重要的绩效指标提供预警监控的功能，有助于企业集团及时调整各项经营、财务决策，从而防控风险，提升绩效。

第二节　企业集团财务模型功能

设定企业集团财务模型的功能，首先要明确企业集团财务模型的功能需求，在此基础上构建企业集团财务模型，从而真实体现企业集团经济运行规律，满足经营管理者对财务模型的功能需求，实现财务模型构建的意义和作用。

一、财务模型需求分析

根据支撑公司财务战略决策的需要，构建企业集团财务模型要满足的功能需求包括两个方面：管理需求和绩效考核需求。

（一）管理需求

1. 财务计划：通过构建财务预测模型，梳理和识别影响公司发展和经营业绩的关键因素，帮助财务人员认知和应对未来的不确定性，使财务计划的预期目标与可能变化的周围环境和经济条件相适应，并对财务计划的实施效果做到心中有数。

2. 经营决策：企业集团财务模型通过关联经营、投资、筹资各组模型，对经营、投资和筹资业务发展做出相对客观的预测，为决策的各种方案提供依据，供决策者权衡利弊，进行正确抉择，辅助公司管理层进行业务规划、投资规划和财务规划。

3. 预警反馈：对比分析财务指标值与企业集团绩效考核和管理要求，反馈异常变动或超出预警值的指标，并根据反馈，调整相应的经营、投资或筹资计划。

4. 资源配置：合理安排收支，提高资金使用效益，通过合理配置资源实现企业战略目标和经营目标。通过分析公司的历史财务收支规律，预测公司未来的资金流量，即公司在计划期内有哪些资金流入和流出，收支是否平衡，要做到瞻前顾后，长远规划，使财务管理职能立于主动地位。管理层可根据业务发展和财务风险管控的战略目标，配置所需资源数量及资金来源，并知悉各项经营、投资和筹资决策可能带来的经济后果。

（二）绩效考核需求

绩效指标是股东、债权人、管理者评价企业经营效果的有效工具。财务模型能够快速计算各类财务指标，帮助企业集团实时了解财务指标的动态变化。从绩效考核需求出发，模型通常可以从以下三个方面构建并输出绩效考核指标体系，包括：

1. 股东关注的绩效指标。例如，国资委绩效考核指标，辅助判断各指标是否达到股东的要求。

2. 债权人关注的绩效指标。例如，信用评级绩效指标，辅助判断各指标是否符合信用评级绩效标准。

3. 企业管理层关注的绩效指标。例如，可根据企业的经营业务特征构建相应的绩效指标，辅助判断企业的经营业绩状况。

二、财务模型功能设定

根据企业集团构建财务模型的需求分析，财务模型的功能设定主要包括财务预测、财务分析、财务预警和辅助决策四个方面。

（一）财务预测功能

通过宏观环境、行业竞争和财务分析，预测企业集团的经营业务发展状况，估算营业收入增长率，模拟投资计划和融资计划，输出预测财务报表和绩效考核指标。财务模型将模拟业务增长带来的公司各项资源的变化，以及资本结构的变化。企业集团管理层可根据这些输出信息进一步调整优化业务发展及战略规划。

（二）财务分析功能

动态反映公司业务（项目）的基础数据变化对财务指标的影响。财务分析功能具体包括：一是利用预测财务报表数据对各类财务指标进行分析，模型可预设三类财务指标，即国资委绩效考核指标、信用评级关键绩效指标及公司关注的其他绩效指标；二是通过敏感性分析确定影响各财务指标的重要因素，根据反馈提供调整的建议。

（三）财务预警功能

将模型测算的财务指标值与企业集团的绩效考核和管理要求进行对比分析，反馈异常变动或超出预警值的指标；并提示出现预警指标的关键影响因素，辅助管理层调整经营决策，改善财务指标。

（四）辅助决策功能

通过财务预测、财务分析和财务预警，对未来经营、投资和融资计划做出客观预测，并基于预测提供的财务分析指标，帮助把握企业集团未来发展状况和趋势，为方案抉择提供依据，合理配置企业集团各项活动所需资源，辅助公司管理层进行经营业务规划、投资规划和筹资规划。当公司环境发生变化时，通过财务预警辅助管理层及时调整各项资源配置，以适应企业集团业务发展及战略目标，进行科学决策。

本章小结

本章从企业集团的业务特征和财务管理特征出发，对企业集团财务模型的概念及意义作用进行分析，探讨企业集团构建财务模型的功能需求，并进一步基于管理和绩效考核的需求导向对企业集团财务模型的功能进行设定，为后续企业集团财务模型具体构建和应用提供整体思路。

第二章

企业集团财务决策模型逻辑架构

本章介绍企业集团财务模型构建中所涉及的各项理论基础，并提出企业集团财务模型的总体架构，为理解模型实际构建奠定基础。

第一节　企业集团财务模型构建理论基础

根据企业集团财务模型的功能设定，模型构建需要运用的理论主要涉及财务预测、可持续增长、公司估值及财务预警等四个方面。

一、财务预测

财务预测包括收入预测、成本预测和财务报表其他项目预测三个部分。

财务预测一般以营业收入预测为起点，根据销售收入的预测结果，利用收入与成本费用以及流动资产、流动负债之间的逻辑规律进行其他财务报表项目的数据预测。结合企业未来发展战略及生产经营规划等实际情况，合理预测非流动资产相关数值。最后利用财务报表各项目之间的勾稽关系预测得到企业集团的资金需求，完成财务预测过程。

（一）营业收入预测

营业收入是构建财务模型、产生三张基础报表的起点，其预测方法按性质可分为定性预测和定量预测两大类。其中，定性预测方法主要是指依靠熟悉业务知识、具有丰富经验和综合分析能力的专业人员与专家，根据已掌握的历史资料和直观材料，运用个人经验和分析判断能力，对事物的未来发展做出性质和程度的判断。该类方法主观性较强，数据支撑有限，可靠性需考证；定量预测法是常运用的主要工具，通过数据统计分析对业务发展进行预测，具有一定的数据基础支撑，客观性较强，更趋科学逻辑性。在财务模型的构建过程中，可以根据企业集团历史财务数据，采用定量与定性相结合的方法进行营业收入预测，如以定量预测为主，结合对行业发展及企业自身因素等的考量，进行定性分析调整。

定量预测方法可分为三类：传统计量模型、人工智能模型、集成两个或两个以上方法的混合模型。

传统计量模型（例如一元线性回归方法、移动平均法等）的函数形式较为固定和简化，同时对样本数据施加较为严格的统计假设，虽然对符合其条件的时序数据具有良好的预测性能，但其假设与实际情况中大部分数据非平稳性、非线性及高复杂性等数据特征相悖。人工智能算法在复杂系统研究中具有较显著的高效分析优势，但它们同样存在着参数敏感性（样本里的噪音数据干扰）、过度拟合（英文为overfitting，即模型对样本数据拟合非常好，但是对于样本数据外的应用数据拟合效果差）等缺陷。混合模型具有较高的数据分析与预测性能，但混合模型中的不同技术具有各自的数据针对性及优劣势，尚没有充分证据证明某一个特定的混合模型适用于各种样本数据，并在预测性能上优于其他同类的混合模型。表 2－1 列示了常用的模型及其适用情形。

表 2－1　　不同预测模型比较

类型	模型	模型描述	适用情形	优缺点
传统计量模型	一元线性回归	建立一个因变量与一个自变量之间的线性关系	适用确实存在一个对因变量影响作用明显高于其他因素的变量时使用	简单易行，但精确度有限
	移动平均法	根据时间序列资料、逐项推移，依次计算包含一定项数的序时平均值，以反映长期趋势的方法。需设置窗口宽度	适用于具有水平发展趋势的时间序列分析，对各期按时期的远近赋予不同的权重，使预测值更接近实际观察值	方法灵活、简单易用、计算简洁，有效消除预测中的随机波动，但只能对近期进行预测，精确度有限
	指数平滑法	移动平均法的发展。不舍弃过去的数据，仅给予逐渐减弱的影响程度，即随着数据的远离，赋予逐渐收敛为零的权数。需设置平滑处理参数	同上	同上
	ARIMA 模型	四种形式：移动平均模型－MA(q)、自回归模型－AR(p)、自回归移动平均模型 ARMA(p,q) 以及差分自回归移动平均模型 ARIMA(p,d,q)	将包含季节和趋势的非平稳时间序列转化为平稳时间序列，建立回归进行预测	适用范围广，预测精度较高，但计算复杂，在模型选择中存在主观判断性，缺乏经济理论基础

续表

类型	模型	模型描述	适用情形	优缺点
传统计量模型	灰色预测模型	针对灰色系统所做的预测，即指信息不完全的系统。应用最多的是 GM（1，1）模型	特点是较少数据建模，着重研究“外延明确，内涵不明确”的对象	所需数据量较少，样本分布不须规律性，是处理小样本预测问题的有效工具，但缺少对系统内在机理的考量，有可能出现较大误差
人工智能模型	神经网络模型	由输入层、输出层和隐藏层组成，通过网络学习和数据修正得出期望输出，然后根据学习得出的判别规则来分类	适用于要求极少描述性分析或只关心预测结果的预测，易于自动化。但其获取的关系很难给出解释，文献中还没有神经网络预测性能的定论	没有严格的假设条件，具有很强的容错性、学习能力和纠错能力，但科学性和准确性还有待提高，可理解性差
混合模型		集成两个或两个以上方法模型	适用范围广	具有较高的数据分析与预测性能，但没有充分证据证明某一个特定的混合模型适用于各种样本数据，并在预测性能上优于其他同类的混合模型

（二）成本预测

成本预测通常采取通过分析企业运营成本的历史数据、发掘和分析成本影响因素等定量分析方法进行预测，具体包括销售收入百分比法、回归分析法、时间序列预测法等。表 2－2 总结了成本预测常用的三种方法。

表 2-2　　　　　　　　　　成本预测方法

预测方法	理论依据
销售收入百分比法	销售收入百分比法的理论依据，是所有变动成本和大部分流动资产与流动负债都具有随销售收入变动而变动的趋势。通过查看历史数据，判断哪些财务报表项目与销售收入呈比例变化，从而在销售收入预测的基础上进行这些项目的预测。虽然此方法并不适用于财务报表所有项目，某些个别项目需要单独预测，但对于许多重要变量来说，销售百分比法能够提供简单而合乎逻辑的估计。该方法在实务中经常使用
回归分析法	利用各影响因素之间的关系建立相应的回归方程进行预测，包括线性回归与非线性回归、一元回归和多元回归等。通过回归分析可提高管理会计的目标控制水平
时间序列预测法	运用各种计量模型及方法，包括移动平均法、灰色预测模型和指数平滑预测模型、组合模型等进行预测

除以上常用方法之外，成本预测也可以利用市场调查信息和决策者的个人经验对产品的运营成本进行直接预测。

（三）财务报表其他项目预测

财务报表其他项目根据流动性强弱可分为流动性和非流动性两大类。

对于财务报表中其他项目的预测，多采用实际情况与理论预测相结合的方法。其中流动资产、流动负债可利用销售收入百分比法。非流动资产则可根据企业集团未来发展战略和生产经营规划进行直接预测，并利用财务报表各项目之间的勾稽关系，充分考量财务模型构建的内在逻辑，以资产投资和股权投资为基础确定企业的资本支出。根据经营业务和资本支出产生的资金需求，在留存收益满足部分资金需求基础上确定外部融资需求，对企业集团的资金需求进行预测，从而完成整个财务预测系统的构建。

二、可持续增长理论

在发展经济学中，可持续增长是指人类在社会和经济发展过程中，应保证资源与环境长期协调发展，既满足当代人发展的实际需求，又不损害后代人满足其对资源的需求。将可持续增长引入企业相关的发展研究中，可以理解为在保持经营效率和财务政策不变的情况下，企业销售所能达到的最大增长水平，一般用可持续增长率（Sustainable Growth Rate，SGR）表示。

目前，学术界普遍接受的可持续增长率计算模型主要包括两大类，即基于会计利润口径的计算模型和基于现金流量口径的计算模型。前者主要包括希金斯的可持续增长模型和范霍恩的可持续增长模型，后者主要包括科雷的可持续增长模型和拉巴波特的可持续增长模型。

（一）希金斯的可持续增长模型

财务可持续增长理论由华盛顿大学教授希金斯（1977）初次提出，他将公司的可持续增长率定义为：“在不需要耗尽财务资源的情况下，公司销售所能增长的最大比率”。同时对其进行了定量研究。希金斯可持续增长模型建立在以下假设基础上：

（1）资本结构和股利支付率保持不变；

（2）销售净利率和资产周转率维持当前水平；

（3）不发售新股。

在以上假设条件下，构建可持续增长模型表达式如下：

$$\begin{aligned}SGR &= \frac{\text{净利润}}{\text{销售收入}} \times \frac{\text{销售收入}}{\text{期末总资产}} \times \frac{\text{期末总资产}}{\text{期初股东权益}} \times (1-\text{股利支付率}) \\ &= \text{销售净利率} \times \text{总资产周转率} \times \text{期初权益乘数} \times \text{留存收益率}\end{aligned}$$

上述表达式中，总资产周转率和销售净利率反映企业生产过程中的经营业绩，权益乘数和留存收益率概括了企业主要的财务政策。需要注意的是：该方程式代表的只是四个比率保持稳定时的销售增长率，当其中某一比率偏离稳定状态，如公司的销售收入增长预期发生变化时，构成可持续增长率中的其他（一个或多个）比率就必须改变。也就是说，当一个公司以超过它的可持续增长率增长时，需要改善经营政策（提高销售净利率和资产周转率）或转变财务政策（提高财务杠杆或留存收益率）。

（二）范霍恩的可持续增长模型

美国斯坦福大学教授詹姆斯·范霍恩（1988）将财务可持续增长率重新定义为："根据公司的目标经营活动比率、负债比率以及股利支付比率而确定的公司年销售收入最高增长比率"，并根据企业是否发行新股，把可持续增长模型分为稳定增长模型（稳态模型）和非均衡条件下的持续增长模型（动态模型）。

1. 稳定增长模型。稳定条件是指维持目标资产负债表和财务业绩比率的一种状态，它规定企业不会增加外部权益性融资，也就是说权益性项目的所有变化均来自于企业盈利。在该假设条件下，进行可持续增长模型的推导，最终得到可持续增长模型表达式如下：

$$SGR=\frac{\text{销售净利率}\times\text{总资产周转率}\times\text{期末权益乘数}\times\text{留存收益率}}{1-\text{销售净利率}\times\text{总资产周转率}\times\text{期末权益乘数}\times\text{留存收益率}}$$

以上比率代表了公司在各项目标财务比率下应该实现的最高销售增长率，但该比率最终能否实现，还取决于外部市场条件以及公司自身为适应市场发展所采取的各种举措。例如，虽然根据公式计算的销售增长率从财务角度来看是可行的，但如果市场对该公司产品的需求减少，则该比率可能无法实现。

2. 非均衡条件下的持续增长模型。假设模型中涉及的变量每年都会发生变化，重新构建每年各不相同的持续增长模型（year - to - year model）。其中，将上年度的销售收入和股东权益期末数作为基础数据，股利支付以预计支付的绝对金额的形式表示，不以股利支付率的相对数形式表示。同时，允许企业发行股票，若未发行则视同为零。

以上各变量改变后的计算公式将变换为：

$$SGR=\left[\frac{(E_0+NewE-Div)\left(1+\frac{D}{E}\right)\left(\frac{S}{A}\right)}{1-\left[\left(\frac{NP}{S}\right)\left(1+\frac{D}{E}\right)\left(\frac{S}{A}\right)\right]}\right]\left(\frac{1}{S_0}\right)-1$$

其中，S为营业收入；A为资产总额；D为负债总额；E为所有者权益；NP为净利润；b为留存收益率；NewE为新增所有者权益；Div为股利支付金额。

由于公司各年的经营环境可能改变，因此财务可持续增长率也应按年度进行预判。除非可持续增长模型中的所有变量都以相同的速度同时增减，否则增长率会每年有所不同。某一年度的可持续增长率较高，不代表今后都会保持这一较高的持续增长率。因此，可持续增长率实际上属于按年度计算的指标。

（三）科雷的可持续增长模型

科雷在其著作《公司战略》中对现金流量与增长率之间的关系进行了探讨，他通过设定一系列假设，建立了现金流量和增长率之间的模型，将可持续增长率定义为现金余额的增长率（Cash - balance Growth Rate），即当产生的现金流量恰好等于扩大生产经营所需的现金流量时的增长率。其具体假设条件为：

（1）企业资产负债率、股利支付率保持不变；

（2）企业税前利润、营运资本及其结构（即流动资产、流动负债）、固定资产及其他资产随销售额同比例增长；

（3）折旧可以用来进行固定资产的再投资。

在此，可持续增长率是指当产生的现金流量恰好与扩大生产经营所需的现金流量相等时的增长率，即净现金流量等于零。在以上假设条件下，构建可持续增长模型表达式如下：

$$SGR=\frac{(EBIT-I)(1-t)b\left(1+\frac{D}{A}\right)}{NA_0-(EBIT-I)(1-t)b\left(1+\frac{D}{A}\right)}$$

其中，EBIT 为息税前利润；G 为实际增长率；I 为期初债务的利息费用；t 为税率；b 为留存收益率；NA 为总资产减去流动负债；D/A 为资产负债率。

上述方程式建立了销售增长与现金余缺的对应关系，反映出销售增长与现金流的线性负相关关系。当实际增长大于可持续增长率时，企业的现金流量为负；当实际增长小于可持续增长率时，企业的现金流量为正。

（四）拉巴波特的可持续增长模型

拉巴波特在其论著《创造股东价值》中指出，持续的增长应当是股东价值的持续增加，而企业中，往往高速度的增长不仅没有使得价值增加，反而在减损股东价值。因此，拉巴波特认为可持续增长应是一种“可承受的增长”（Affordable growth），其具体假设条件为：

（1）不发行新股；

（2）销售毛利率和每元销售增长对应的投资增长、目标资产负债率和目标留存收益率不变；

（3）折旧用于进行资产再投资。

当现金流入与现金流出相等时，构建可持续增长模型表达式如下：

$$SGR=\frac{\frac{NP}{S_0}\left(1+\frac{D}{E}\right)b}{\frac{CE+WC}{S_0}-\frac{NP}{S_0}\left(1+\frac{D}{E}\right)b}$$

其中，CE 为固定资产投资增加额；WC 为营运资本投资增加额；NP 为净利润；D/E 为产权比率；b 为留存收益率；NP（1 + D/E）b 即为息前税后扣除股利分配的营业利润。

上述四个模型中，希金斯模型和范霍恩模型均基于会计口径进行推导，其理论出发点以及理论逻辑本质上是一致的。两个模型建立在一系列相似的假设之上，都认同销售净利率、资产周转率、留存收益率、权益乘数这四个传统财务绩效评价指标在企业可持续增长中发挥的效用。两者最显著的区别在于希金斯模型中的权益乘数是根据期初权益计算的，而范霍恩模型采用期末权益值。两者相比较，希金斯模型简洁明了、易于操作，但其假设存在局限性，反映的也只是静态条件下的企业可持续增长率。范霍恩模型强调了可持续增长率是一个目标值，根据企业目标财务比率计算得到，并放宽了假设条件，从动态的角度考虑企业的增长问题，与企业的实际经营环境更加符合。但动态模型中混合使用了相对指标与绝对指标，使得模型分析相对复杂，操作难度加大。

拉巴波特模型和科雷模型则建立在现金流量的基础上，指出企业的自由现金流量是约束企业增长的关键因素。其中，拉巴波特模型将增长与价值创造联系起来，从现金流入与现金流出出发计算可持续增长率，简洁易懂。但模型将净利润直接等同于现金流入的来源，有待商榷。科雷模型明确指出企业增长与现金流的线性负相关关系，符合当代理论与实务界对现金流量表愈发重视的趋势，对研究企业增长问题有重要意义。但模型中使用的基本都是绝对数，不便于企业对相应指标做出敏感性分析和管理决策。

三、企业估值理论

对企业价值的评估，有利于企业集团把握自身实际价值，为企业集团的经营管理提供参考、提高价值管理水平，实现企业价值最大化。根据《资产评估基本准则》（财资〔2017〕43号）及《资产评估执业准则——企业价值》（中评协〔2017〕36号），常用的企业价值评估方法一般分为三大类：市场法、收益法和成本法（如图2-1所示）。

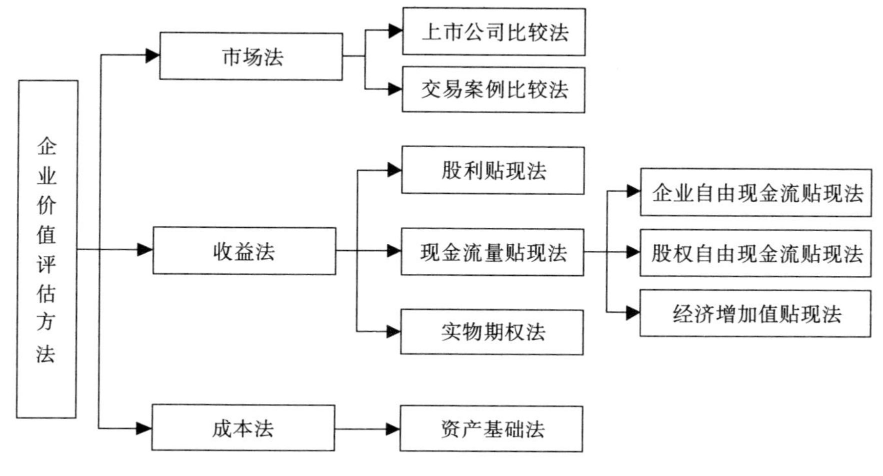

图 2－1　企业价值评估方法

（一）市场法

市场法，是指将评估对象与可比上市公司或者可比交易案例进行比较，确定评估对象价值的评估方法。市场法常用的两种具体方法是上市公司比较法和交易案例比较法。

上市公司比较法是指获取并分析可比上市公司的经营和财务数据，计算价值比率，在与评估对象比较分析的基础上，确定评估对象价值的具体方法。上市公司比较法中的可比企业应当是公开市场上正常交易的上市公司，且与评估对象具有可比性，即可比企业应当与评估对象属于同一行业，或者受相同经济因素的影响。

交易案例比较法是指获取并分析可比企业的买卖、收购及合并案例资料，计算价值比率，在与评估对象比较分析的基础上，确定评估对象价值的具体方法。控制权以及交易数量可能影响交易案例比较法中的可比企业交易价格。

市场法具体估值思路如下：

1. 分析被评估单位所在的行业、经营、规模和财务状况等，选择可比对象（可比公司/可比交易案例）。

2. 选择并计算可比对象的价值比率，所谓价值比率就是企业整体或股权价值除以企业自身一个或几个与价值密切相关参数的比率。再从中选择一个价值比率，将上述价值比率进行修正后调整为评估对象的价值比率。

其中，价值比率通常包括盈利比率、资产比率、收入比率和其他特定比率。在选择、计算、应用价值比率时，应当考虑：（1）选择的价值比率有利于合理确定评估对象的价值；（2）计算价值比率的数据口径及计算方式一致；（3）应用价值比率时尽可能对可比企业和评估对象间的差异进行合理调整。

3. 根据修正后的价值比率和评估对象相应参数得出一个初步结论，然后对其正常营运资金需求量与实际拥有量进行差异调整，并考虑缺乏市场流通性折扣和控制权溢价、分析溢余资产和非经营性资产（负债）价值后，最终确定评估对象的股东全部权益价值或企业整体价值。

（二）收益法

收益法，是指将预期收益资本化或者贴现，确定评估对象价值的评估方法。收益法常用的具体方法包括股利贴现法、现金流量贴现法和实物期权法。其中股利贴现法是将预期股利进行贴现以确定评估对象价值的具体方法，通常适用于缺乏控制权的股东部分权益价值评估。现金流量折现法根据预测现金流量的角度不同，通常包括企业自由现金流、股权自由现金流和经济增加值三种。实物期权法则多用于风险较高的私募等企业，在集团企业中不常用。

收益法评估的是企业的获利能力，其应用前提是企业持续经营且未来的风险和收益能够预测。其中最常用的估值模型为现金流量两阶段估值模型，计算公式为：

$$P=\sum_{t=1}^{n}\frac{NCF_t}{(1+r)^t}+\frac{NCF_n(1+g)}{r-g}\times\frac{1}{(1+r)^n}$$

其中：P 为企业评估值；NCF_t为前 t 年内各年度预测自由现金流；NCF_n为第 n 年的预测自由现金流；r 为贴现率；g 为第 n+1 年起的固定增长比率。

其中，第二阶段为永续增长阶段，即假设自 n+1 年起公司自由现金流以增长率 g 永续增长。

若预测自由现金流（NCF）为企业（全资产）自由现金流或企业经济增加值（EVA），则对应贴现率为企业加权平均资本成本（WACC）；若为股权自由现金流，则对应贴现率为股权资本成本（可用 CAPM 模型估算）。其中：

企业自由现金流 = 税后经营利润 + 折旧与摊销 - 营运资本增加 - 资本支出

股权自由现金流 = 息税后经营利润 + 折旧与摊销 - 营运资本增加 - 资本支出 + 债务净增加

（三）成本法

在企业价值评估中，成本法也称资产基础法，是指以评估对象评估基准日的资产负债表为基础，评估表内及可识别的表外各项资产、负债价值，确定评估对象价值的评估方法。

资产基础法没有考虑资产的实际效能和企业运行效率，《国际评估准则》（2017 版）明确指出该方法通常不适用企业价值评估，除非企业处于初创期，其利润或现金流量无法可靠预测，并且在市场法下与其他业务进行比较是不切实际或不可靠的，且企业资产的市场信息非常充分。《资产评估执业准则——企业价值》则指出，采用成本法评估时应当知晓并非每项资产和负债都可以被识别并单独评估。当存在对评估对象价值有重大影响且难以识别和评估的资产或者负债时，应当考虑资产基础法的适用性。而且在对持续经营前提下的企业价值进行评估时，单项资产或者资产组合作为企业资产的组成部分，其价值通常受其对企业贡献程度的影响。

本书主要涉及市场法和收益法，具体应用将在第六章详细介绍。

四、财务预警理论

财务预警有利于企业及时掌握自身生产经营过程中可能出现的财务危机信息，提早识别财务风险并采取措施控制风险。财务预警理论模型主要包括单一变量模型、多元变量模型（Z 值）及其他模型三类。

（一）单一变量模型

《成功企业与失败企业的对比》（Fitzpatrick，1932）一文以 19 家公司为样本，指出出现财务危机的企业和正常经营企业的财务比率显著不同，判别能力最高的是净利润/股东权益和股东权益/负债两个比率。并进一步指出，企业财务比率不仅能够反映企业财务状况与经营成果，更重要的是它对企业的未来具有预测功能，即财务预警功能。

《财务指标——失败的预言者》（Beaver，1966）通过对比分析 1954—1964 年间 79 家破产企业与其所属行业中资产规模相同的 79 家正常经营企业的财务数据样本发现，当一个企业出现破产、拖欠偿还债务、透支银行账户或无力支付优先股股利时，均可认定为出现了财务危机。并且进一步指出以下四个财务比率是预测企业财务危机的最有效指标：

（1）债务现金保障率 = 现金流量/债务总额

（2）资产收益率 = 净收益/资产总额

（3）资产负债率 = 负债总额/资产总额

（4）资产安全率 = 资产变现率 - 资产负债率（其中，资产变现率 = 资产变现金额/资产账面金额）

此外该研究通过计算样本中 79 家发生财务危机企业以往各年 13 个财务项目的平均值发现，出现财务危机的企业现金较少、应收账款较多、存货一般较多。因此在进行企业财务预警分析时应特别注意现金、应收账款、存货等三个流动资产项目。

客观地看，上述单一变量模型存在明显不足。一方面单一变量模型的财务预警分析较为简单，没有区别不同因素对整体的作用，故而难以准确地描述企业财务危机的整体状况，且不便于企业间的相互比较；另一方面单一变量模型的财务评价标准的确定主观意味较浓，难以形成统一客观的财务评价标准。

（二）多元变量模型（Z 值）

多元变量模型的代表性模型为 Altman 的 Z 模型系列。

Altman（1968）采用配对抽样法选取了 33 家在 1946—1965 年间申请破产保护的制造型企业和 33 家在 1966 年持续经营的制造型企业的财务数据，构建了基于财务指标的多元变量财务预警模型，用于预测企业破产的可能性。该模型通过运用五种基本财务比率进行加权计算，建立了 Z 值（Z - Score）模型，其表达式如下：

$$Z = 1.2X_1 + 1.4X_2 + 3.3X_3 + 0.6X_4 + 0.999X_5$$

其中：X_1 = 营运资金/资产总额，反映流动性，即短期内资产变现能力；

X_2 = 留存收益/资产总额，反映利润积累水平；

X_3 = 息税前利润/资产总额，反映利用资产盈利能力；

X_4 = 股票市价/负债总额，反映资本结构及投资者对公司的前景态度；

X_5 = 销售收入/资产总额，反映营运能力。

Z 值越低，企业发生破产的可能性越大。具体判断企业财务失败或企业破产的临界值如表 2 - 3 所示。

表 2-3　　　　Z 值判别表

Z 值	企业财务困境判别结果
Z≤1.81	已濒临破产边缘，企业财务状况堪忧
1.81<Z<2.675	财务状况极不稳定，处于“灰色地带”（Gray Area），企业发生破产的可能性较大
Z≥2.675	尚无财务困难

上述 Z 值模型是基于上市公司数据的研究结果，且 66 家企业样本均集中分布于美国的制造业，模型适用范围具有行业局限性。Altman（1983，1985）先后对 Z 值模型进行了两次修正，提出了适用于非上市公司的 Z’ 值模型和跨行业且适用于新兴市场的 Z” 值模型，这三个模型共同构成 Z 值模型系列，扩展了 Z 值模型的适用范围。

对于非上市公司适用的 Z’ 值模型，表达式如下：

$$Z' = 0.717X_1 + 0.847X_2 + 3.107X_3 + 0.420X_4 + 0.998X_5$$

该模型中，为区别于上市公司，指标 X_4 的计算公式中分子用企业账面价值替换公司股票市值，其余指标均与 Z 值模型相同。该模型其财务预警标准判定临界值范围如表 2-4 所示。

表 2-4　　　　Z’ 值判别表

Z’ 值	企业财务困境判别结果
Z’≤1.1	已濒临破产边缘，企业财务状况堪忧
1.1<Z’<2.6	处于“灰色地带”（Gray Area），财务状况极不稳定，企业发生破产的可能性较大
Z’≥2.6	尚无财务困难

对于跨行业的 Z” 值模型，表达式如下：

$$Z'' = 6.56X_1 + 3.26X_2 + 6.27X_3 + 1.05X_4$$

在 Z” 值模型中，指标 X_1—X_4 的含义与 Z 值模型相同，同时去掉了原 Z 值模型中受行业影响较大的指标 X_5。该模型其财务预警标准判定临界值范围如表 2-5 所示。

表 2-5　　Z″值判别表

Z″值	企业财务困境判别结果
Z″≤1.23	已濒临破产边缘，企业财务状况堪忧
1.23<Z″<2.9	处于“灰色地带”（Gray Area），财务状况极不稳定，企业发生破产的可能性较大
Z″≥2.9	尚无财务困难

在上述研究基础上，诸多学者又进一步发展了Z值模型，采用不同的财务比率构建模型，设定不同的判定临界值，如周首华等（1996）构建的F分数模型等。

总体而言，上述基于多元变量的财务预警模型是通过选择多个财务指标所构成的一种线性组合，其通用表达式如下：

$$Z = \beta_1 X_1 + \beta_2 X_2 + \cdots + \beta_n X_n$$

其中：Z——判别企业财务危机的标准分数；

β_n——各个选定的财务指标参数；

X_n——各个选定的财务指标。

综观上述多元变量财务预警模型，其优点可体现在以下三个方面：一是与单一变量模型相比，多元变量模型采用了数理统计和实证研究方法，企业财务预警判断的结论更准确科学，避免了主观性；二是多元变量模型对财务指标的选取更具针对性和系统性，所选取的指标具有较强的判别能力和财务预警能力；三是多元变量模型采用相对应的临界值为统一的判别标准，具有可比性，且客观性和综合性较强。

需要注意的是，多元变量模型仍存在其局限性：建立多元变量模型所依据的假设前提偏离实际，如假定样本中破产企业和非破产企业两组财务指标数据均呈正态分布，且两组数据的均方差相等，致使所构建多变量模型的有效性、实用性以及其预警判别结论的准确性会受到质疑；多元变量模型在选取基本财务指标时，未能注重其内在的经济和财务涵义，缺乏对模型本身内在理论逻辑的阐释；再者，多元变量模型预警结论的时效尚待探讨。

（三）其他财务预警模型

1. 逻辑回归模型。逻辑回归模型（Logistic Regression Model）属于广义线性模型（Generalized Linear Model）之一。逻辑回归模型因变量与自变量之间的关系服从 Logistic 函数分布，因变量取值范围为[0，1]，自变量取值可以分为类型的、连续型的或两者的混合型。Logistic 回归的因变量可以是二元分类或多元分类，分别对应二元和多元 Logistic 回归分析，其表达式如下：

$$\ln\left(\frac{P}{1-P}\right)=W_0+W_1X_1+W_2X_2+\cdots+W_nX_n=\sum_{i=0}^{n}W_i\cdot\sum_{i=1}^{n}X_i$$

其中：P——逻辑变量（因变量），表示企业可能破产的概率；W_i——各个选定的财务指标参数；X_i——各个选定的企业财务指标（自变量）。

Logistic 模型不要求样本满足多元正态分布，基本的判别方法是先根据多元线性模型判定企业的 Z 值，然后得出企业破产的条件概率 P。P 值越接近 0，说明财务状况良好，发生财务危机的概率越低。P 值大于 0.5，表明企业破产的概率较大，可判定企业即将破产；P 值低于 0.5，表明企业财务正常的概率较大，可判定企业财务正常，破产概率较小。

2. 人工神经网络分析模型。人工神经网络分析模型（Artificial Nerve Network Analysis Model），简称为 ANNA 模型，是对生理上真实的人脑神经网络的结构、功能及基本特征进行理论抽象、简化和模拟而构成的一种信息系统。它以数理统计方法和计算机信息技术为依托，将神经网络的分类方法应用于财务危机预警系统，由输入层、输出层和隐藏层组成，是科学性、准确性更高的新一代财务预警模型。随着计算机技术和网络技术的不断发展，ANNA 模型在进一步发展之中，在未来企业财务预警分析中发挥越来越重要的作用。

人工神经网络分析模型的最大特点在于其高度发达的并行计算能力、自我学习能力和超强的纠错能力。随着财务预警分析样本数的不断积累，该模型可以随时累积与更新，可对企业潜在的财务危机及征兆进行即时预警，进而实现企业财务危机动态预警的功能。此外，多元变量模型需要假设财务危机预测函数的变量是线性关系且相互独立，而人工神经网络分析模型无须满足该假设，相对于多元变量模型和条件概率分析模型而言，它能够挖掘预测变量间“隐藏”的相关关系，企业财务预警判别的准确性方面更为客观有效。但其仍存在以下问题：相对于传统方法，它仍属于“黑箱系统”，网络结构难以理解，且模型要求大样本量分析。

第二节　企业集团财务模型总体设计

基于上述对于企业集团财务模型的需求分析及功能设定，结合财务模型构建的相关理论基础，本节对企业集团财务模型的总体框架构建思路、模型各模块间内部逻辑进行阐述，形成企业集团财务模型总体设计。

一、总体框架构建思路

构建企业集团财务模型，要在结合其战略发展的实际状况及市场需求环境的条件下，选取适用的理论方法，以财务预测为基础编制预测财务报表，并据此得到各类预测绩效指标，对公司在资本经营、资本投资、资产配置、资本筹集等业务决策提供依据。财务模型总体框架的构建思路如图 2-2 所示：

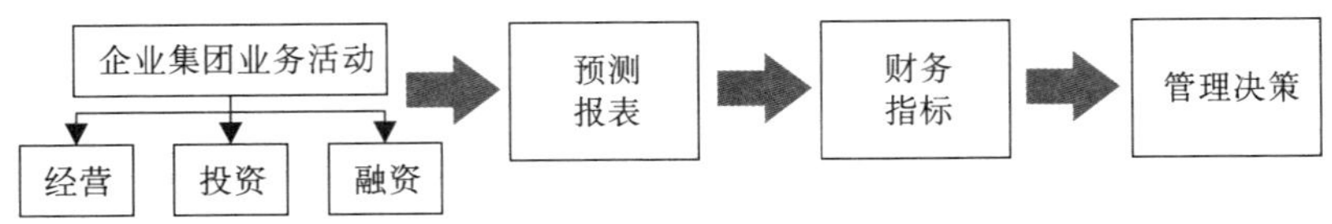

图 2-2 财务模型总体框架构建思路

企业集团经营活动产生的收入是其一切资本运营及生产管理的开端，也是企业实现价值最大化的根本。因此总体框架的构建应以营业收入预测为起点，可采取的预测方法有传统计量模型、人工智能模型以及混合模型；接着利用营业收入百分比法进行企业经营活动相关数据预测，并结合企业发展规划进行投资活动相关数据预测；最后利用报表项目勾稽关系进行资金需求预测，完成融资活动相关数据预测，形成预测财务报表。

在此基础上，结合上文介绍的可持续增长理论、企业估值理论和财务预警理论，利用财务预测数据衡量判断企业集团未来经营发展状况，合理规划资源配置、提升资金使用效率、控制财务风险，形成企业集团生产经营的良性循环。

二、企业集团财务模型总体框架

企业集团财务模型的总体框架可表述如下：首先从经营活动、投资活动、融资活动三个模块输入相关数据，其次通过财务预测形成预测财务报表，在此基础上，输出市场相关绩效考核指标、信用评级绩效指标和公司关注的其他绩效指标，并设置预警阈值实现预警反馈，为企业集团提供决策依据（如图 2-3 所示）。

图 2-3 显示，财务模型以经营模型为模型构建起点，经营活动产生现金流用以支持企业投资活动，并形成内源融资资金源；而企业融资活动需要满足经营及投资活动所需资金，同时投资活动也将反过来进一步支持企业集团经营业务的不断发展扩大，三者相互影响，共同形成最终企业集团预测财务报表；基于财务预报表计算绩效评价指标，

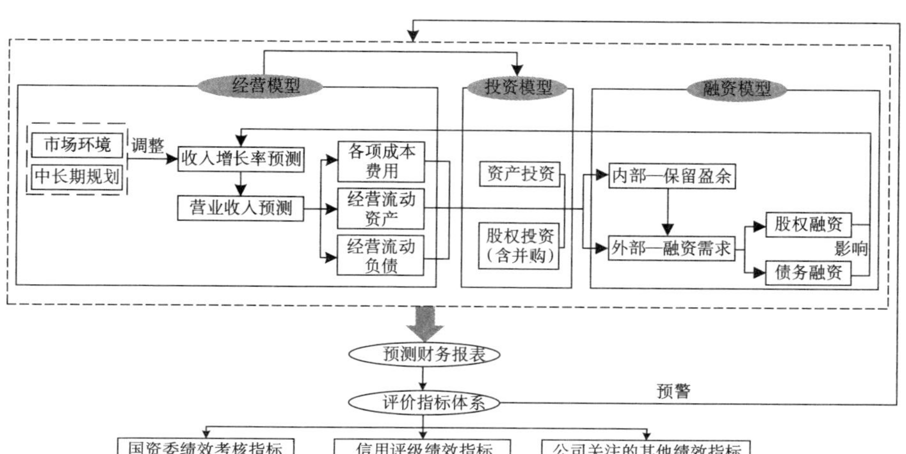

图 2－3 企业集团财务模型构建总体框架设计

进而根据评价指标计算结果进行业务及投融资决策规划，合理进行资源配置。具体来讲，三个模型的内部逻辑如下所述：

1. 经营模型首先分别预测企业各业务板块的营业收入；然后根据销售百分比法预测利润表中的成本费用、资产负债表中的经营性流动资产和经营性流动负债；最后将各事业部预测所得的利润表、资产负债表分别相加，得到事业部合并财务报表，并以间接法预测经营活动现金流量。

2. 投资模型以资产投资和股权投资为基础确定企业的资本支出，然后据此预测折旧与摊销和投资收益。资产投资和股权投资共同形成投资活动现金流量。

3. 融资模型是根据经营业务和资本支出产生的资金需求，在留存收益满足部分资金需求基础上确定外部股权及债务融资需求，以支持企业集团经营投资需要。并在此基础上预测筹资活动现金流量。

4. 根据梳理的企业集团财务绩效指标体系，如国资委绩效考核指标、信用评级绩效指标及公司关注的其他绩效指标，以预测财务报表为基础，输出以上指标数值，提供预警机制，为企业集团的经营决策提供依据。

本章小结

本章对企业集团财务模型构建过程中所涉及的理论方法进行了详细介绍，主要包括财务预测、可持续增长、公司估值及财务预警四个方面，为后续模型具体构建及相关应用场景提供理论支撑。并对企业集团财务模型的总体框架构建思路、模型各模块间内部逻辑进行阐述，初步形成企业集团财务模型总体设计。

第三章

企业集团财务决策模型逻辑功能

在了解企业集团财务模型整体框架构建思路的基础上，本章进一步阐述财务模型核心模块的功能及其逻辑关系。财务模型的核心模块包括经营业务模块、投资业务模块和融资业务模块三大部分，其中投资业务模块可进一步细分为资产投资子模块和股权投资子模块，融资业务模块可进一步细分为股权融资子模块和债务融资子模块。三个模块覆盖了所有会计科目的预测，从而形成预测期资产负债表、利润表和现金流量表，为实现财务管理决策的各项需求功能而服务。整体逻辑功能如图 3－1 所示。

所有财务预测均建立在对其历史财务报表数据及勾稽关系的分析基础上，并利用内部逻辑关系搭建模型。其中，经营业务作为企业集团一切经营财务活动的起点，由经营业务模型产生预测期基础报表；投资模型和融资模型在经营业务的基础上分别形成相应的增量报表；最终基础报表和增量报表共同形成财务预报表，即预测期财务报表。

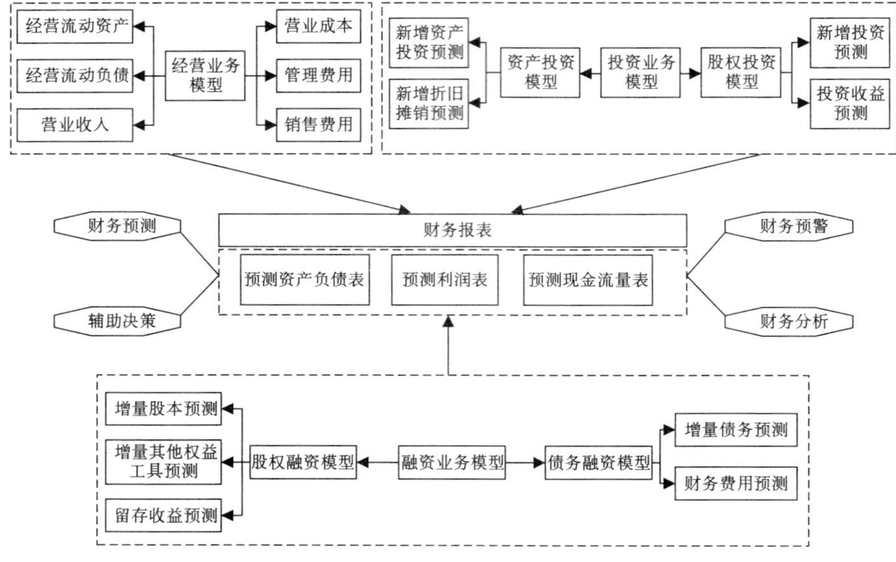

图 3－1　企业集团财务决策模型逻辑功能

第一节　经营业务模型

经营活动提供了企业利润、现金流的持续来源，财务预测也需要从经营业务开始，因此本章首先对经营活动模型进行介绍。

一、经营业务模型与财务报表

经营业务模型的功能是对企业经营活动相关的报表项目进行预测，涉及的报表科目主要包括资产负债表中的流动资产和流动负债，利润表中的营业收入、营业成本、管理费用等其他与经营活动相关的项目，并运用间接法对经营活动现金净流量进行预测。

（一）经营业务模型功能

如果企业集团存在多个不同业务板块，营业收入、成本等项目应当按照不同的业务板块分别进行预测，形成各业务板块的经营业务的预测报表，再将各业务板块的预测报表进行叠加，得出反映整个企业集团经营业务的预测报表。经营业务模型形成的预测报表成为“基础报表”；投资模型和融资模型预测的报表科目添加到基础报表中，形成完整的预测报表。

经营业务模型逻辑结构如图 3－2 所示：

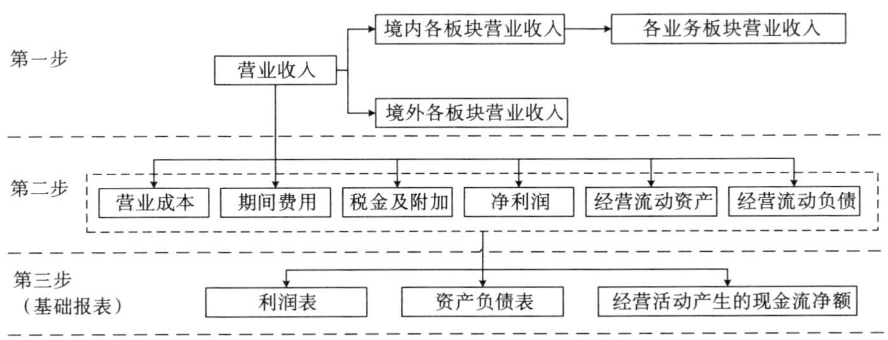

图 3－2　经营业务模型逻辑结构

模型逻辑结构主要分三个层次：第一层次是营业收入预测。可基于企业集团中长期规划，区分不同业务板块进行预测。若企业涉及海外业务，且境内、境外业务具有不同的特点和不同发展态势，营业收入的预测则需要区分境内、境外两大类进行预测。第二层次根据第一层次预测所得的营业收入，预测相关利润表项目及相关资产负债表数据。第三层次是生成预测期利润表和资产负债表基础报表，并根据净利润计算经营活动产生的现金流量净额（现金流量表的组成部分）。

（二）经营业务模型与财务报表

利润表的预测起始于营业收入，终点是净利润。首先针对营业收入进行预测，再根据已经预测的营业收入采用销售收入百分比法对营业成本及其他与正常经营活动相关的项目进行预测，包括营业成本、管理费用、销售费用、营业税金及附加等项目的预测，由于“资产减值损失”“公允价值变动收益（损失）”“营业外收入”及“营业外支出”项目的偶发及不可预见性，可不对其进行预测。最后根据“利润=收入-费用”得出利润，完成对利润表的预测。

资产负债表中的流动资产和流动负债与经营活动息息相关，因此经营模型同样根据销售收入百分比法分别对这类项目进行预测。

现金流量表中经营现金流量本期发生额基于本期预测所得的利润表和资产负债表中相关项目，使用间接法预测。

二、经营业务模型中的会计科目预测

（一）营业收入预测

营业收入预测是经营业务模型的核心。营业收入需要区分不同业务板块分别进行预测，主要可采用指数平滑、移动平均等方法，同时需要综合考虑国家宏观经济环境层面、行业中观发展趋势层面，以及企业自身微观层面因素的影响。其中，国家宏观经济环境主要依据GDP的增长，行业发展趋势可依据各业务板块所处行业的主要对标企业的发展情况，企业自身发展情况根据不同业务进行预测。综合考虑三种因素，利用指数平滑的方法预测每一业务板块的营业收入最后叠加起来，再加上根据企业海外业务发展规划预测的海外营业收入，最后形成企业集团总体的营业收入。如果企业集团的境外业务收入占集团整体营业收入的比例较大，则需要结合集团业务所在国家的市场需求发展趋势，以及集团的境外业务发展战略，对境外营业收入增长率进行合理预测。

（二）成本项目预测

可以基于销售百分比法对成本项目进行预测，也可通过对企业运营成本的影响因素进行分析，并结合企业运营成本的历史数据做出相关成本的预测。

（三）资产负债项目预测

资产负债表中的经营性流动资产及经营性流动负债均随营业收入变动而变动并呈现相对稳定的正相关关系，因此可使用销售收入百分比法对相关项目进行预测。通过历史年度经营性流动资产（例如“应收票据”“应收账款”“预付账款”“其他应收款”“存货”和“长期应收款”等项目）及经营性流动负债（例如“应付票据”“应付账款”“预收款项”“应付职工薪酬”“其他应付款”和“应交税费”）与营业收入之间比例，预测资产负债表报表相应项目。长期资产和金融性资产与营业收入通常不具有稳定的相关关系，在经营模型中不予预测。

（四）现金流项目预测

根据预测所得利润表和资产负债表，使用间接法计算现金流量表中“经营活动产生的现金流量净额”，并由此得到资产负债表中“货币资金”。

第二节　投资业务模型

投资业务包括资产投资和股权投资，因此投资模型可分为资产投资子模型和股权投资子模型，其功能是根据企业集团近期及中长期的资产及股权投资计划所确定的投资需求，对相关资产金额、折旧摊销等科目进行预测，为企业的资源配置决策提供参考依据。

其中，资产投资模型用于规划企业集团长期资产投资，辅助资产投资决策，主要涉及固定资产、无形资产、在建工程、投资性房地产等报表科目。在企业集团经营发展过程中，长期资产一般会随着营业收入的增长呈现阶梯式增长，其变动主要取决于预测期经营规模是否超出企业集团现有生产能力。利用资产投资模型能够更好地协助企业集团经营管理者进行相关投资决策，并把握资产投资时点，充分利用长期资产所能提供的产能，实现可持续发展。同时也有助于把握企业集团未来投资计划所需资金情况，为融资业务模型提供数据支持。

股权投资模型用来规划各类金融资产的投资，辅助金融资产投资决策，主要包括以摊余成本计量的金融资产、以公允价值计量且其变动计入其他综合收益的金融资产，以及以公允价值计量且其变动计入当期损益的金融资产的相关项目。金融资产投资通常与企业集团业务发展模式和公司战略密切相关，通常不具有规律性，难以预测。模型的功能主要在于分析股权投资对公司财务资源的需求及其对企业集团财务风险的影响，帮助决策者权衡利弊，知悉各项投资决策带来的经济后果。

一、投资业务模型与财务报表

基于上文对投资业务模型功能的描述可知，投资业务模型主要涉及资产类、成本费用类、投资收益类及现金流量等报表项目，从而形成资产投资及股权投资增量报表，对经营模型形成的“基础报表”进行补充。

（一）资产投资模型与财务报表

资产投资预测模型主要包括对三类资产的预测，即固定资产及在建工程、无形资产、投资性房地产。模型逻辑结构主要分三个层次，影响的报表科目涉及上述三类资产在资产负债表的账面价值、货币资金以及利润表的相关成本费用、净利润和现金流量表的投资活动现金净流量。资产投资模型与财务报表的逻辑思路如图3－3所示。

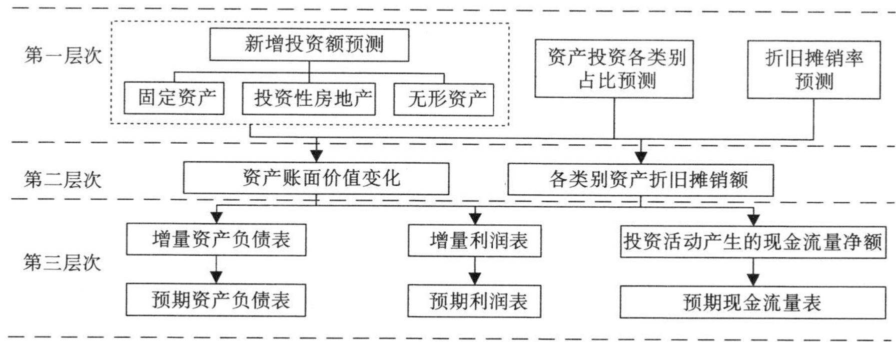

图3－3　资产投资模型与财务报表的逻辑思路

资产投资模型预测利润表、资产负债表、现金流量表的逻辑关系如下：

第一层次，根据企业集团投资规划预测新增资产投资额数额，并通过历史数据分析等方法预测折旧摊销率、确定资产投资细项占比；

第二层次，利用历史财务报表和第一层次数据测算相关资产账面价值变化及折旧摊销，包括固定资产折旧额、投资性房地产折旧摊销额、无形资产摊销额的数值及其账面价值变化；

第三层次，预测结果反映在财务报表相关项目上，包括资产负债表相关资产、现金流量表的投资活动现金流量以及利润表的成本费用等，形成资产投资增量报表。并最终与经营模型的基础报表和股权投资、融资模型的增量报表共同形成预测期财务报表。

（二）股权投资模型与财务报表

股权投资模型在构建过程中，先根据企业集团对三类金融资产的战略规划、历史数据规律等得到新增投资额、收益率及处置收益数据，再进行后续各类金融资产账面价值及其所影响的财务报表项目预测。影响范围主要包括上述三类资产在资产负债表的账面价值、货币资金以及利润表的投资收益、净利润、现金流量表中投资活动产生的现金流量。股权投资模型与财务报表的逻辑思路如图 3－4 所示。

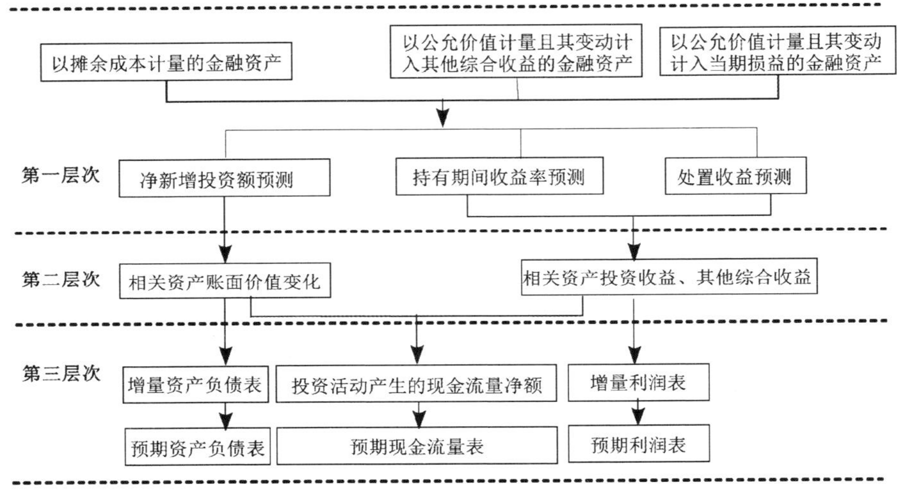

图 3－4 股权投资模型与财务报表的逻辑思路

股权投资模型预测资产负债表、现金流量表、利润表的逻辑关系如下：

第一层次，通过集团投资规划、分析历史财务数据规律等方法预测新增投资额、收益率及处置收益等数据；

第二层次，利用历史财务报表和第一层次数据测算相关资产账面价值变化及投资收益，包括以摊余成本计量的金融资产主要涉及账面价值，以及处置收益的预测；以公允价值计量且其变动计入其他综合收益的金融资产，主要涉及新增投资额、持有期间取得股息回报以及处置时获得的投资收益的预测；以公允价值计量且其变动计入当期损益的金融资产主要涉及账面价值的确定以及处置收益的预测；

第三层次，预测结果反映在财务报表相关项目上，包括资产负债表相关资产、现金流量表的投资活动现金流量以及利润表的投资收益等，形成股权投资增量报表，并最终与经营模型的基础报表和资产投资、融资模型的增量报表共同形成预测期财务报表。

二、投资业务模型中的会计科目预测

本部分主要分析投资业务模型在构建过程中将影响哪些会计科目，以及预测这些会计科目的逻辑关系。进一步梳理投资业务模型如何通过预测各会计科目，最终形成投资业务增量报表。

（一）资产投资模型中的会计科目预测

资产投资模型的主要内容包括固定资产及在建工程投资、无形资产投资和投资性房地产投资，其中各类资产可进一步划分不同的细项类别。以固定资产为例，根据资产种类可分为房屋建筑物、机器设备、运输工具等，从而对应不同的折旧率；根据资产使用方向又可分为生产用资产、管理用资产等，相对应的折旧计入不同的成本费用会计科目。具体资产投资模型预测会计科目的逻辑关系如图3－5所示。

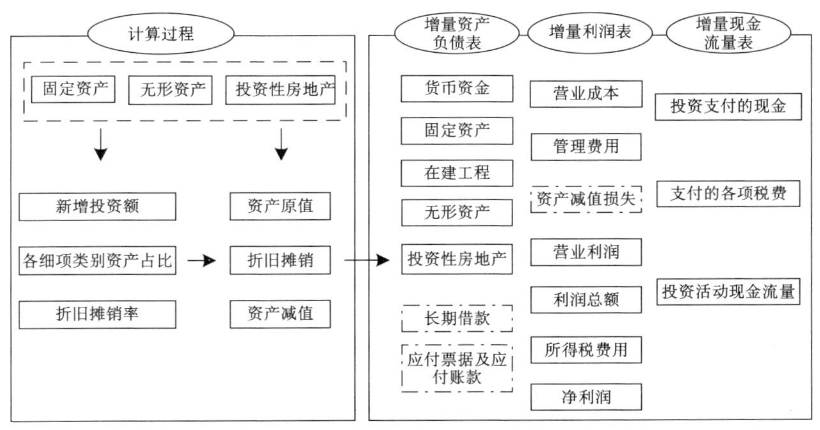

图3－5　资产投资模型预测会计科目的逻辑关系

资产投资模型在构建过程中，由于企业集团购置资产的资金来源及支付方式呈多样性，不仅会影响货币资金会计科目，形成相应长期资产类会计科目，还可能影响长期借款、其他应付款等负债类会计科目。折旧摊销额则会影响成本费用类会计科目，且由于生产经营中不确定性的存在，可能会产生资产减值损失，从而影响净利润科目。对应现金流量表则主要体现在对投资活动现金流量的预测。

（二）股权投资模型中的会计科目预测

股权投资模型中，以摊余成本计量的金融资产、以公允价值计量且其变动计入其他综合收益的金融资产、以公允价值计量且其变动计入当期损益的金融资产这三个科目主要涉及资产负债表中的“货币资金、以摊余成本计量的金融资产、以公允价值计量且其变动计入其他综合收益的金融资产、以公允价值计量且其变动计入当期损益的金融资产”项目，利润表中的“投资收益、其他综合收益”项目，现金流量表中的“投资活动产生的现金流量”项目。为了输出这些报表项目，模型需要计算各类资产的投资收益、其他综合收益和账面余额预测值。具体股权投资模型预测会计科目的逻辑关系如图 3－6 所示。

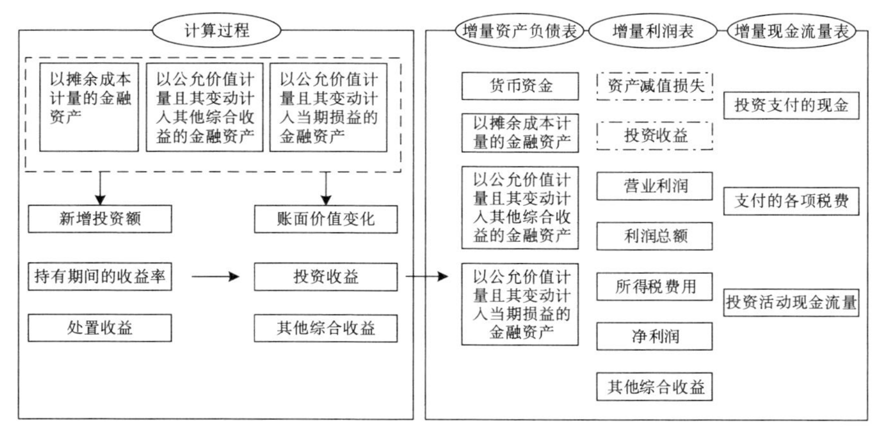

图 3－6 股权投资模型预测会计科目的逻辑关系

股权投资模型在构建过程中，企业集团购置金融资产一般会影响货币资金会计科目，形成相应金融资产类会计科目。金融资产的股息收益、处置收益会影响利润类和所得税费用会计科目。对应现金流量表则主要体现在投资活动产生的现金流量上。

三、投资业务模型的核心——长期资产预测

长期资产是支持企业集团产能提升、持续发展的重要支柱，同时也是影响企业集团营运能力的重要因素，投资业务模型中的长期资产预测在预判长期资产配置规划的合理性、增强企业集团的绩效收益上具有重要意义。

预测长期资产（固定资产、无形资产、投资性房地产等）的首要原则是遵循企业集团中长期发展战略规划，在满足支撑企业集团生产经营、业务发展的前提下，尽可能提高长期资产的利用效率，防止资产闲置浪费。因此，企业集团要根据实际发展情况及战略布局设定资产投资计划，利用投资业务模型更好地辅助企业把握未来发展格局。此外，长期资产投资往往需要大量资金，不同行业、不同发展阶段各类长期资产的投资比重也会有很大不同，作为投资业务模型的核心，长期资产预测也可以对资产投资资源的合理分配及企业集团未来资金的需求规划提供支持。

第三节　融资业务模型

融资业务模型是根据经营业务和资本支出产生的资金需求，在留存收益满足部分资金需求基础上确定外部融资需求，并在此基础上预测筹资活动现金流量。相关计算公式如下：

（1）各项经营性流动资产（负债）= 营业收入 ×（1 + 营业收入

增长率）×各资产（负债）项目的销售百分比

（2）增加的留存收益 = 预计净利润 ×（1 − 股利支付率）

融资业务模型分为股权融资模型和债务融资模型。本节将分别介绍股权融资模型和债务融资模型的功能、与财务报表的关系及预测相关会计科目的功能。在此基础上，进一步介绍融资业务模型中的核心，即融资需求预测。

一、融资业务模型功能与财务报表

融资业务模型分为股权融资模型和债务融资模型，可以预测股权融资和债务融资对财务报表的影响。融资业务模型通过目标货币资金、经营活动现金流、投资活动现金流、股利支付额确定外部融资现金缺口（外部融资需求），该现金缺口需要在股权和债权中合理分配，以降低筹资的资本成本率，提高企业的盈利能力，具有合理规划资金来源、辅助筹资决策的功能。融资业务模型可以实现经营业务模型、投资业务模型与融资业务模型的对接，并将经营决策、投资决策、筹资决策通过模型关联起来。

股权融资模型的主要功能是在确定外部融资需求的基础上，根据股权融资额进一步确认外部股权融资方案。股权融资额需要根据企业集团未来若干年的股权融资计划进行设定。在此基础上，进一步设计外部股权融资具体方案，包括接受国家资本财政补贴、普通股增发、优先股、永续债的金额和利率设计。股利预测也是股权融资模型的重要功能之一，如股利支付率水平设定、以何种形式支付股利、何时支付股利等。模型通过研究企业历史股利发放政策的规律，以及企业发展的业绩状况和投资需求，确定预测期企业的股利分配政策。

债务融资模型的主要功能是在确定债务融资额的基础上，确定各项长短期债务融资额。债务融资额的计算公式如下：

债务融资额 = 外部融资需求 − 股本净增加 − 留存收益

股权融资模型和债务融资模型将分别预测增量资产负债表、利润表、现金流量表，然后将增量资产负债表、利润表、现金流量表链接到预报表，实现增量报表输出的功能。

基于对融资业务模型功能的描述，融资业务模型会涉及资产类、成本类、现金流量项目，从而影响三张财务报表，下面将分别介绍股权融资模型、债务融资模型与财务报表的关系。

（一）股权融资模型与财务报表

股权融资预测模型主要包括对三类股权融资行为的预测，即接受国家资本财政补贴、普通股增发和其他权益工具增发，其中其他权益工具主要有三类，即优先股、永续债和永续中票。股权融资模型预测财务报表的逻辑结构如图 3－7 所示。

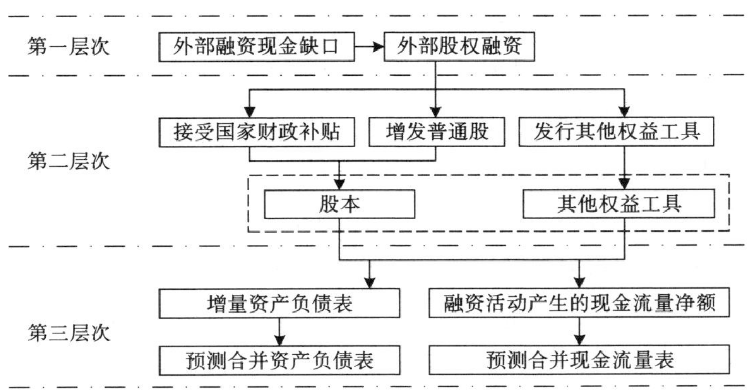

图 3－7　股权融资模型逻辑结构图

股权融资模型预测资产负债表、现金流量表可分为三个层次：第一层次是股权融资模型与经营、投资模型的接口；第二层次是股权融资模型内部计算逻辑；第三层次是股权融资模型与财务报表的关系。具体来说：

第一层次，确定外部融资现金缺口，由目标货币资金、经营活动现金流、投资活动现金流及股利支付额计算得出，外部融资需求减去外部股权融资额即为债务融资额；

第二层次，根据直接录入的外部股权融资计划额，确定具体的股权融资方案（包括接受国家资本财政补贴、增发、优先股、永续债或永续中票的金额及利率设计），进行永续利息计算；

第三层次，预测结果反映在财务报表相关项目上，包括增量资产负债表中的货币资金、应付股利和现金流量表的融资活动产生的现金流量净额，并将增量资产负债表和现金流量表中的项目分别链接加入预测合并资产负债表和预测合并现金流量表。

（二）债务融资模型与财务报表

债务融资预测模型主要包括对六类债务融资行为的预测，即短期借款、长期借款、短期融资券、企业债券、可交换/可转换债券、非公开定向债务融资工具。根据各类债务融资金额计算利息费用，结合考虑资本化利息和利息收入，确认财务费用。债务融资模型预测财务报表的逻辑结构如图3－8所示。

债务融资模型预测资产负债表、现金流量表可分为三个层次：第一层次是债务融资模型与股权融资模型的接口；第二层次是债务融资模型内部计算逻辑；第三层次是债务融资模型与财务报表的关系，具体来说：

第一层次，根据外部融资需求模型，确定债务融资额。

第二层次，首先根据各项债务融资比例和偿还计划确定各项债务新增或偿还金额；其次根据各种债务融资方式的存量得到短期借款、长期借款、短期债券和长期债券的余额；最后根据债务余额、债务融资平均利率、资本化比率等预测利息费用、资本化利息、利息收入，利息费用扣减资本化利息和利息收入后确定财务费用。

第三层次，预测结果反映在财务报表相关项目上，包括增量资产负债表中的短期借款、长期借款、其他流动负债、应付债券等，利润

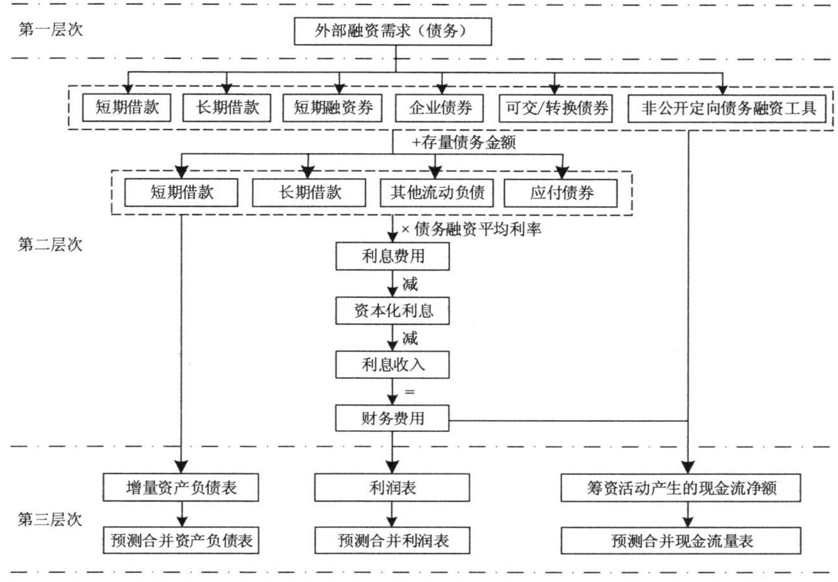

图3－8　债务模型逻辑结构图

表中的财务费用和现金流量表的融资活动产生的现金流量净额，并将增量资产负债表和现金流量表中的项目分别链接加入预测合并资产负债表和预测合并现金流量表。

二、融资业务模型中的会计科目预测

（一）股权融资模型中的会计科目预测

股权融资模型主要内容包括：首先根据目标货币资金、经营活动现金流、投资活动现金流、本年度股利支付额计算得出外部融资现金缺口；其次再根据外部股权融资计划额进一步确定外部股权融资的方式、数量及利率；最后，外部融资现金缺口减去外部股权融资参考值的剩余部分即为债务融资参考值。由于股权融资需要满足的条件较为严格，一般情况下，融资模型首先考虑债务融资。股权融资模型预测会计科目的逻辑关系如图3－9所示。

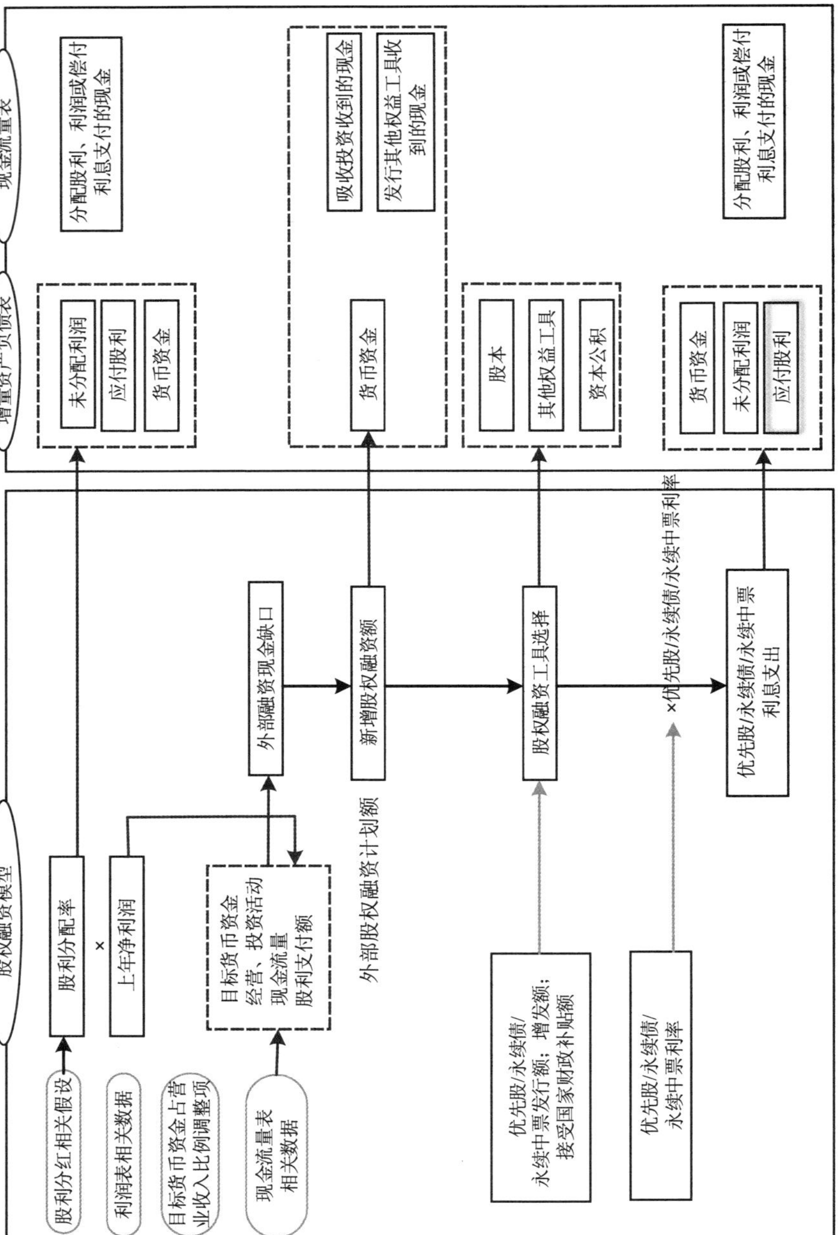

股权融资模型
股利分红相关假设
股利分配率
×
利润表相关数据
上年净利润
目标货币资金占营业收入比例调整项
现金流量表相关数据
目标货币资金
经营、投资活动现金流量
股利支付额
外部融资现金缺口
外部股权融资计划额
新增股权融资额
优先股/永续债/永续中票发行额；增发额；接受国家财政补贴额
股权融资工具选择
优先股/永续债/永续中票利率
×优先股/永续债/永续中票利率
优先股/永续债/永续中票利息支出

增量资产负债表
未分配利润
应付股利
货币资金
货币资金
股本
其他权益工具
资本公积
货币资金
未分配利润
应付股利

现金流量表
分配股利、利润或偿付利息支付的现金
吸收投资收到的现金
发行其他权益工具收到的现金
分配股利、利润或偿付利息支付的现金

图 3-9 股权融资模型与会计科目的逻辑关系

股权融资模型预测会计科目的逻辑关系如下：

第一步，确定外部融资需求，即由目标货币资金、经营活动现金流、投资活动现金流和股利支付额计算得出外部融资现金缺口；

第二步，根据企业外部股权融资未来计划确定外部股权融资额，并计入增量资产负债表中货币资金等科目、现金流量表中吸收投资收到的现金等科目、发行其他权益工具收到的现金等科目；

第三步，设计外部股权融资具体方案（包括接受国家资本财政补贴、增发、优先股、永续债（中票）的金额和利率设计）。这里涉及多个子模型运算：首先由目标货币资金子模型计算目标货币资金；其次通过外部融资需求模型确定融资需求；再次通过股利子模型确定内源融资额，在此基础上确定外部融资需求；最后运用股权融资工具模型确定具体的外部融资工具、金额和发行利率等，分别计入增量资产负债表中股本、其他权益工具、资本公积等科目，对于优先股、永续债、永续中票发行额和利率计算利息支出，计入增量资产负债表中货币资金、未分配利润、应付股利等科目和现金流量表中分配股利、利润或偿付利息支付的现金等科目，并将其链接到预测合并资产负债表和预测合并现金流量表中的相应科目。

（二）债务融资模型中的会计科目预测

债务融资模型的主要内容包括：预测总债务融资金额，确认债务融资结构，即短期借款、长期借款、短期债券、长期债券各自的比例，计算利息费用，然后根据资本化利息和利息收入，确认财务费用。债务融资模型预测会计科目的逻辑关系如图 3－10 所示。

债务融资模型预测会计科目的逻辑关系如下：

第一步，确定债务融资需求，即由外部融资现金缺口和股权融资未来计划确定债务融资缺口。

第二步，根据各项债务融资比例和偿还计划确定各项债务新增或

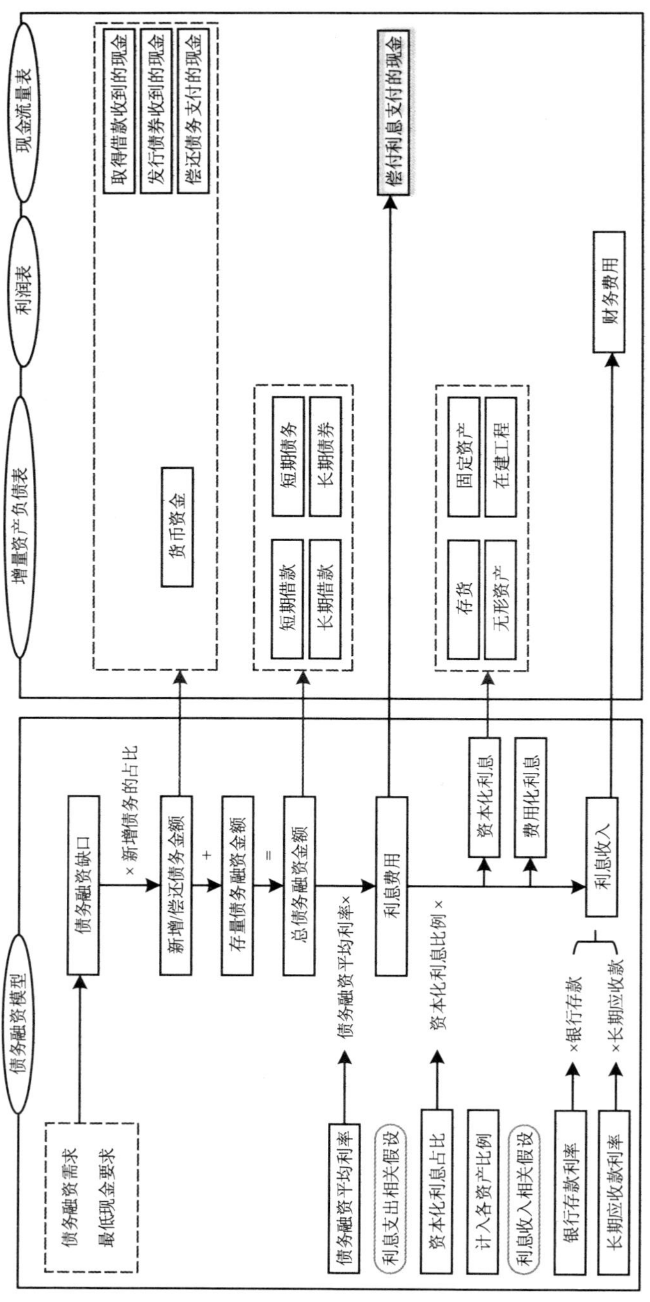

图 3-10 债务融资模型预测会计科目的逻辑关系

偿还金额，加上存量债务融资金额，得到各项债务的总金额（即各项债务余额），计入增量资产负债表中货币资金、短期借款、长期借款、短期债券、长期债券等科目和现金流量表中取得借款收到的现金、发行债券收到的现金、偿还债务支付的现金等科目。

第三步，根据债务余额、债务融资平均利率计算利息费用，即利息费用 = 总负债 × 债务融资平均利率；根据资本化利息比例分别得到资本化利息和费用化利息，将资本化利息部分根据历史情况分别计入增量资产负债表中存货、固定资产、无形资产、在建工程等科目。

第四步，根据银行存款和长期应收款余额和利率计算利息收入，根据利息费用、资本化利息、利息收入预测财务费用，计入利润表中财务费用等科目和现金流量表中分配股利、利润或偿付利息支付的现金等科目。

第五步，将增量资产负债表和现金流量表中相应科目链接到预测合并资产负债表和预测合并现金流量表中的相应科目。

三、融资业务模型的核心——融资需求预测

融资模型是根据经营业务和资本支出产生的资金需求，在留存收益满足部分资金需求基础上确定外部融资需求，并在此基础上预测筹资活动现金流量。融资业务模型功能实现的前提是准确预测未来的融资需求，也就是说，融资需求预测是融资业务模型的起点，也是模型的核心功能之一。计算外部融资需求，就是由目标货币资金、经营活动现金流、投资活动现金流和股利支付额计算得出外部融资现金缺口。在此基础上，开展股权融资和债权融资的预测。

模型根据经营业务和资本支出确定整体融资需求，在计算出整体融资需求之后，扣除内部融资的部分以后，即为外部融资需求。外部融资分为两大类：股权融资和债务融资。股权融资业务模块主要的功能是在确定外部融资需求的基础上，根据股权融资额进一步确认外部

股权融资方案。债务融资业务模块主要的功能是根据外部融资需求和股权融资额，预测总债务融资金额，并确认债务融资结构，即短期借款、长期借款、短期债券、长期债券各自的比例，计算利息费用，然后根据资本化利息和利息收入，确认财务费用。

具体来说，融资需求的计算公式如下：

外部融资需求 = 外部融资现金缺口 = -（期初现金余额 + 经营性现金流 + 投资活动产生的现金流 - 股利支付额 - 目标货币资金）

需要注意的是，若期初现金余额 + 经营性现金流 + 投资活动产生的现金流 - 股利支付额 - 目标货币资金的结果为正，则外部融资需求为零。

本章小结

本章分别对经营业务、投资业务和融资业务三大模块之间的模型逻辑功能进行了阐述，并分析了三大模块与财务报表和具体会计科目预测之间的逻辑关系，为第四章模型具体实操构建提供了整体的设计流程，有助于读者对企业集团财务模型的搭建形成全面认识，方便后续实际操作。

模型建构篇

第四章

企业集团财务预报表模型

在对子模型逻辑功能描述的基础上，本章从模型架构、输入端、运算逻辑、输出端、模型预测合理性检验等方面对企业集团财务预报表模型进行阐释。

第一节　模型架构

企业集团财务预报表的模型架构采用三级逻辑设计，包括输入、模型运算、输出三个层级。其中，输入端反映历史财务报表和各子模型的特定参数；模型运算反映包括经营业务、投资业务和融资业务的运算过程；输出端反映模型的运算结果，包括财务报表、相关财务指标和企业整体价值评估结果。

构建企业集团财务预报表模型，需要结合其可持续发展的实际状况及市场需求环境，从支撑公司经营决策的视角出发，对企业集团在资本经营、资产投资、资源配置、资金筹集等业务决策方面需要的各类财务模型进行系统研究，主要针对：

1. 市场因素变动、公司经营目标与公司经营决策的关系分析，即经营模型输入端设计与经营模型构建，从而支撑企业集团的业务战略决策；

2. 资产投资（包括固定资产、无形资产、投资性房地产）与公司业务发展规模相适配的关系分析，即资产投资模型输入端设计与资产投资模型构建，从而支撑企业集团的资产投资决策；

3. 股权投资与公司发展状况、股权投资和并购计划的关系分析，即股权投资模型输入端设计与股权投资模型构建，从而支撑企业集团的资源配置决策；

4. 融资规模与公司经营情况及投资规模相适配，即股权融资模型和负债融资模型的输入端设计与模型构建，从而支撑企业集团的资金筹集决策；

5. 经营、投资、融资计划与财务报表的逻辑关系，以及绩效考核指标体系的设计与运用，即企业集团财务预报表模型的输出端设计。

根据企业集团财务预报表模型总体框架构建思路（图 2－2），企业集团财务预报表模型的运算逻辑思路如图 4－1 所示。

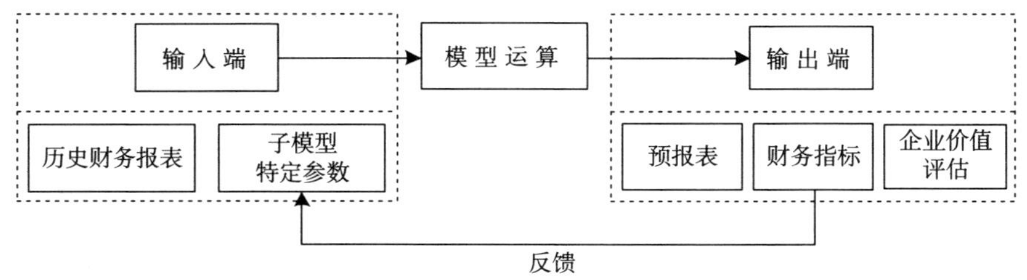

图 4－1 预报表模型的运算逻辑思路

企业集团财务预报表模型包括输入、模型运算、输出三大系统，模型采用三级逻辑架构设计，包括基础数据层、模型运算层、输出界面层。各层级系统具体包括：

（1）基础数据层为主要输入端，主要包括历史财务报表和各子模型的特定参数。

（2）模型运算层集成了所有数据运算，根据基础数据层采集的参数值，进行包括经营业务、投资业务和融资业务的运算过程。

（3）输出界面层是对模型运算结果、基础数据按照界面友好原则进行的再梳理，重点梳理运算得出的关键绩效指标，并与管控（绩效考核）指标进行对标分析，提供预警机制。此外，输出端还具有企业整体价值评估的功能。

第二节　模型输入

企业集团财务预报表模型的输入端是模型运算的基础，主要包括历史财务报表的基础数据和各子模型的特定参数。在此基础上，通过敏感性分析，确定影响各输出指标的关键输入端，即关键参数，有助于在输出指标超出预警值的情况下，优先考虑调整关键参数使输出指标回到正常范围。本节第一部分为企业集团财务预报表模型的输入端；第二部分为关键参数；第三部分为输入端的更新方法。

一、输入端

企业集团财务预报表模型共包括五个子模型，分别为经营业务模型、资产投资模型、股权投资模型、股权融资模型和债务融资模型。各子模型按照其特点选取不同的参数作为输入端。下面将分别对五个子模型的输入端进行介绍：

（一）经营业务模型输入端

经营业务模型的设计思路主要是基于管理会计报表的口径，根据不同事业部分别设置输入端，如果企业集团涉及国际业务，可考虑区分境内业务和境外业务。

经营业务模型输入端影响的财务报表项目主要涉及利润表中的营业收入、营业成本、期间费用、营业税金及附加和资产减值损失等相关项目，资产负债表中的流动资产和流动负债的相关项目，以及现金流量表中的经营活动产生的现金流量项目。经营业务模型输入端包括：营业收入预测输入端、利润表其他项目预测输入端及资产负债表相关项目预测输入端。下面以 CC 集团为案例，对不同类型的输入端进行说明。

CC 集团为国内某特大型国有基建企业，主要从事港口、码头、航道、公路、桥梁、铁路、隧道、市政等基础设施建设和房地产开发业务，业务足迹遍及世界 100 多个国家和地区，是世界 500 强企业之一。CC 集团目前已同时在 A 股和 H 股上市，是建筑行业内的龙头企业。CC 集团的经营业务分为四大事业部板块（房地产事业部、港航疏浚事业部、路桥轨道事业部和装备海工事业部）、金融业务和其他业务（其他业务主要是指投资类业务以及未计入四大事业部及金融业务的部分）。CC 集团的投资类业务主要指建设—经营—转让（BOT）项目（以 PPP 方式承担）。目前，CC 集团的 BOT 项目多为高速公路项目。在这些项目中，CC 集团既是投资方，又是建设方，也是运营方。随着国家大力推动 PPP 项目的发展，这类业务在 CC 集团中所占的比重越来越大。

1. 营业收入预测输入端设计。营业收入预测输入端包括：主营业务营业收入预测输入端和其他业务营业收入预测输入端。

下面以CC集团的营业收入预测输入端设计为例，说明企业集团财务预报表模型中营业收入预测输入端的设计。

（1）主营业务营业收入预测输入端。营业收入通常根据收入增长率进行预测。营业收入增长率的预测一般可运用平滑指数法。考虑到国家宏观经济环境、行业发展环境和企业集团个体特征，需要设置营业收入增长率调整项，并分业务板块预测CC集团的营业收入增长率。

营业收入预测输入端设计如表4－1所示。

表4－1　　各事业部营业收入预测输入端设计

类别	具体内容
营业收入	• 国家GDP
	• 央行预测GDP增速（国家统计局公示）
	• 各事业部所处行业中主要企业在该行业年营业收入（该企业集团与同行业内的标杆企业集团）
	• 营业收入增长率调整项

（2）其他业务营业收入预测输入端。CC集团的其他业务包括投资业务和非投资业务。投资业务是指企业集团中BOT项目和其他类的PPP项目。非投资业务是指除投资类业务以外的其他业务收入。投资业务的预测，由于其收入主要来源于进入运营期的BOT项目产生的收费收入和其他类PPP项目的垫资利息收入，因此通过分析企业集团现有的BOT项目和PPP项目的运营现状来进行预测。投资业务输入端参数主要包括本年度已进入运营期的BOT项目收入增长率、本年度新进入运营期的BOT项目收入额、PPP项目建设期垫资利息率。非投资业务的预测，基于各事业部营业收入的增长率，输入端参数主要是其他非投资业务营业收入增长率调整项。

其他业务营业收入预测输入端如表4－2所示。

表 4－2　　其他业务营业收入预测输入端设计

类别	具体内容
“其他业务—投资”营业收入	• 本年度已进入运营期 BOT 项目收入增长率
	• 本年度新进入运营期 BOT 项目收入额
	• PPP 项目建设期垫资利息率
“其他业务—非投资”营业收入	• 其他非投资业务营业收入增长率调整项（调整项是根据实际经营情况，结合管理者自身经验判断以及对未来事项的判断，对相关数据进行人为调整）

2. 利润表其他项目预测输入端设计。基于销售百分比法，营业成本、税金及附加、销售费用、管理费用及所得税费用均与营业收入存在相对稳定的比例关系（历史年度各项目与营业收入间比例的移动平均值）。

在不同的年度，由于各事业部的毛利率也会有所变化，模型在预测过程中针对每个事业部可设置毛利率调整项，以便模型使用者根据对实际情况的预判进行调整。

利润表其他项目预测输入端设计如表 4－3 所示。

表 4－3　　利润表其他项目预测输入端设计

类别	具体内容
税金及附加	• 历史数据中营业税占营业税金及附加的比例（剔除历史数据中营业税的部分，若历史数据中不含营业税，则此项为零）
管理费用	• 根据对实际情况的预判，调增或调减管理费用
	• 运营期 BOT 项目管理费用占营业收入比例（为预测运营期 BOT 项目的管理费用而设。另，运营期 BOT 没有销售费用）
毛利率调整项	• 根据对不同事业部实际情况的预判进行调增或调减
营业成本	• 毛利率
销售费用	• 销售费用/营业收入

3. 资产负债表相关项目预测输入端设计。基于销售百分比法，经

营业务模型涉及的资产负债表项目包括经营性流动资产和经营性流动负债。经营性流动资产是指受经营活动影响的流动资产项目，主要包括应收票据、应收账款、预付账款、其他应收款、存货等。经营性流动负债是指受经营活动影响的流动负债项目，主要包括应付账款、应付票据、预收账款、应付工资等。经营性流动资产和流动负债项目通常随营业收入变动而变动，与营业收入持相对稳定的比例关系。通过分析历史年度经营性流动资产和经营性流动负债与营业收入的百分比，计算对应资产负债表的报表项目。财务模型还可根据需要设置调整项，反映管理者的经验判断，对经营流动资产和流动负债的营业收入百分比进行手动调整。

资产负债表调整类输入端设计如表 4 –4 所示。

表 4 –4　　　　资产负债表调整类输入端设计

类别	具体内容
应收账款、预付款项	• 相对应的激增或突降的金额
应付账款、预收款项	• 相对应的激增或突降的金额
存货	• 存货激增或突降的金额

（二）资产投资模型输入端

资产投资模型输入端影响的财务报表项目主要涉及资产负债表中的货币资金、应付款项、存货、固定资产、无形资产、在建工程、投资性房地产、长期借款，现金流量表中“支付的各项税费”“购建固定资产、无形资产和其他长期资产支付的现金”，利润表中的“管理费用”和“营业成本”等项目。资产投资模型输入端包括固定资产输入端、在建工程输入端、投资性房地产输入端及无形资产输入端，下面以 CC 集团的资产投资模型输入端设计为例进行说明。

CC 集团的长期资产主要包括固定资产、在建工程、投资性房地产及无形资产，需要分别预测各类资产的期末值及相应的折旧摊销额。

资产投资模型的输入端设计如表4－5所示。

表4－5　　　　资产投资模型输入端

类别	具体内容
固定资产	• 固定资产新增投资额
	• 各类别固定资产占比分配
	• 各类别固定资产折旧率
在建工程	• 在建工程占固定资产总额比例
投资性房地产	• 投资性房地产新增投资额
	• 投资性房地产折旧摊销率
无形资产	• BOT项目新增投资额
	• 土地使用权新增投资额
	• 其他无形资产新增投资额
	• BOT项目已完工未结算占新增投资额的比例
	• 各类别无形资产摊销率

1. 固定资产输入端参数估计。固定资产主要涉及房屋及建筑物、机器设备、船舶、运输工具及其他固定资产五类，各类固定资产占总体固定资产的比重基本保持稳定，折旧率亦基本保持稳定。可根据历史数据测算。

考虑到固定资产不同资产类别折旧率相差较大，固定资产预测从房屋及建筑物、机器设备、船舶、运输工具及其他五个资产类别分别进行。将输入端设立为固定资产新增投资额、各固定资产类别占比分配及各类别固定资产折旧率三部分。固定资产新增投资额根据投资计划手动输入，固定资产各细项占比及其折旧率通过对历史数据的测算和分析确定。

2. 在建工程输入端参数估计。在建工程占固定资产总投资的比例相对稳定，可运用该比例来预测在建工程期末账面价值。

在建工程输入端是在建工程占固定资产总额的比例，通过对历史数据的测算和分析确定。

3. 投资性房地产输入端参数提取。通过输入投资性房地产新增投资额，根据由历史数据测算得到的折旧摊销率进行计算，从而得到投资性房地产期末账面价值。

投资性房地产输入端包括投资性房地产新增投资额及其折旧摊销率。可根据 CC 集团的投资计划手动输入，或通过对历史数据的测算和分析确定。

4. 无形资产输入端参数提取。无形资产主要涉及特许经营权、土地使用权和其他三个类别，其中特许经营权是 CC 集团无形资产的重要组成部分，用于核算 CC 集团投资类 BOT 项目的账面价值。由于 CC 集团近年来投资类 BOT 项目大幅增加，导致特许经营权账面价值也随之大幅提升。

无形资产预测的输入端包括各类别无形资产新增投资额、各类别无形资产摊销率和 BOT 项目已完工未结算占新增投资额的比例三个部分，分别根据历史数据的测算和分析确定。其中，BOT 项目已完工未结算占新增投资额的比例用于具体计算 BOT 项目新增投资额最终形成无形资产和由于完工未结算尚保留于存货的数值。未来可根据具体投资计划和工程进度安排改变相应比例。

（三）股权投资模型输入端

股权投资模型用于预测股权收购事项、非并购股权投资以及股权处置事项对财务报表的影响。非并购股权投资或处置事项影响的财务报表项目主要涉及资产负债表中的“货币资金、以摊余成本计量的金融资产、以公允价值计量且其变动计入其他综合收益的金融资产、以公允价值计量且其变动计入当期损益的金融资产”项目，利润表中的“投资收益”项目，现金流量表中的“投资活动产生的现金流量”项目。股权收购事项影响报表项目比较广泛，几乎所有报表项目都会受到影响。股权投资模型输入端包括以摊余成本计量的金融资产输入端、以公允价值计量且其变动计入其他综合收益的金融资产输入端、以公允价值计量且其变动计入当期损益的金融资产输入端，以及并购事项输入端。下面以 CC 集团的资产投资模型输入端设计为例进行说明（如表 4 – 6 所示）。

CC 集团主要涉及以下四类金融资产：以公允价值计量且其变动计入当期损益的金融资产、可供出售金融资产、持有至到期投资、长期股权投资。①

表 4 – 6　　　CC 集团金融资产账面价值及其占总资产比重

年份	20X5	20X6	20X7
以公允价值计量且其变动计入当期损益的金融资产账面价值（元）	312 346 336	171 488 028	142 760 603
以公允价值计量且其变动计入当期损益的金融资产/资产总额	0. 06%	0. 03%	0. 02%
可供出售金融资产账面余额（元）	13 913 297 607	22 205 110 171	22 321 831 732
可供出售金融资产/总资产	2. 58%	3. 35%	3. 05%
长期股权投资账面价值（元）	8 155 836 459	10 086 165 775	12 946 035 848
长期股权投资账面价值/总资产	1. 51%	1. 52%	1. 77%
持有至到期投资账面价值（元）		327 968 849	279 817 589
持有至到期投资账面价值/总资产		0. 05%	0. 04%

资料来源：根据 CC 集团年度报告数据计算。

根据金融资产重新分类前的标准举例，股权投资输入参数主要涉及以下四类投资业务的参数输入：以公允价值计量且其变动计入当期损益的金融资产、可供出售金融资产、持有至到期投资、长期股权投资以及并购事项。

1. 持有至到期投资输入端参数提取。通过对 CC 集团历史资产配

① 2017 年财政部对金融资产已进行重新分类。由于本案例采用重新分类之前的数据，因此仍然保留原有的科目名称。

置分析，持有至到期投资对CC集团而言是非主要投资，占总资产比重很小，且2014年才开始持有。基于重要性的分析，考虑对持有到期投资的处理采用基期数据。

2. 可供出售金融资产输入端参数提取。可供出售金融资产主要涉及持有期间取得股息回报、新增投资额的预测，以及处置时获得的投资收益。

通过历史数据分析，可供出售金融资产股息回报率基本稳定，股息回报率的预测可以参考历史预测数据，取历史数据平均值。但CC集团每年净新增投资并不稳定，缺乏规律，因此CC集团可根据当年投资计划进行选择或自行手动输入。CC集团处置投资收益各年相差较大，属于非预测项目。

3. 以公允价值计量且其变动计入当期损益的金融资产输入端参数提取。以公允价值计量且其变动计入当期损益的金融资产主要涉及账面价值的确定以及处置收益的预测。

通过20X3—20X5年历史数据的测算和分析，以公允价值计量且其变动计入当期损益的金融资产账面价值与总资产的比值，除20X3年外，一般稳定在［0.02%，0.03%］之间。为此，在预测金融资产账面价值时，考虑按其占总资产的0.02%或0.03%比率进行预测。此类金融资产处置投资收益率并没有表现出相对稳定的比率，各年之间差异较大。为此，可按越接近预测期越具有参考价值进行考虑。

4. 长期股权投资输入端参数提取。长期股权投资的预测主要涉及净新增投资额、权益法核算的投资收益、取得的股息回报以及处置收益。

通过历史数据分析，CC集团新增投资各年之间存在较大差异，无法按照历史趋势进行预测。CC集团可根据当年投资计划进行选择或者自行手动输入。长期股权投资（联营企业）的投资收益增长率各年之间差异较大，增长不稳定。基期的数据相对于预测期更具有参考价值，为此，对收益增长率的预测基本参照基期进行。长期股权投资（合营企业）的投资收益增长率各年之间也存在差异，但除去20X2年后增长相对稳定，为此，对收益增长率的预测基于前三年收益增长的平均值进行。

长期股权投资（联营企业）股息分配率各年之间存在差异，但相对稳定。为此，对股息分配率的预测基于历史股息分配率的平均值进行。类似地，长期股权投资（合营企业）股息分配率各年之间虽存在差异，但相对稳定，为此，对股息分配率的预测基于历史股息分配率的平均值进行。处置投资收益各年相差较大，属于非预测项目，考虑在模型中参考基期数据作为预测期的数值。

5. 并购事项输入端参数提取。并购事项主要考虑拟并购事项对当年财务报表和财务指标的影响。基于合并过程，拟并购事项输入端数据包括：拟并购时间、并购目标从并购月份到年底的预测报表、拟并购交易对价、拟持股比例。对于实际发生的并购事件，随着历史数据更新，被合并子公司已在集团合并报表中得到体现，基于更新的数据进行正常的经营预测。

股权投资模型的输入端设计如表4-7所示。

表4-7　　股权投资模型输入端

类别	具体内容
持有至到期投资	• 账面价值（采用基期数据）
	• 投资收益（采用基期数据）
可供出售金融资产	• 新增投资额（根据集团投资计划调整）
	• 股息回报率（=股息回报/账面余额）（根据财报数据测算）
	• 历史股息回报（根据过去五年历史数据规律测算）
	• 处置收益（根据过去五年历史数据规律测算并根据处置计划调整）

续表

类别	具体内容
以公允价值计量且其变动计入当期损益的金融资产	• 账面价值与总资产比重（根据过去三年历史数据规律测算）
	• 处置收益率（=（处置收益－账面价值）/账面价值）
	• 处置收益（根据过去五年历史数据规律测算并根据处置计划调整）
	• 计划投资调整额（根据集团投资计划调整）
长期股权投资	• 新增投资额（联营）（根据历史数据测算并根据投资计划调整）
	• 新增投资额（合营）（根据历史数据测算并根据投资计划调整）
	• 投资收益增长率（联营）（根据过去五年历史数据规律测算）
	• 投资收益增长率（合营）（根据过去五年历史数据规律测算）
	• 股息分配率（联营）（根据过去五年历史数据规律测算）
	• 股息分配率（合营）（根据过去五年历史数据规律测算）
	• 处置收益（根据过去五年历史数据规律测算并根据处置计划调整）
并购事项	• 拟并购时间
	• 并购目标从拟并购月份到年底的预测报表
	• 拟并购交易对价
	• 拟持股比例

（四）股权融资模型输入端

股权融资模型涉及对资产负债表中的“货币资金、股本、其他权益工具、应付股利、资本公积、未分配利润”项目，现金流量表中的

“吸收投资收到的现金、发行其他权益工具收到的现金、分配股利、利润或偿付利息支付的现金”项目的预测。股权融资模型输入端包括目标货币资金相关输入端、股利支付率输入端、外部股权融资计划额输入端及外部股权融资方案输入端。下面分别按照不同类型的输入端进行说明。

股权融资输入参数的确定和估计主要来自三方面：一是根据目标货币资金子模型对目标货币资金进行参数提取；二是根据股利子模型对股利支付率进行参数提取；三是根据外部股权融资计划额手动输入外部股权融资方案具体参数。下面以 CC 集团的股权融资模型输入端设计为例进行说明。

股权融资主要有三类输入端，包括：(1) 用以测算外部融资现金缺口的输入端，包括目标货币资金占营业收入比例调整项及股利支付率；(2) 用以测算外部股权融资参考值的输入端，即外部股权融资计划额；(3) 用以决策具体外部融资方案的输入端，包括接受国家资本财政补贴相关输入端、增发相关输入端，其他权益工具发行相关输入端。

1. 目标货币资金相关输入端设计。根据企业集团管理会计报表历史数据，计算得出营业收入/货币资金的数值，作为本模型营业收入/目标货币资金的基础值。考虑到给管理者预留出对货币资金的管理空间，模型设置调整项对货币资金进行调整。模型根据该比值与相关调整项预测未来年份企业集团的目标货币资金。

2. 股利支付率输入端设计。对企业集团股利的历史分配情况进行分析，确定预测期企业集团的股利支付率。以 CC 集团为例，20X5 年度 CC 集团的股利支付率为 18.00%，鉴于 CC 集团一直采用持续、稳定的的现金分红政策，预测期内股利支付率参照 20X5 年基期数据，确定为 18.00%。

3. 外部股权融资计划额输入端设计。由模型使用者对外部股权融资计划额输入端进行直接录入，此输入端是模型使用者根据股权融资计划进行决策的结果。

4. 外部股权融资方案输入端设计。根据外部股权融资参考值，自行进行外部股权融资方案设计，包括工具选择、发行金额、发行利率三个方面。

以 CC 集团为例，该集团可选择的融资工具包括增发普通股、发行优先股、发行永续债等，在确定发行工具的种类后需要对发行金额和利率进行设计。通过这些输入端计算得出股权融资额，用融资缺口减去股权融资额计算得出债务融资额的参考值，作为债务融资模型的计算基础。

股权融资模型的输入端设计如表 4－8 所示。

表 4－8　　股权融资模块输入端

类别	具体内容
外部融资现金缺口相关项目	• 目标货币资金占营业收入比例调整项（管理者根据经验判断得出）
	• 股利支付率（参照基期）
外部股权融资额相关项目	• 外部股权融资计划额（按照融资计划）
外部股权融资具体方案	• 接受国家资本财政补贴（按照政府文件）
	• 新股发行股数（按照融资方案）
	• 新股发行价格（按照融资方案）
	• 回购股数（按照融资方案）
	• 股份回购价格（按照融资方案）
	• 优先股发行金额（按照融资方案）
	• 优先股回购金额（按照融资方案）
	• 永续债发行金额（按照融资方案）
	• 永续债回购金额（按照融资方案）
	• 永续中票发行金额（按照融资方案）
	• 永续中票回购金额（按照融资方案）
	• 优先股利率（按照融资方案）
	• 永续债利率（按照融资方案）
	• 永续中票利率（按照融资方案）

（五）债务融资模型输入端

债务融资模型主要涉及资产负债表中的“货币资金、短期借款、长期借款、短期债券和长期债券”项目，利润表中的“财务费用”项目，现金流量表中“取得借款收到的现金、发行债券收到的现金、偿还债务支付的现金、分配股利或偿付利息支付的现金”项目的预测。

企业可根据历史债务融资情况和未来债务融资计划确定各项债务借入和偿还额。其中，通过分析历史财务报表附注数据可知企业历史债务融资情况，从而预测资产负债表中的短期借款、长期借款、短期债券和长期债券，现金流量表中取得借款收到的现金、发行债券收到的现金、偿还债务支付的现金等项目；再结合各项债务融资平均利率和利息收入平均利率预测利润表中的财务费用，现金流量表中分配股利或偿付利息支付的现金等项目；最后据此预测货币资金项目。

债务融资模型输入端包括财务报表附注数据录入、债务融资计划输入端、债务融资平均利率输入端及利息收入平均利率输入端。下面以 CC 集团的债务融资模型输入端设计为例进行说明。CC 集团近 3 年的债务融资种类包括短期借款、长期借款、短期融资券、应付债券，各项债务的期末余额如表 4－9 所示。

表 4－9　CC 集团近 3 年各项债务期末余额　单位：元

债务融资类型	20X5 年	20X6 年	20X7 年
短期借款	61 060 701 257	66 348 289 750	73 291 282 890
短期融资券	5 000 000 000	14 500 000 000	6 000 000 000
长期借款	134 560 845 353	151 861 390 490	198 280 517 313
应付债券	32 049 554 414	26 149 554 414	32 349 554 414

由表 4－9 可知债务融资分为短期债务和长期债务，短期债务包括短期借款和短期融资券，长期债务包括长期借款和应付债券，其中应付债券主要包括企业债券和非公开定向债务融资工具。通过分析财务

报表附注项目可知 CC 集团近 3 年短期融资券、企业债券、非定向债务融资工具的发行和偿还情况（如表 4－10 所示）。

表 4－10　　CC 集团近 3 年债券融资情况　　单位：元

债券融资类型	20X5 年	20X6 年	20X7 年
短期融资券发行额	4 995 655 739	14 500 000 000	6 000 000 000
企业债券发行额	16 292 129 311	6 000 000 000	—
企业债券偿还额		－6 000 000 000	—
非公开定向债务融资工具发行额	2 000 000 000	—	9 000 000 000
非公开定向债务融资工具偿还额	－3 800 000 000	－5 900 000 000	－2 800 000 000

为了解企业历史债务融资情况和未来债务融资计划，需历史财务报表及其附注数据，另外，为计算债务融资费用，需分析各项债务融资平均利率和利息收入平均利率，从而预测上述财务报表项目。因此，债务融资模型输入端主要包括四类：

（1）财务报表附注中的财务费用、其他流动负债、应付债券项目；

（2）债务融资计划中的新增短期借款占比、新增长期借款占比、短期融资券发行额、企业债券发行额和偿还额、非公开定向债务融资工具发行额和偿还额；

（3）债务融资平均利率，包括短期银行借款、长期银行借款、短期债券、长期债券的平均利率；

（4）利息收入的平均利率，包括银行存款利率、长期应收款利率。

1. 财务报表附注数据录入。从财务报表附注中分别获取财务费用附注、其他流动负债附注、应付债券附注相关项目的数据。

表 4-11　　财务报表附注债务融资相关数据录入

类别	具体内容
财务费用	• 利息支出
	• 资本化利息
	• 计入存货
	• 计入固定资产
	• 计入在建工程
	• 计入无形资产
其他流动负债	• 短期融资券
	• 利息调整
应付债券	• 期末余额—长期债券
	• 应计利息—短期融资券
	• 应计利息—长期债券
	• 利息调整—长期债券

2. 债务融资计划输入端设计。根据长短期银行借款的计划输入新增短期借款占比、新增长期借款占比；通过分析短期融资券、企业债券、非公开定向债务融资工具的历史发行情况和未来筹资计划输入短期融资券发行额、企业债务发行额和偿还额、非公开定向债务融资工具发行额和偿还额。

3. 债务融资平均利率输入端设计。企业集团的债务融资方式主要包括短期借款、长期借款、短期债券和长期债券。其中，短期债券仅包括短期融资券，长期债券包括企业债券、非公开定向债务融资工具。短期借款、长期借款、短期债券和长期债券的历史数据从历史财务报表中取数。

除了输入各类债务融资本金相关的参数以外，模型还需要提取各类债务融资方式的年平均利率来计算各类融资方式的年利息。其中，短期借款和长期借款的平均利率从财务报表附注提取，短期债券和长期债券的平均利率依据以下公式计算得到：

$$年平均利率=\frac{当年应计利息}{(期初余额+期末余额)/2}$$

此外，短期债务和长期债券当年应计利息分别从企业集团的短期融资券、应付债券的财务报表附注中取数。

因将上述四种债务融资方式的年平均利率分别作为债务融资模型中四类债务融资方式的利率输入端，年平均利率数据可以根据以上公式计算得到，也可以根据企业融资计划输入短期借款、长期借款、短期债券和长期债券的平均利率的数值。

4. 利息收入平均利率。根据中国人民银行一年定期存款利率输入银行存款利率数据；根据企业集团历史情况，输入长期应收款利率。

债务融资模型的输入端设计如表4－12所示。

表4－12　　债务融资模型输入端设计

类别	具体内容	获取方式
债务融资计划	• 新增短期借款占比	根据债务融资需求、未来融资计划和短期借款能力确定
	• 新增长期借款占比	根据债务融资需求、未来融资计划和长期借款能力确定
	• 短期融资券发行额	根据债务融资需求和短期融资券融资额度确定
	• 企业债券发行额	根据债务融资需求、未来融资计划和资本市场情况确定
	• 企业债券偿还额	根据企业债券历史发行情况确定偿还日期和偿还额
	• 非公开定向债务融资工具发行额	根据债务融资需求、未来融资计划和资本市场情况确定
	• 非公开定向债务融资工具偿还额	根据非公开定向债务融资工具历史发行情况确定偿还日期和偿还额

续表

类别	具体内容	获取方式
债务融资平均利率	• 短期借款平均利率	根据历史财务报表附注中短期借款利息支出与短期借款平均余额比率计算确定
	• 长期借款平均利率	根据历史财务报表附注中长期借款利息支出与长期借款平均余额比率计算确定
	• 短期债券平均利率	根据历史财务报表附注中短期债券利息支出与短期债券平均余额比率计算确定
	• 长期债券平均利率	根据历史财务报表附注中长期债券利息支出与长期债券平均余额比率计算确定
利息收入平均利率	• 银行存款利率	根据1年期银行活期存款利率确定
	• 长期应收款利率	根据历史财务报表附注中利息收入扣除银行存款利息，再根据与长期应收款平均余额比率计算确定

二、关键参数

关键参数是指，通过敏感性分析确定的对输出指标起到关键影响作用的重要输入端。通过识别关键参数，决策者可以通过调整关键参数达到快速调整考核指标的目的，帮助经营管理者优化管理决策。预报表模型通过敏感性分析，按照影响程度的大小排序，确定影响各输出指标的重要输入端。关键参数识别和调整的逻辑思路如下：

1. 根据敏感性分析结果，对影响输出指标的关键输入端中排名前15的影响因素进行归纳和列示，确定影响各输出指标的关键输入端，即关键参数；在输出指标超出预警值时，优先考虑调整关键参数，使输出指标回归到正常范围。

2. 在输出指标超出预警值的情况下，通过改变管理决策，对相应的关键参数进行调整。调整分为单一参数调整和组合参数调整两种方式。单一因素调整是指仅对某一影响因素进行调整，实现预期目标。组合因素调整是将多个单一因素进行组合，同时调整。

下面以 CC 集团为例，说明如何识别影响输出指标经济增加值模型（EVA）的关键参数。

（1）假设 20X6 年 CC 集团 EVA 的目标值为 80 亿元，而 EVA 的预测值为 73.8 亿元，没有达到目标，此时需要通过调整管理决策，改变输入端数值，从而使 EVA 的预测值达到目标值；

（2）根据敏感性分析，对 EVA 值影响较大的因素可以分为四类，按照影响程度从大到小排列（如表 4－13 所示）。

表 4－13　　EVA 的影响因素排序

序号	EVA 的影响因素	影响 EVA 项目
1	"十三五"规划总收入、路桥轨道收入增速、港航疏浚收入增速、其他行业收入增速、"十三五"规划金融板块营业收入增长率	净利润
	路桥轨道毛利率、港航疏浚毛利率、装备海工毛利率、房地产板块毛利率、其他行业毛利率	
2	研究与开发费占管理费用的比例	研究与开发费
3	目标货币资金占比	平均带息负债
4	在建工程变动额	平均在建工程

（3）按照表 4－13 总结的影响因素，"十三五"规划总收入、路桥轨道收入增速、港航疏浚收入增速、其他行业收入增速、"十三五"规划金融板块营业收入增长率、路桥轨道毛利率、港航疏浚毛利率、装备海工毛利率、房地产板块毛利率、其他行业毛利率、研究与开发费占管理费用的比例、目标货币资金占比、在建工程变动额等输入端为影响输出指标 EVA 的关键参数。关于如何调整关键参数，优化输出

端财务指标，详见下文第五章第二节“反馈调整预警财务指标”，在此不再赘述。

三、输入端更新

输入端更新包括历史财务报表基础数据更新和各子模型特定参数更新两部分。输入端更新是实现模型滚动预测的基础。

时间轴每经过一个会计年度，就需要对预报表模型中历史财务报表数据和输入端参数进行更新。其中，更新的历史报表包括利润表、资产负债表和现金流量表，更新的输入端参数包括经营业务模型、资产投资模型、股权投资模型、股权融资模型、债务融资模型的相关参数。

例如预测期为 2017 年，模型中已有历史财务报表及各子模型输入端数据覆盖的时间区间为 2012—2016 年，模型通过 2012—2016 年的历史财务报表及 2017—2021 年的输入端参数，预测 2017—2021 年的财务报表。同理，当预测期为 2018 年，则需要更新 2017 年的历史财务报表数据以及 2022 年的子模型输入端数据，以便模型预测 2018—2022 年的财务报表。

第三节　模型运算

企业集团财务模型包括五个子模型：经营业务模型、资产投资模型、股权投资模型、股权融资模型、债务融资模型，它们之间的逻辑关系如下：

（1）经营业务模型首先分别预测各事业部业务板块的营业收入；其次根据销售百分比法预测利润表中的成本费用、资产负债表中的流动资产和流动负债；最后各事业部预测所得的利润表、资产负债表分别相加，得到事业部合并财务报表，并运用间接法预测经营活动现金流量。

（2）投资模型以资产投资和股权投资为基础确定企业的资本支出，然后据此预测折旧与摊销和投资收益。资产投资和股权投资共同形成投资活动现金流量。

（3）融资模型是根据经营业务和资本支出产生的资金需求，在留存收益满足部分资金需求基础上确定外部融资需求，并在此基础上预测筹资活动现金流量。据此安排融资计划，改变股东权益或债务的金额。

（4）最后，各子模型共同形成预测财务报表，作为生成评价指标的基础数据。

以下结合 CC 集团的数据，阐述模型的运算逻辑。

一、经营业务模型

（一）经营业务模型的逻辑结构

在对经营业务进行预测的时候，如果企业集团存在多个不同业务板块，经营业务应当按照不同的业务板块分别进行预测，输出各业务板块的经营活动预测报表，再将各业务板块输出的预测增量报表进行叠加，即得出整个企业集团日常经营活动业务的预测增量报表。

经营业务模型对不同的业务板块进行分别预测，各个业务板块预测方法相似。可以分为对利润表的预测、对资产负债表相关项目的预测，最后用间接法对现金流量表中经营活动产生的现金流进行预测。

具体的经营业务模型逻辑结构如图 4－2 所示。

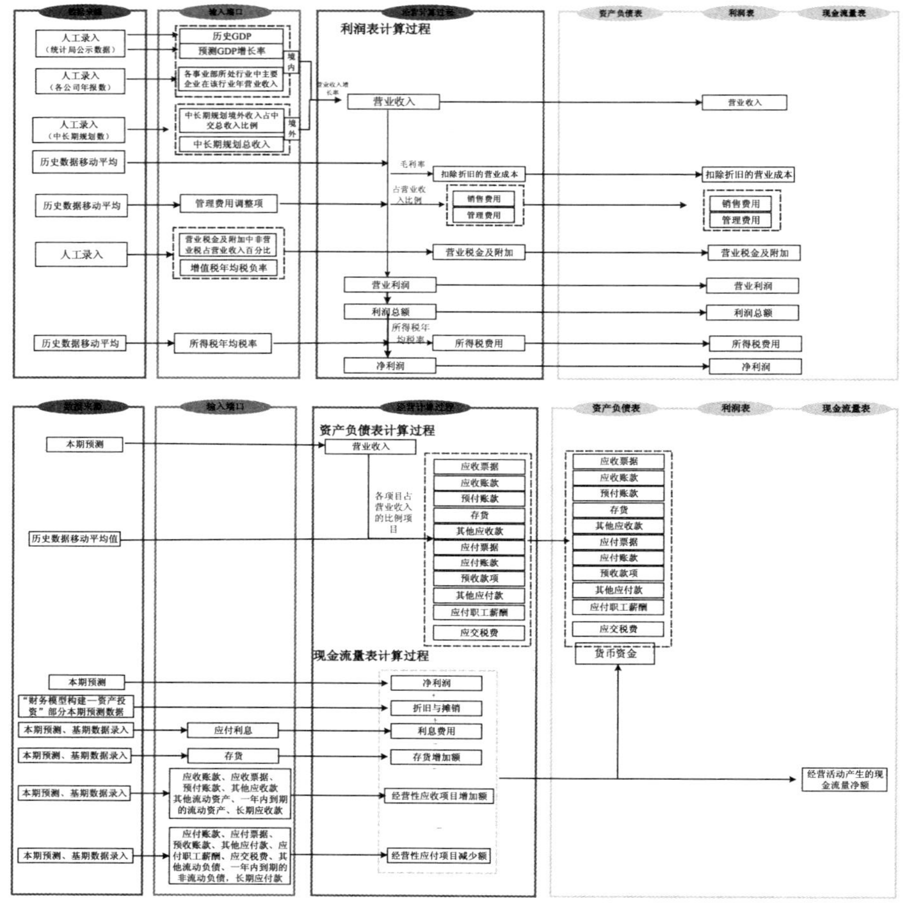

图 4-2　经营业务模型逻辑结构

（二）经营业务模型的算法设置

1. 营业收入。营业收入增长率 = 统计局预测 GDP 增长率 ×（板块行业增长率/GDP 增长率）×（企业业务板块增长率/板块行业增长率）+ 企业业务个性调整项

营业收入（t+1 年）= 营业收入（t 年）× 营业收入增长率（t+1 年）

2. 成本项目。基于销售百分比法，基于已预测的营业收入预测利润表中的“营业成本”“管理费用”“财务费用”及“销售费用”项目。并根据所得税年平均税率得到“所得税费用”。即，

营业成本 = 营业收入 × 毛利率

管理费用 = 管理费用占营业收入比例 × 营业收入

销售费用 = 销售费用占营业收入比例 × 营业收入

营业税金及附加 = 营业税金及附加中非营业税占营业收入比例 × 营业收入

利润总额 = 营业利润 = 营业收入 - 营业成本（折旧费用 + 扣除折旧的营业成本） - 管理费用 - 财务费用 - 销售费用 - 营业税金及附加（不考虑资产减值损失、公允价值变动和营业外收支此类偶发利润表项目的情况下）

净利润 = 利润总额 - 所得税费用

所得税费用 = 利润总额 × 所得税年均税率

3. 资产项目。

经营性流动资产 = 经营性流动资产占营业收入比例 × 营业收入

4. 现金流项目。

经营活动的现金流量 = 净利润 + 资产减值损失 + 折旧与摊销 + 公允价值变动损失 + 财务费用 + 投资损失 + 经营性应付项目的增加 - 存货增加 - 经营性应收项目的增加

其中，经营性应付项目包含应付票据、应付账款、预收账款、应付职工薪酬、应交税费、其他应付款、一年内到期的非流动负债、长期应付款；经营性应收项目包含长期应收款、一年内到期的非流动资产、其他应收款、预付账款、应收账款、应收票据。

（三）举例说明

对于 CC 集团的营业收入预测时，考虑境内、境外业务发展趋势

的差异，模型的营业收入预测基于境内、境外业务分别预测。

1. 境内业务营业收入模型设置。根据 CC 集团的具体业务情况，将 CC 集团的经营业务分为四大业务板块（房地产业务板块、港航疏浚业务板块、路桥轨道业务板块和装备海工业务板块）和金融业务板块进行预测。

（1）四大业务板块营业收入的预测。对四大业务板块境内营业收入的预测，依据国家宏观经济环境、行业发展趋势以及 CC 集团自身发展情况进行预测。国家宏观经济环境主要依据 GDP 的增长，行业发展趋势依据各业务板块所处行业中的主要对标企业的发展情况，CC 集团自身发展情况依据 CC 集团发展现状。

营业收入增长率（四大业务板块境内营业收入）= 统计局预测 GDP 增长率 ×（板块行业增长率/GDP 增长率）×（CC 集团板块增长率/板块行业增长率）+ CC 集团个性调整项

营业收入（t+1 年）= 营业收入（t 年）× 营业收入增长率（四大业务板块境内营业收入）(t+1 年)

其中，板块行业增长率为各行业中与 CC 集团的对标公司（中国建筑、中国中铁、中国铁建）各年的年报数据。考虑各公司年报数据的公布具有时间滞后性，故在对该基期最后一年数据进行选取时采用本年前三季度数据加上上一年度第四季度的数据作为本年的基期数据。

（2）金融业务板块营业收入预测。CC 集团将自身金融业务的发展作为其整体战略布局中新的经济增长点。CC 集团金融业务主要包括资金管理业务、产业基金业务和融资租赁业务，目前 CC 集团金融业务主要是对集团内部服务，因此对于集团层面而言，金融业务部分的收入有很大一部分被抵消。对金融业务的预测主要依据金融板块中长期发展规划目标进行预测，到 2020 年金融业务的利润占集团总利润的 1/6。

营业收入（金融业务）（t+1 年）= 营业收入（金融业务）（t

年）×（1－金融业务集团内部交易比例）×（1＋金融业务中长期规划增长率）

2. 海外业务营业收入模型设置。参考 CC 集团中长期规划，至 2020 年 CC 集团境外合同额要达到 500 亿美元，国际化经营指数和境外贡献度提升到 35% 以上，即 2020 年境外营业收入占 CC 集团总收入的 30%（注：境外贡献度计算公式为，境外贡献度＝境外新签合同额占公司总体新签合同额比重×30%＋境外营业额占公司总体营业额比重×30%＋境外利润总额占公司总体利润总额比重×40%，其中，国际化经营指数＝境外营业收入占比×50%＋境外业务净利润占比×40%＋境外资产占比×10%）。因此，CC 集团未来业务呈现境内营业收入增速放缓、境外营业收入增速变快的发展态势。对境外业务的营业收入的预测依据 CC 集团中长期规划总收入、境内预测所得营业收入和境外业务未来占比数据进行预测。

营业收入（海外业务）＝CC 集团中长期规划预测年境外营业收入总额×该板块境外营业收入占境外总营业收入比例

其中，该板块境外营业收入占境外总营业收入比例＝历史年度该板块境外营业收入占境外总营业收入比例的历史移动平均数。

二、资产投资模型

（一）资产投资业务模型的逻辑结构

资产投资模型的主要内容包括固定资产及在建工程投资、投资性房地产投资、无形资产投资。其中各类长期资产又可根据企业集团自身实际情况进行细项划分，并最终输出资产投资模型的增量财务报表。此处以 CC 集团资产类别划分方式为例，资产投资模型的逻辑结构如图 4－3 所示。

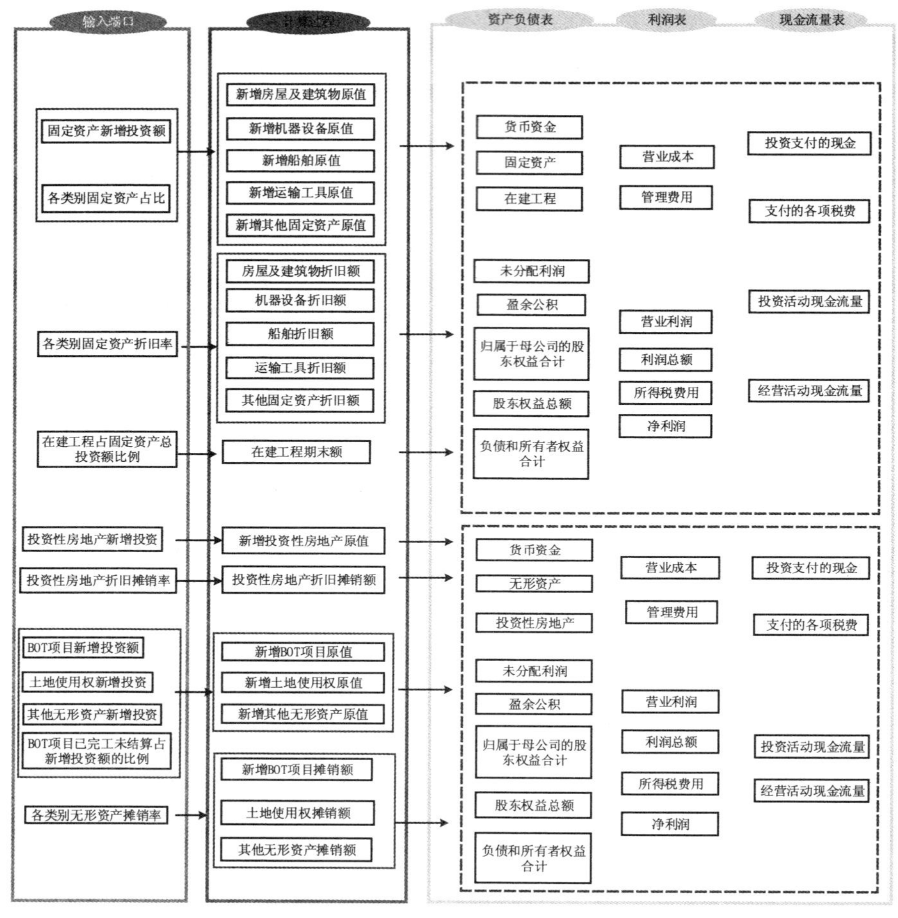

图 4－3　资产投资业务模型逻辑结构

由图 4－3 可以看出，资产投资部分主要包括三大类资产：固定资产及在建工程、投资性房地产和无形资产。其中，固定资产包括房屋及建筑物、机器设备、船舶、运输工具及其他五类，无形资产包括 BOT 项目形成的特许经营权、土地使用权及其他。通过输入端的输入，经过计算过程，最终得到对报表项目的影响。四类资产的预测主要包括以下内容：

（1）固定资产主要涉及各类固定资产账面价值的确定以及相应折

旧额的预测；

（2）在建工程主要涉及账面价值的确定；

（3）投资性房地产主要涉及账面价值的确定，以及相应折旧摊销额的预测；

（4）无形资产主要涉及各类别无形资产账面价值的确定及相应摊销额的预测。

（二）资产投资业务的算法设置

资产投资业务的整体算法设置如下：

资产原值 = 基期资产原值 + 资产新增投资额

资产折旧摊销额 = 资产原值 × 相应类别资产折旧摊销率

期末资产账面价值 = 资产原值 - 资产折旧摊销额

以固定资产为例，其具体算法如下：

固定资产原值 = 基期固定资产原值 + 固定资产新增投资额

其中新增投资额根据公司的投资计划分类别输入。

固定资产折旧额 = 基期固定资产折旧额 + 新增固定资产折旧额，其中基期固定资产折旧额 = 基期固定资产原值 × 相应类别固定资产折旧率，新增固定资产折旧额 = 固定资产新增投资额 × 相应类别固定资产折旧率。不同类别固定资产折旧率的预测根据企业集团相关会计政策及历史财务报表折旧率数据计算得到。

期末固定资产账面价值 = 基期固定资产净值 + 固定资产新增投资额 - 固定资产折旧额

在建工程账面价值利用在建工程占固定资产总额（即在建工程 + 固定资产原值）的比例确定。

此外，若企业集团无形资产中存在 BOT 项目，算法中需进行特别考虑。由于 BOT 项目在建设期每次工程结算前所投入的投资额体现在存货中的已完工未结算项目中，因此每年的 BOT 项目投资额会影响无形资产与存货两个科目，假设每年新增的 BOT 项目投资额转入无形资产与存货的比例固定，则：

本年由于 BOT 项目投资产生的存货（t+1 年）={BOT 项目新增投资额（t+1 年）-BOT 项目新增投资额（t 年）}×BOT 项目已完工未结算占新增投资额的比例

BOT 项目新增原值=BOT 项目新增投资额×（1-BOT 项目已完工未结算占新增投资额的比例）

（三）举例说明

以 CC 集团房屋及建筑物类固定资产预测为例，介绍资产投资预测过程。

表 4-14　　资产投资预测模型计算过程举例　　单位：元

项目	输入参数	t+1 年	t+2 年	t+3 年	t+4 年	t+5 年
预计净残值率	2%					
年折旧率	10%					
折旧计算						
现有房屋及建筑物原值（第 t 年）	300 000	29 400	29 400	29 400	29 400	29 400
第 t+1 年新增房屋及建筑物原值	20 000	1 960	1 960	1 960	1 960	1 960
第 t+2 年新增房屋及建筑物原值	30 000	—	2 940	2 940	2 940	2 940
第 t+3 年新增房屋及建筑物原值	40 000	—	—	3 920	3 920	3 920
第 t+4 年新增房屋及建筑物原值	50 000	—	—	—	4 900	4 900
第 t+5 年新增房屋及建筑物原值	30 000	—	—	—	—	2 940
折旧计算结果						
年折旧量	—	31 360	34 300	38 220	43 120	46 060
房屋及建筑物期末净值	—	288 640	315 700	351 780	396 880	423 940

如表 4－14 所示，利用资产投资业务模型，录入输入端相关参数后，经过模型内部逻辑计算，最终得到资产期末净值，为企业集团长期资产的投资决策进行直观展示。此外，不同的固定资产投资支付方式（付现、赊购）也将影响货币资金、其他应付款等科目，折旧根据固定资产使用方向的不同（生产、办公）则将影响管理费用、营业成本等科目，从而对增量财务报表产生不同影响。

三、股权投资模型

股权投资模型主要预测以公允价值计量且其变动计入当期损益的金融资产、以公允价值计量且其变动计入其他综合收益的金融资产、以摊余成本计量的金融资产及相关项目，输出股权投资模型的增量财务报表。

（一）股权投资业务模型的逻辑结构

股权投资模型主要包括企业集团股权类投资的预测，模型构建逻辑图如图 4－4 所示。

由 4－4 图可以看出，股权投资模型的运算逻辑是：

（1）通过对历史数据及其对财务报表影响的分析确定输入端参数。

（2）基于输入参数对主要项目进行预测，主要包括新增净投资额、持有期收益以及处置收益的预测。

（3）通过预测项目确定对财务报表项目的影响，主要包括上述三类资产负债表的资产账面值、货币资金以及利润表的投资收益、现金流量表的投资活动产生的现金流量。

（二）股权投资业务模型的算法设置

参见图 4－4，股权投资模型中的具体算法设置如下：

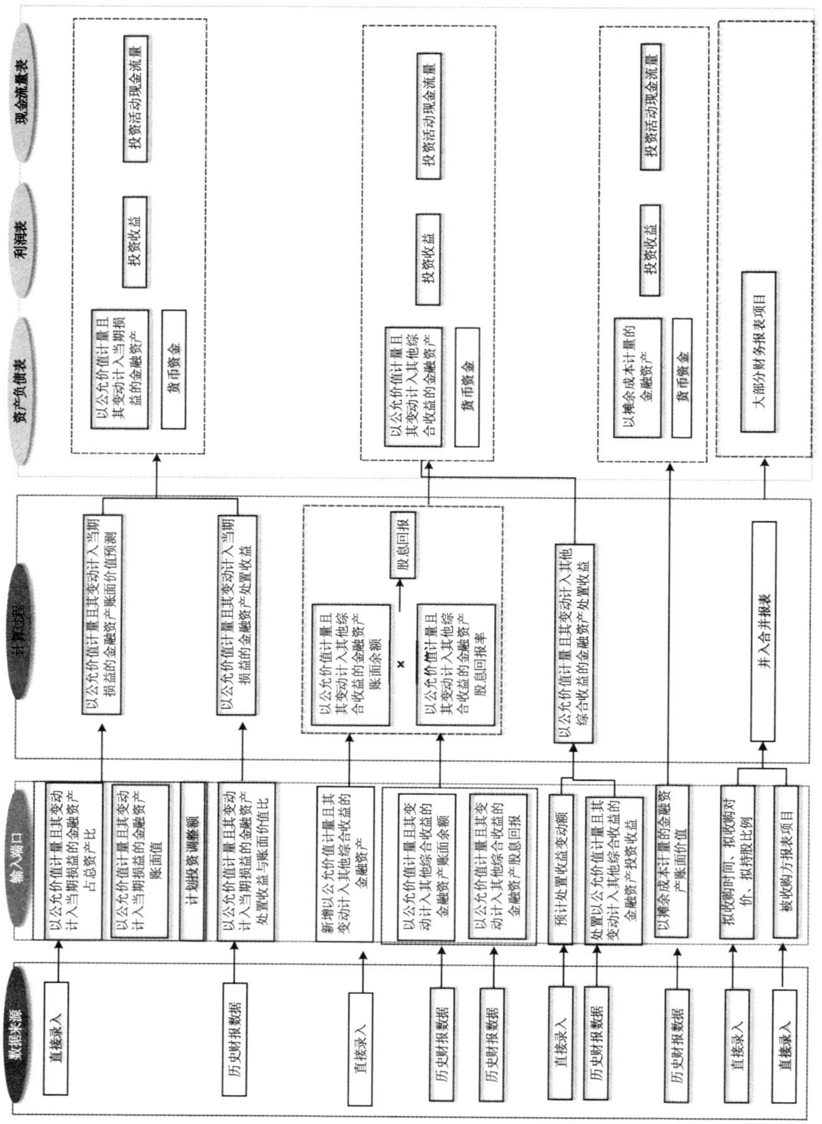

图 4－4 股权投资模型逻辑结构

以公允价值计量且其变动计入当期损益的金融资产账面余额＝资产总额×以公允价值计量且其变动计入当期损益的金融资产占总资产比例＋投资计划调整项

其中，以公允价值计量且其变动计入当期损益的金融资产占总资产比例根据历史数据测算。

以公允价值计量且其变动计入当期损益的金融资产处置收益＝以公允价值计量且其变动计入当期损益的金融资产账面余额×处置收益率

其中，处置收益率根据历史数据测算。

以公允价值计量且其变动计入其他综合收益的金融资产账面余额＝基期账面余额＋新增投资额

其中新增投资额根据公司的投资计划人工输入或者根据历史数据规律选择输入。

以公允价值计量且其变动计入其他综合收益的金融资产股息回报＝以公允价值计量且其变动计入其他综合收益的金融资产账面余额×股息回报率

其中股息回报率预测采用历史平均法，根据历史股息回报率数据计算而得。

以公允价值计量且其变动计入其他综合收益的金融资产处置收益＝上年度以公允价值计量且其变动计入其他综合收益的金融资产处置收益＋预计处置收益变动额

其中上年度处置收益根据历史数据直接录入，预计处置收益变动额需要根据人工判断输入。

以摊余成本计量的金融资产属于不可预测项目，因此考虑结合投资规划和历史数据来预测。

（三）举例说明

由于2017年会计准则修改，金融资产进行了重新分类，鉴于重新分类后的金融资产预测的历史数据太少，在此仅就如何预测的方法进行阐述，案例分析从略。

四、股权融资模型

（一）股权融资业务模型的逻辑结构

股权融资模型主要内容包括：首先，根据目标货币资金、经营活动现金流、投资活动现金流、本年股利支付额计算得出外部融资现金缺口；其次，根据外部股权融资计划额进一步确定外部股权融资的方式、数量及利率；最后，外部融资现金缺口减去外部股权融资参考值的部分，即得债务融资参考值。股权融资模型的逻辑结构图如图 4－5 所示。

股权融资预测模型的逻辑关系是：第一步，确定外部融资需求，即由目标货币资金、经营活动现金流、投资活动现金流和股利支付额计算得出外部融资现金缺口；第二步，根据企业集团外部股权融资未来计划额得到外部股权融资额；第三步，设计外部股权融资具体方案(包括接受国家资本财政补贴、增发、优先股、永续债（中票）的金额和利率设计)。从功能视角看，由目标货币资金子模型确定的目标货币资金是股权融资模块的基础，通过计算出目标货币资金来确定后续外部融资额；由股利子模型确定的内源融资额是后续外部融资模块的基础，通过先确定内源融资额，再确定后续外部融资设计方案。最后，运用股权融资工具模型确定具体的外部融资工具、金额和发行利率等。综上，股权融资模型的子模型呈层层递进的关系，每一个子模型都是后续模型的基础。

（二）股权融资业务模型的算法设置

股权融资模型的算法设置包括两个方面：一是股权融资模型的具体计算过程和计算步骤；二是股权融资计算结果对三张财务报表项目

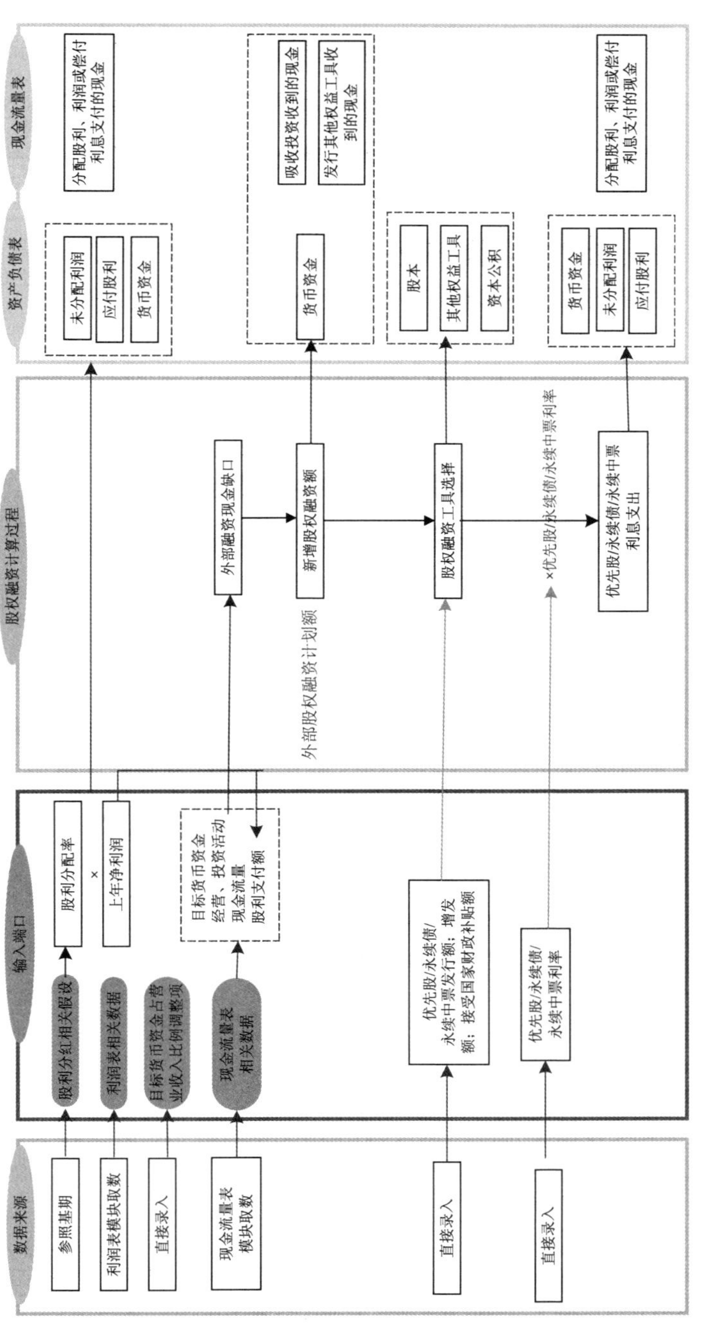

图 4-5　股权融资模型逻辑结构

的影响。股权融资模型的具体算法设置如表 4 – 15 所示。

表 4 – 15 股权融资模型的算法设置

股权融资计算过程	资产负债表	现金流量表
• 外部融资需求 = 外部融资现金缺口 = –（期初现金余额 + 经营性现金流 + 投资活动产生的现金流 – 股利支付额 – 目标货币资金） 注：若期初现金余额 + 经营性现金流 + 投资活动产生的现金流 – 股利支付额 – 目标货币资金为正，则外部融资需求为零		
• 股权融资额 = 外部股权融资计划额 • 债务融资额 = 外部融资现金缺口 – 股权融资额		
• 接受国家资本财政补贴额 = 新增股本额 • 增发额 = 股权融资额 = 新股发行股数 × 新股发行价格 • 其他权益工具发行额 = 股权融资额 • 优先股利息/永续债利息/永续中票利息 = 优先股/永续债/永续中票金额 × 利率 • 股利支付额 = 归属于母公司股东的净利润 × 股利支付率	• 货币资金 • 股本 • 其他权益工具 • 资本公积 • 未分配利润 • 应付股利	• 吸收投资收到的现金 • 发行其他权益工具收到的现金 • 分配股利、利润或偿付利息支付的现金

（三）举例说明

下面以 CC 集团为例，运用数据介绍融资需求预测的过程，并关联权益融资、负债融资和股利分配决策。

表 4－16　　融资模型计算过程举例　　单位：元

	20X8	20X9	20Y0	20Y1	20Y2
期初现金余额（1）	98 077 192 457	118 608 662 113	114 039 647 876	129 115 265 591	129 674 297 343
经营性现金流（2）	31 251 030 161	17 108 012 766	24 658 577 752	16 740 014 442	35 329 753 802
投资活动产生的现金流（3）	（36 772 165 125）	（51 299 751 068）	（44 817 738 651）	（53 595 051 485）	（62 717 555 979）
股利支付额（4）	2 779 433 822	3 051 829 837	3 327 140 878	3 708 208 218	4 187 098 325
目标货币资金（5）	121 425 046 828	126 732 569 042	144 106 593 290	147 272 191 912	162 886 484 070
外部融资需求(6)＝－[(1)＋(2)＋(3)－(4)－(5)]	31 648 423 157	45 367 475 069	53 553 247 192	58 720 171 583	64 787 087 229
融资活动产生的现金流（股权部分）(7)	0	0	0	0	0
融资活动产生的现金流（债务部分）(8)＝(6)－(7)	31 648 423 157	45 367 475 069	53 553 247 192	58 720 171 583	64 787 087 229

如表 4－16 所示，外部融资需求由目标货币资金、经营活动现金流、投资活动现金流和股利支付额计算得出。外币融资需求扣除股权融资额即为债务融资额。其中，股利支付额由净利润乘以股利支付率计算得出。CC 集团采用固定股利支付率政策，预测期内的股利支付率为 18.00%。

五、债务融资模型

（一）债务融资业务模型的逻辑结构

债务融资模型预测总债务融资金额，确认债务融资结构，即短期借款、长期借款、短期债券、长期债券各自的比例，计算利息费用，然后根据资本化利息和利息收入，确认财务费用。债务预测模型的逻辑结构如图 4－6 所示。

（二）债务融资模型的算法设置

债务融资模型的算法设置包括两个方面：一是债务融资模型的具体计算过程和计算步骤；二是债务计算结果对三张财务报表项目的影响，债务融资模型的具体算法设置如表 4－17 所示。

第四节　模型输出：预测报表、绩效度量及价值评估

基于决策主体信息需求，模型输出端主要包括以下内容：

（1）财务三张报表，包括资产负债预报表、利润预报表、现金流量预报表，作为计算各类指标的数据基础。

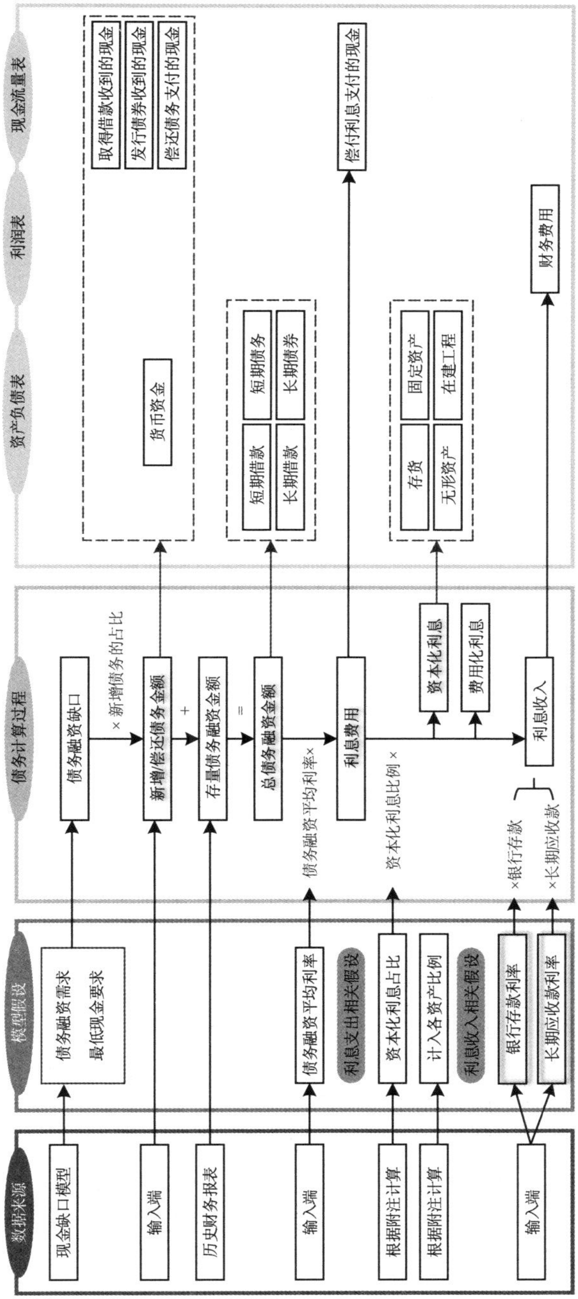

图 4－6　债务融资预测模型的逻辑结构

表 4－17　**债务预测模型的算法设置**

债务计算过程	利润表	资产负债表	现金流量表
● 债务总额＝新增额－偿还额＋存量额 （包括短期借款、长期借款、短期债券、长期债券）		● 短期借款 ● 长期借款 ● 其他流动负债 ● 应付债券	● 取得借款收到的现金 ● 发行债券收到的现金 ● 偿还债务支付的现金
● 利息费用＝短期借款×短期借款平均利率＋长期借款×长期借款平均利率＋短期债券×短期债券平均利率＋长期债券×长期债券平均利率 其中，短期借款、长期借款、短期债券和长期债券均指期初余额和期末余额的平均值，即（期初余额＋期末余额）/2。 ● 资本化利息＝利息费用×资本化利息比例 计入存货＝资本化利息×计入存货比例 计入固定资产＝资本化利息×计入固定资产比例 计入在建工程＝资本化利息×计入在建工程比例 计入无形资产＝资本化利息×计入无形资产比例 ● 利息收入＝银行存款×银行存款利率＋长期应收款×长期应收款利率 其中，银行存款和长期应收款均指期初余额和期末余额的平均值，即（期初余额＋期末余额）/2		● 存货 ● 固定资产 ● 在建工程 ● 无形资产	
● 财务费用＝（利息费用－资本化利息）－利息收入	● 财务费用	● 货币资金	● 分配股利、利润或偿付利息支付的现金

（2）基于各层次评价需求的财务指标。从各方面对企业集团绩效考核的要求来看，可以将模型输出的评价指标分为三个层次。

第一层次，基于集团层面的国资委考核评价需求的评价指标。

国资委考核指标主要从中央企业负责人经营业绩评价指标和企业绩效评价指标两个维度展开。重点关注盈利能力状况、资产质量状况、债务风险状况、经营增长状况四个方面的指标要求。该层次信息需求属于外部硬性考核要求。

第二层次，基于股份公司层面的信用评级评价需求的评价指标。

信用评级提高的依据主要是根据企业规模、过去长期业绩、多元化的业务组合，重点关注资产负债相关的信用比率。该层次信息需求属于外部硬性考核要求。

第三层次，基于内部管理要求的其他内部管理评价指标。

该层次涵盖需要管理层重点关注的未来五年主要财务指标，以期快速辅助管理决策，帮助公司管理层进行业务规划和财务规划。该层次信息需求属于内部管理需求。

（3）企业整体价值评估结果。基于输入端和财务预报表，经过估值与决策模型运算，输出企业整体价值评估结果。分析估值结果与市场价值的偏离情况，提供相应市值管理对策。

一、企业集团绩效评价指标

企业集团绩效评价指标是基于第一层次国资委考核评价需求，适用于央企企业集团。模型输出的绩效指标应当覆盖国资委考核的全部范围。国资委制定的绩效考核指标主要包括央企负责人评价指标和企业绩效评价指标两个方面。其中，EVA是央企负责人评价指标的关键指标；企业绩效评价指标从盈利能力状况、债务风险状况、资产质量状况、经营增长状况四个方面展开，全面评价企业盈利能力和发展潜力。主要输出的国资委绩效评价指标如表4-18所示。

表 4－18　　国资委绩效评价指标

央企负责人评价指标	
• EVA	
企业绩效评价指标	
盈利能力状况	债务风险状况
• 净资产收益率 • 总资产报酬率 • 主营业务利润率 • 盈余现金保障倍数 • 成本费用利润率	• 资产负债率 • 已获利息倍数 • 速动比率 • 现金流动负债比率 • 带息负债比率 • 或有负债比率
资产质量状况	经营增长状况
• 总资产周转率 • 应收账款周转率 • 资产现金回收率 • 流动资产周转率	• 营业收入增长率 • 营业利润增长率 • 总资产增长率 • 技术投入比率

二、信用评级绩效评价指标

该类是基于第二层次信用评级的考核评价需求，模型输出的绩效指标应当覆盖信用评级关注的指标。不同信用评级公司所使用的评级指标体系并不完全相同，本书中仅提供常用指标供读者参考（如表 4－19 所示）。

三、内部管理指标

基于第三层次的企业集团内部管理需求，模型输出的绩效指标尚未覆盖前述指标考核体系，但在实际内部管理工作中需要重点关注的财务指标。以 CC 集团设置“存货周转率”指标为例，按照国资委的要求，各家建筑类企业必须将压缩“两金”比率、降低负债水平作为工作重点，因此内部管理指标必须涵盖存货周转率和应收账款周转率。

表 4－19　　信用评级绩效评价指标

信用评级绩效评价指标	
• 息税折旧摊销前利润 EBITDA 利润率	• 经营性现金盈余/利息支出
• 资产负债率	• 经营性现金盈余/收入
• 总债务/息税折旧摊销前利润	• 经营性现金盈余/总债务
• 净债务/息税折旧摊销前利润	• 经营性现金盈余/净债务
• 息税折旧摊销前利润/利息支出	• （现金＋可售金融资产）/债务
• 息税摊销前利润/利息支出	• 债务/总资本
• 息税前利润/利息支出	• 净债务/总资本

由于应收账款周转率已经在企业绩效评价指标中列示，因此 CC 集团的内部管理指标应增设“存货周转率”。CC 集团的内部管理指标如表 4－20 所示，供读者参考。

表 4－20　　内部管理指标

CC 集团内部管理指标	
• 毛利率 • 销售净利率	• 成本费用占营业收入比重 • 存货周转率 • 流动比率

四、企业整体价值评估

通过估值结果的输出，可以实现“提供市值管理对策功能”，即将估值与决策模型运算所得企业价值与企业市值进行对比，判断其是否大于市值，分析价值偏差产生的原因，并根据价值低估或价值高估两种情况，提供相应的市值管理对策，优化资源配置，实现企业价值最大化。

总体来看，企业整体价值评估结果可以实现三方面的内容：

（1）在中国资本市场弱效率的背景下，评价企业的内在价值。

（2）企业管理人员有效把握企业的内在价值，做出合理投资与融资决策，优化资源配置，辅助企业价值最大化管理。

（3）根据市值与内在价值的差异，进行市值管理。

第五节　模型合理性检验

由于模型系统中涉及的子模型众多，会计勾稽关系复杂，加之输入参数是基于历史数据的估计，由此形成的预测报表有可能偏离实际运行的结果。为了验证模型运算逻辑的正确性以及模型预测结果的合理性，在模型搭建完毕之后，有必要对模型进行检验。将预报表的运算结果与实际数据进行对比，通过对比运算结果与实际数据的偏差，可验证模型运算逻辑的正确性和输入参数设定的合理性。

模型合理性检验，可通过报表差异分析和指标差异分析两个途径进行。以下以 CC 集团为例进行阐述。

一、报表差异分析

报表差异分析是指，将报表的预测数据与实际数据进行对比，通过计算预测数据与实际数据的偏差，验证预测数据的合理性。一般而言，预测数与实际数的偏差在 10% 以内，可认为预测值处于合理范围。如果报表项目预测数据基数较大，一般而言，重要报表项目误差在 2% 以内可视为合理。表 4 - 21 为 CC 集团 20X6 年度和 20X7 年度模型预测报表数据与实际报表数据的差异对比。

由表 4 - 21 可以看出，从 20X6 年度和 20X7 年度 CC 集团资产负债表、利润表预测数据与实际数据的差异来看，资产总额、负债总额、股东权益总额、净利润等重要指标的误差率均在 1.5% 以内，验证了模型预测结果的合理性（注：盈余公积为非重要报表项目，误差虽然

表 4-21 模型报表差异分析

单位：元

	20X6E	20X6A	预测-实际	（预测-实际）/实际	20X7E	20X7A	预测-实际	（预测-实际）/实际
净利润	16 032 305 993	15 789 300 935	243 005 059	1.5%	17 439 828 003	17 222 238 122	217 589 881	1.3%
资产总额	740 294 156 623	731 050 811 283	9 243 345 339	1.3%	810 711 874 814	801 463 079 787	9 248 795 027	1.2%
负债总额	570 566 158 412	561 487 988 536	9 078 169 876	1.6%	622 451 143 892	614 505 763 527	7 945 380 365	1.3%
股本	16 174 735 425	16 174 735 425	—	0.0%	16 174 735 425	16 174 735 425	—	0.0%
其他权益工具	19 430 917 349	19 430 917 349	—	0.0%	19 430 917 349	19 430 917 349	—	0.0%
资本公积	24 064 901 752	24 015 056 700	49 845 052	0.2%	24 015 056 700	24 015 227 159	-170 459	0.0%
其他综合收益	12 056 795 560	12 152 044 946	-95 249 386	-0.8%	12 152 044 946	11 641 820 590	510 224 356	4.4%
专项储备	1 552 250 724	1 552 250 724	—	0.0%	1 849 470 583	1 849 470 583	—	0.0%
盈余公积	5 055 484 922	3 764 989 428	1 290 495 494	34.3%	5 460 450 449	4 209 259 586	1 251 190 863	29.7%
一般风险储备	388 873 247	388 873 247	—	0.0%	766 750 540	766 750 540	—	0.0%
未分配利润	68 656 983 180	69 758 646 527	-1 101 663 347	-1.6%	80 930 119 141	81 578 213 987	-648 094 846	-0.8%
归属于母公司股东权益合计	147 380 942 158	147 237 514 346	143 427 812	0.1%	160 779 545 133	159 666 395 219	1 113 149 914	0.7%
少数股东权益	22 347 056 052	22 325 308 401	21 747 651	0.1%	27 481 185 789	27 290 921 041	190 264 748	0.7%
股东权益总额	169 727 998 211	169 562 822 747	165 175 464	0.1%	188 260 730 922	186 957 316 260	1 303 414 662	0.7%

较大，但其基数较小，不影响预测合理性的判断）。

二、指标差异分析

指标差异分析是指，将指标的预测数据与实际数据进行对比，通过计算预测数据与实际数据的偏差，验证预测数据的合理性。一般而言，指标的预测值和实际值偏差在10%以内，可认为预测值处于合理范围。表4－22为CC集团20X7年度模型预测指标与实际指标的差异。

从表4－22中20X7年度CC集团预测指标与实际指标的差异来看，误差率均在10%以内，模型的指标预测结果处于合理范围。

三、差异原因分析

如果在模型验证过程中，发现预测值与实际值偏差较大，主要原因通常如下：

（一）不可预测项目

财务模型预报表中有一部分项目为不可预测项目，比如营业外收支、资产减值损失、长期待摊费用等，这一类报表项目的共性在于每一年的发生具有一定的偶然性和不可预测性。这一类报表项目会造成预测差异。对该类报表项目的处理办法是用实际数替换预测数，只检验可预测部分的合理性。

（二）历史规律与未来不符

对于财务模型预报表中的可预测项目，虽然模型采用历史规律的方法得出预测值，但是未来预测年份的实际发生数值可能会因多种原因而偏离历史规律计算的结果，从而使预测值与实际值产生差异。解决办法是对于历史规律很可能发生变动的报表项目，在输入端设置手

表 4－22　　模型指标差异分析

	20X7E	20X7A	（预测－实际）/实际		20X7E	20X7A	（预测－实际）/实际
企业绩效评价							
一、盈利能力状况				三、债务风险状况			
净资产收益率	0.106	0.105	1.48%	资产负债率	0.771	0.768	0.35%
总资产报酬率	0.023	0.023	0.85%	已获利息倍数（倍）	3.713	3.635	2.14%
主营业务利润率	0.047	0.046	1.77%	速动比率	0.715	0.716	－0.22%
盈余现金保障倍数	2.105	2.010	4.75%	现金流动负债比率	0.092	0.086	6.61%
成本费用利润率	0.051	0.050	1.91%	带息负债比率	0.429	0.448	－4.25%
资本收益率	0.828	0.816	1.47%				
二、资产质量状况				四、经营增长状况			
总资产周转率（次）	0.590	0.595	－0.83%	营业收入增长率	0.100	0.102	－1.67%
应收账款周转率（次）	6.422	6.537	－1.75%	总资产增长率	0.174	0.160	9.18%
资产现金回收率	0.050	0.047	5.64%				
流动资产周转率（次）	1.075	1.084	－0.82%				

续表

	20X7E	20X7A	（预测－实际）/实际		20X7E	20X7A	（预测－实际）/实际
信用评级指标							
EBITDA	37 018 220 274	36 806 608 759	0.57%	经营性现金盈余/利息支出	3.651	3.416	6.90%
EBITDA 利润率	0.092	0.091	0.73%	经营性现金盈余/收入	0.084	0.079	6.52%
资产负债率	0.771	0.768	0.35%	经营性现金盈余/总债务	0.150	0.137	9.05%
总债务/息税折旧摊销前利润	6.130	6.321	－3.03%	经营性现金盈余/净债务	0.250	0.237	5.46%
净债务/息税折旧摊销前利润	3.667	3.657	0.28%	（现金＋可售金融资产）/债务	0.127	0.134	－5.20%
息税折旧摊销前利润/利息支出	3.982	3.940	1.08%	债务/总资本	0.572	0.578	－1.10%
息税摊销前利润/利息支出	4.131	4.092	0.95%	净债务/总资本	0.342	0.335	2.27%
息税前利润/利息支出	2.903	2.867	1.25%				
内部管理指标							
毛利率	0.154	0.152	1.37%	存货周转率	2.724	2.804	－2.87%
销售净利率	0.040	0.039	1.70%	流动比率	1.071	1.055	1.51%
成本费用占营业收入比重	0.962	0.968	－0.65%				

动调整端口，对历史规律予以修正，以增加预测的合理性。

（三）部分计算过程数据不够细化

模型中有一部分报表（指标）项目是需要通过多个计算步骤计算得出的，比如经营活动产生的现金流量、EVA 等，这类报表（指标）项目的共性是需要多个细化的过程数据进行计算得出。由于计算数据的拆分结果不同，导致某个或某些计算过程数据不够细化，从而造成报表项目的计算结果存在一定偏差。为解决此问题，在拆分过程中，应严格规定拆分细项的具体要求，规范拆分细项的具体方法，减少人为主观因素对计算结果的干扰，提高计算结果的准确性。

本章小结

本章从模型架构、输入端、运算逻辑、输出端、模型质量检验的角度对企业集团财务预报表模型进行阐释说明。首先说明预报表模型设计的总体思路，进而分别从模型输入、模型运算、模型输出三个方面说明预报表模型的运算流程，最后阐述了模型合理性检验的方法。

应 用 篇

第五章

企业集团财务模型应用1：财务预警

任何企业的财务危机绝非朝夕之间突如其来，往往孕育在企业经营管理的过程之中。财务危机的发生往往源于企业管理者对财务风险的监测重视不够，未能觉察危机前的种种征兆，未能及时采取相应措施，致使财务危机影响因素不断恶化，最后导致财务危机爆发。因此，对企业财务运营过程进行跟踪、监控，防患于未然，及时发现企业经营中存在的问题，及早察觉引致财务危机的潜在因素，对企业财务危机发生的可能性具有前瞻性的判断，以便能够在财务危机出现在萌芽状态时采取有效措施改善企业经营及管理，防止企业财务危机的发生。建立企业财务预警系统，对财务运营进行监控预警，无疑具有非常重要的现实意义。

对于经营者而言，根据财务预警系统提供的信息进行监测和预警财务危机发生。对于上市公司，可依据此揭示财务经营活动中存在的问题，及时调整经营和财务策略，避免沦入ST、PT的行列。

第一节 财务绩效考量和预警反馈功能

财务模型可基于企业历史数据信息进行预测、对企业未来发展状况进行预判，使公司资源配置更趋科学、合理、高效，有助于科学地为企业管理者就企业发展和业绩提升提供经营、投资、融资决策建议，促进企业经济业务的健康运行和良性发展。财务模型由输入端、固定参数、数据运算、输出端构成，其财务预警的工作机理如图 5－1 所示。

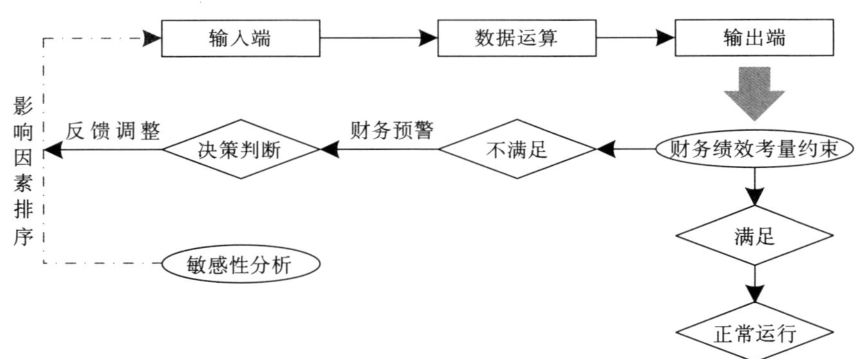

图 5－1 财务预警工作机理

财务模型由输入端、数据运算、输出端三个部分组成。输入端包括历史财务报表和各子模型的特定参数。以 CC 集团财务模型为例，股利支付率为手动输入端；数据运算是根据参数之间的关系建立的逻辑关系，并通过 Excel 等软件运算输出结果，形成输出端，财务模型的输出端包括预测财务报表、财务指标和企业整体价值评估结果。此外，关键参数是指通过敏感性分析确定的对输出指标起重要影响作用的输入端。

财务模型预警反馈功能的实现以输出的财务指标为基础。在财务模型的输出端，可根据公司历史数据信息、未来发展需要、利益相关人的要求等设置财务指标的标准值，财务模型输出财务指标后，与财务指标标准值进行对比，考量公司财务绩效，从而实现财务绩效考量约束功能。如果输出财务指标满足标准值则财务模型正常运行，如果输出财务指标不满足标准值则财务模型发出预警，模型中显示出预警指标，从而实现财务预警功能。此外，财务模型输出的财务预报表可以向管理者展示企业整体财务状况，从而对未来做出预警。模型逻辑关系建立完成后，应当进一步分析财务指标对输入端的敏感程度，按照敏感程度的高低对输入端进行排序，确定模型的关键参数，决策层根据预警财务指标及敏感性分析结果进行决策判断，进而判断是否需要调整关键参数，并调整相应的经营决策，旨在达到绩效目标，从而实现反馈调整功能。财务模型预警工作机理体现了模型的三方面功能：财务绩效考量约束、财务预警、反馈调整。

一、财务绩效考量约束

财务绩效考量约束是指，通过对比财务模型输出端中财务指标数值与设置的预警值，确定公司在当前状态下运行是否满足财务绩效目标值，从而约束企业行为，达到财务绩效考量目标。

财务模型输出端中可设置四类财务指标：央企负责人经营业绩评价财务指标、企业绩效评价财务指标、信用评级关键财务指标和公司关注的其他财务指标。模型可按照这四类指标的特点分别根据公司历史数据信息、未来发展需要、利益相关者诉求等设置标准值，构成四类财务指标预警值：央企负责人经营业绩评价财务指标预警值、企业绩效评价财务指标预警值、信用评级关键财务指标预警值和公司关注的其他财务指标预警值。财务指标预警值可以实现企业财务绩效考量约束功能。

模型依据财务指标的类型，判断财务指标测算值高于或低于预警值，确定财务指标是否满足财务绩效考量约束，如果满足则财务模型正常运行，如果不满足则财务模型进行预警。例如：如果模型输出端显示净资产收益率为9%，而净资产收益率的预警值确定为10%，表明当前净资产收益率低于净资产收益率预警值，不满足净资产收益率的考量约束，模型将提示预警，反之模型正常运行。再如，如果模型输出端显示资产负债率为90%，而资产负债率的预警值确定为85%，表明当前资产负债率高于资产负债率预警值，不满足资产负债率的考量约束，模型将提示预警，反之模型正常运行。

二、财务预警

财务预警是指，通过对比财务模型输出端中财务指标数值与设置的标准值，确定不满足标准值的财务指标从而发出预警，并在模型中显示出预警指标，以警示模型使用者。同时，财务模型输出的预测财务报表可以向管理者展示企业整体财务状况，从而对未来企业经济运行做出预警。

模型依据财务指标的类型，判断财务指标测算值是否高于或低于预警值，确定达到预警状态的财务指标，显示异常变动的财务指标。例如：如果模型输出端中某年净资产收益率为9%，而该指标的预警值确定为10%，表明当前净资产收益率低于预警值，模型中应对该年净资产收益率进行预警，Excel中可显示该单位格为红色，从而警示模型使用者。如果模型输出端中某年资产负债率为90%，其预警值确定为85%，表明当前资产负债率高于资产负债率预警值，模型中应对该年资产负债率进行预警，Excel中可显示该单位格为红色，从而警示模型使用者。模型中的预警状态也可用其他方式表达，或者用其他软件实现，使用更加智能化的方式。

三、反馈调整

反馈调整是模型逻辑关系建立完成后，模型使用者先分析财务指标对输入端的敏感程度，按照敏感程度的高低对输入端进行排序，再根据预警财务指标及敏感性分析结果进行决策判断，确定需要调整的输入端及调整幅度，并改变相应的经营、投资、融资决策，以达到绩效目标。

根据财务模型的敏感性分析结果，确定各个指标的关键影响因素，识别影响该指标变化的主要影响因素和影响程度。例如：模型中首先将净资产收益率的影响因素进行归类，根据杜邦分析将净资产收益率（ROE）分解为销售净利率、总资产周转率和财务杠杆三个部分，即，净资产收益率＝销售净利率×总资产周转率×权益乘数。其中，销售净利率的主要影响因素包括营业收入增长率、毛利率、成本费用率；总资产周转率的主要影响因素包括存货周转率、应收账款周转率、固定资产周转率、无形资产周转率及其他资产周转率；然后确定各类因素是否可调整或者改变；最后分析各类因素对净资产收益率的影响程度并进行排序。各类因素的影响程度排序形成敏感性分析结果。

当某一指标出现预警状态时，模型使用者可根据敏感性分析结果调整主要影响因素以实现绩效目标。调整分为单一因素调整或组合因素调整两种方式。单一因素调整是指仅对某一影响因素进行调整，实现预期目标。组合因素调整是将多个单一因素进行组合，并同时调整。例如：如果模型输出端中净资产收益率为9%，净资产收益率的预警值确定为10%，当前净资产收益率低于其预警值，模型中某年净资产收益率出现预警状态，模型使用者应根据净资产收益率的敏感性分析结果调整相关可变影响因素，可采用单一因素调整方式，即降低成本从而提高毛利率，以达到净资产收益率目标；也可采用组合因素调整方式，即同时降低成本和销售费用，以提高毛利率和降低销售费用率，达到净资产收益率目标。

第二节 财务预警的整体逻辑与实现过程

一、财务预警的整体逻辑

财务模型可基于企业历史数据信息进行预测、对企业未来发展状况进行预判，主要从业务和财务融合的角度分析公司所在行业的业务特点，并结合公司财务数据，建立以业务为导向的财务模型。财务模型由输入端、数据运算、输出端组成。模型的输出端包括预测财务报表和财务指标，其中，财务指标主要包括央企负责人经营业绩评价财务指标、企业绩效评价财务指标、信用评级关键财务指标和公司关注的其他财务指标四类财务指标。模型将输出端财务指标的结果与预设的指标标准值进行比对，实现财务预警功能，同时反馈到输入端进行调整。财务预警的整体逻辑如图 5－2 所示。

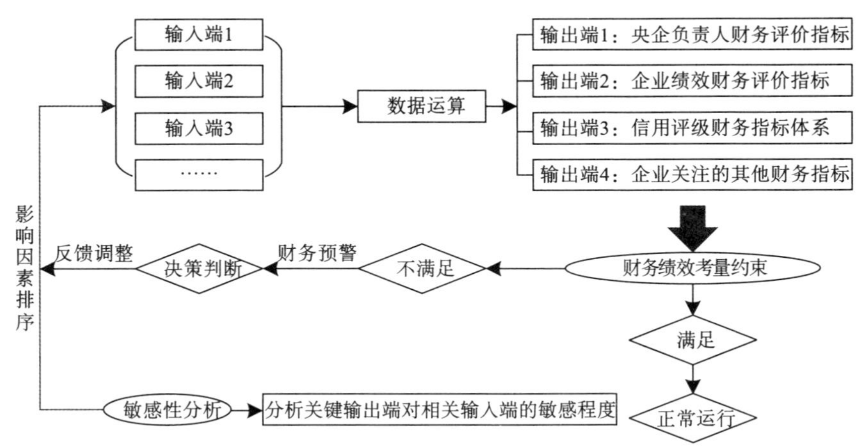

图 5－2 财务预警整体逻辑

当财务指标测算值满足财务绩效考量约束时模型正常运行，当财务指标测算值不满足财务绩效考量约束时模型应进行预警。模型使用者应根据预警状态和敏感性分析显示的影响因素排序进行决策判断，从而确定输入端的调整程度，敏感性分析是关键输出端对相关输入端的敏感程度分析结果，即关键输出指标对手动输入、经常变动或者可调节的模型参数的敏感程度。

据此，财务模型预警反馈包括两个过程：财务预警和反馈调整。通过建立模型输入端和输出端的预警反馈机制，将输出端的指标参数判断结果反推至模型过程中的关键参数，模型使用者据此进行决策修正，并将决策结果进一步反馈到关键参数输入端，进而实现财务模型预警和调整的循环过程。实现过程包括以下步骤：

1. 确定输出端财务指标的预警值；
2. 进行输出端财务指标的敏感性分析；
3. 根据敏感性分析结果，识别影响财务指标的关键参数；
4. 确定模型的重要输入端；
5. 调整相关管理决策，修改输入端，从而优化输出端财务指标。

二、财务指标预警值设置

根据财务预警理论分析，本节将介绍单一变量预警和组合变量预警。单一变量预警主要说明单一财务指标预警值设置，组合变量预警主要采用 Altman 的 Z 模型。

（一）单一变量预警

本节将以 CC 集团为例，说明财务指标预警值设置方法及财务指标预警值的确定。

1. 单一财务指标预警值的含义：财务指标预警值是根据企业管理层要求、当前业务水平、未来发展需要来确定。预警值应有利于财务监控，公司及时修正各项经营、财务决策，从而预防并控制相关风险。

2. 单一财务指标预警值的设置方法：不同类型的财务指标设置方

法不同，需要根据分析的财务指标分类进行设置，即央企负责人经营业绩评价财务指标（EVA）、企业绩效评价财务指标、信用评级关键财务指标和公司关注的其他财务指标。

3. 央企负责人经营业绩评价财务指标（EVA）预警值根据公司管理层的要求确定，模型中假设 EVA 预警值为 70 亿元。

4. 企业绩效评价财务指标预警值设置方法：(1) 根据《企业绩效评价标准值 2016》确定各企业绩效评价财务指标的标准值，其中，标准值划分为五个级别，依次是优秀值、良好值、平均值、较低值、较差值；(2) 对比分析公司财务指标历史值与标准值；(3) 预警值可考虑以平均值确定，但两种情况除外，即若历史值优于优秀值，则预警值为优秀值；若历史值优于良好值，则预警值为良好值。

下面以应收账款周转率的预警值设置为例进行说明。

第一步，根据《企业绩效评价标准值 2016》确定应收账款周转率的标准值，其中，优秀值为 11.8、良好值为 7.5、平均值为 3.7、较低值为 2.7、较差值为 1.5；

第二步，根据历史情况，20X5—20X7 年应收账款周转率的历史值分别为 5.99、6.19、6.54；

第三步，对比分析标准值和历史值，历史值均差于优秀值和良好值，为此，应收账款周转率的预警值考虑以平均值确定，即应收账款周转率预警值为 3.7。

5. 信用评级关键财务指标通常关注两项指标，即总债务/息税折旧摊销前利润、息税折旧摊销前利润/利息支出。根据 CC 集团的信用评级报告，若调整的总债务/息税折旧摊销前利润低于 5 倍，以及调整的息税折旧摊销前利润/利息支出超过 4 倍，则可以提高 CC 集团的信用水平；若调整的总债务/息税折旧摊销前利润高于 7 倍，以及调整的息税折旧摊销前利润/利息支出低于 2.5 倍会降低 CC 集团的信用水平。

由于信用评级的最低目标是不降级，因此，总债务/息税折旧摊销前利润、息税折旧摊销前利润/利息支出的预警值可分别设置为7和2.5。

6. CC集团关注的其他财务指标预警值设置可根据公司管理层要求确定，模型假设其他财务指标预警值以20X5—20X7年的最差值确定，例如：毛利率20X5—20X7年的历史值分别为13.03%、13.61%和15.20%，为此，考虑设置毛利率的预警值为13%。

综上所述，财务指标预警值设置如表5-1所示。

表5-1　单一财务指标预警值

央企负责人经营业绩评价			
EVA（元）	7 000 000 000		
企业绩效评价			
一、盈利能力状况	预警值	三、债务风险状况	预警值
净资产收益率	9.20%	资产负债率	75.00%
总资产报酬率	2.30%	已获利息倍数（倍）	3.4
主营业务利润率	5.60%	速动比率	78.40%
盈余现金保障倍数	0.5	现金流动负债比率	1.50%
成本费用利润率	4.90%	带息负债比率	42.00%
资本收益率	15.90%		
二、资产质量状况	预警值	四、经营增长状况	预警值
总资产周转率（次）	0.5	营业收入增长率	2.40%
应收账款周转率（次）	3.7	营业利润增长率	6.80%
资产现金回收率	1.2	总资产增长率	13.20%
流动资产周转率（次）	0.8	技术投入比率	0.60%
信用评级指标			
总债务/息税折旧摊销前利润	7.0	息税折旧摊销前利润/利息支出	2.5
其他财务指标			
毛利率	13%	销售净利率	3.57%
成本费用占营业收入比重	96.81%	存货周转率	2.8
流动比率	1.05		

（二）组合变量预警

组合变量预警主要采用Altman的Z模型（详见第二章），Altman的Z模型运用五种基本财务比率，通过对这五种财务比率的加权计算，该模型能得出预测企业破产的总判别分数，称为Z值（Z-Score）。其表达式为：

$Z = 1.2X_1 + 1.4X_2 + 3.3X_3 + 0.6X_4 + 0.999X_5$

其中：

X_1 = 营运资金/资产总额

X_2 = 留存收益/资产总额

X_3 = 息税前利润/资产总额

X_4 = 股票市价/负债总额

X_5 = 销售收入/负债总额

Z 值越低，企业发生破产的可能性就越大。根据该方法，具体判断企业财务失败或企业破产的临界值范围为：

（1）$Z \leqslant 1.81$：企业已濒临破产边缘，企业财务状况堪忧；

（2）$1.81 < Z < 2.675$：企业财务状况极不稳定，处于“灰色地带”（Gray Area），发生破产的可能性较大；

（3）$2.675 < Z < 2.99$：企业有可能发生财务困境；

（4）$Z \geqslant 2.99$：企业尚无财务困难。

因此，如果企业的 Z 值小于 2.99，企业有可能发生财务困难，企业可参照该标准确定预警口径。

下面将以 CC 集团财务模型为例说明 Z 值的应用，预判 20X8 年 CC 集团的状态。

X_1 = 营运资金/资产总额 = 0.08

X_2 = 留存收益/资产总额 = 0.07

X_3 = 息税前利润/资产总额 = 0.03

X_4 = 股票市价/负债总额 = 2.57

X_5 = 销售收入/负债总额 = 0.59

由此，20X8 年 CC 集团的 Z 值 $= 1.2 \times 0.08 + 1.4 \times 0.07 + 3.3 \times 0.03 + 0.6 \times 2.57 + 0.999 \times 0.59 = 2.42$

根据 Z 值判断法则，CC 集团有可能发生财务困难，CC 集团可在上述五个财务比率方面做出调整。

三、财务指标预警状态识别

以 CC 集团财务模型为例，当指标超出预警值时，进行预警；预警时，异常指标在模型输出端中通过突出颜色来显示（单元格显示为红色）。财务指标预警状态如图 5－3 所示。

CC集团
Summary Output模型输出汇总

	2014A	2015A	2016E	2017E	2018E	2019E	2020E
负责人绩效评价 企业绩效评价							
一、盈利能力状况							
净资产收益率	11.58%	10.46%	9.75%	9.67%	9.90%	10.23%	10.58%
总资产报酬率	2.40%	2.32%	2.26%	2.20%	2.18%	2.19%	2.22%
主营业务利润率	4.63%	4.58%	4.90%	5.10%	5.17%	5.34%	5.46%
盈余现金保障倍数	32.27%	2.01	1.74	0.88	1.13	0.68	1.27
成本费用利润率	4.99%	5.05%	5.41%	5.38%	5.43%	5.60%	5.71%
资本收益率	74.01%	81.57%	86.79%	94.62%	105.45%	119.07%	135.11%
二、资产质量状况							
总资产周转率（次）	0.64	0.59	0.56	0.54	0.53	0.52	0.51
应收账款周转率（次）	6.19	6.54	5.82	5.37	5.57	5.71	5.85
资产现金回收率	0.77%	4.69%	4.05%	1.98%	2.53%	1.54%	2.89%
流动资产周转率（次）	1.09	1.08	1.03	1.01	1.02	1.02	1.03
三、债务风险状况							
资产负债率	79.03%	76.81%	76.78%	77.67%	78.33%	78.74%	79.27%
已获利息倍数（倍）	3.50	3.64	3.92	3.72	3.64	3.55	3.51
速动比率	69.70%	71.64%	73.47%	70.77%	72.15%	70.93%	69.95%
现金流动负债比率	1.30%	8.59%	7.29%	3.71%	4.91%	3.07%	5.80%
带息负债比率	44.21%	44.79%	43.97%	46.02%	46.88%	48.66%	48.95%

图 5－3　财务指标预警状态图

四、反馈调整预警财务指标

模型调整功能通过敏感性分析，通过识别影响各指标变化的主要影响因素和影响程度，确定指标的关键影响因素。

1. 根据敏感性分析结果，结合主要影响因素，在指标超出预警值的情况下，对影响因素进行调整。调整分为单一因素调整和组合因素调整两种方式。

2. 单一因素调整是指仅对某一影响因素进行调整，实现预期目标。组合因素调整是将多个单一因素进行组合，并同时调整。

3. 根据敏感性分析结果，对影响输出指标的关键输入端中影响程度较大的影响因素进行归纳和列示，以便在调整时提供参考。

4. 根据结果，指标预警时进行相应输入端的调整。

本节将以 EVA、净资产收益率、应收账款周转率、带息负债比率为例说明如何运用 CC 集团财务模型调整关键参数以达到财务绩效指标的目标值。

（一）央企负责人考核指标（EVA）

1. 调整目的：EVA 的预测值达到管理层的目标值；

2. 调整状态：假设 20X8 年 EVA 的目标值为 80 亿元，而 EVA 的预测值为 73.8 亿元，因此，需要通过调整使 EVA 的预测值达到目标值；

3. 影响因素的归类和排序：根据敏感性分析，对 EVA 值影响较大的关键因素可以分为四类，按照影响程度从大到小排列（如表 5－2 所示）。

表 5－2　　EVA 的关键影响因素排序

序号	关键影响因素	影响 EVA 项目
1	企业中长期目标营业总收入、各业务板块的收入增速	净利润
	路桥轨道毛利率、港航疏浚毛利率、装备海工毛利率、房地产板块毛利率、其他行业毛利率	
2	研究与开发费占管理费用的比例	研究与开发费
3	目标货币资金占比	平均带息负债
4	在建工程变动额	平均在建工程

4. 调整过程：假设各事业部营业收入和毛利率均已确定，通过调整其他影响因素来调整 EVA 值。按照影响程度的大小依次调整影响因素，得到 EVA 累计影响结果。具体调整步骤如下：

（1）考虑将研究与开发费用占管理费用的比例调增 0.2%，调增税后净营业利润，从而提高 EVA；

（2）若调整后 EVA 仍未达到目标值，继续调减期末带息负债，可以通过调减目标货币资金占比以减少期末带息负债；

（3）若调整后 EVA 仍未达到目标值，继续调增期末在建工程，通过调增在建工程占比以增加期末在建工程。

上述调整过程中 EVA 值变动的结果如表 5－3 所示。

表 5－3　　EVA 值变动结果　　单位：万元

调整过程	EVA	变动值	累计变动百分比
调整前	7 380 759 660		
研究与开发费用占管理费用的比例调增 0.2%	8 031 250 982	650 491 322	8.81%
目标货币资金占比调减 1%	8 101 882 138	70 631 156	9.77%
在建工程/(在建工程 + 固定资产原值)调增 1%	8 104 812 012	2 929 874	9.81%

由表 5－3 可知，调增研究与开发费用对 EVA 的影响较大，因此，如果 EVA 未达到目标值，可首先考虑适当加大研究与开发支出的投入，将调整后的 EVA 与目标值对比，上述结果表明通过调整研究与开发费用可以将 EVA 增至目标值。若 EVA 仍未达到目标值，可以在此基础上适当管控目标货币资金以减少期末带息负债，同时管控在建工程的增加量。

（二）净资产收益率（ROE）

1. 调整目的：净资产收益率（ROE）预测值达到目标值；

2. 调整状态：若净资产收益率（ROE）低于预警值或目标值时，需要通过管控手段使其达到预警值或目标值。假设净资产收益率（ROE）的目标值为 10%。

3. 影响因素的归类和排序：运用杜邦分析将净资产收益率

（ROE）分解为销售净利率，总资产周转率和财务杠杆三个部分，即，净资产收益率 = 销售净利率 × 总资产周转率 × 权益乘数

根据杜邦分析，净资产收益率受三类因素影响：

（1）销售净利率 = 净利润/销售收入，表明企业的盈利能力；

（2）总资产周转率 = 销售收入/总资产，表明企业的营运能力；

（3）财务杠杆，用权益乘数表示，权益乘数 = 1/(1 - 资产负债率)，表明企业的资本结构。

其中，销售净利率的主要影响因素包括营业收入增长率、毛利率、成本费用率；总资产周转率的主要影响因素包括存货周转率、应收账款周转率、固定资产周转率、无形资产周转率及其他资产周转率；资产负债率不得超过75%。

结合财务模型输入端项目，对营业收入增长率、毛利率等绩效指标进行敏感性分析，得到最终影响净资产收益率的关键因素。

为此，可按照应收账款周转率及EVA敏感性分析方法，确定净资产收益率（ROE）的最终影响因素（如表5-4所示）。

表5-4　　　　净资产收益率影响因素分析

指标	杜邦分析	影响因素	最终影响因素（按影响程度由大到小排序）
净资产收益率	销售净利率	毛利率	路桥轨道—境内毛利率
			港行疏浚—境内毛利率
			路桥轨道—境外毛利率
			港行疏浚—境外毛利率
			装备海工—境外毛利率
			装备海工—境内毛利率
			房地产—境内毛利率
			其他业务—境外毛利率
			房地产—境外毛利率
			其他业务—境内非投资毛利率

续表

指标	杜邦分析	影响因素	最终影响因素（按影响程度由大到小排序）
净资产收益率	销售净利率	管理费用率	路桥轨道—境内管理费用率
			港行疏浚—境内管理费用率
			路桥轨道—境外管理费用率
			港行疏浚—境外管理费用率
			其他业务—境内非投资管理费用率
			装备海工—境外管理费用率
			装备海工—境内管理费用率
			运营期 BOT 项目管理费用占营业收入比例
			房地产—境内管理费用率
			其他业务—境外管理费用率
			金融业务—财务公司管理费用率
			金融业务—租赁公司管理费用率
			金融业务—基金公司管理费用率
			房地产—境外管理费用率
		财务费用率	目标货币资金占比
			长期银行借款占比
			长期债券占比
			短期银行借款利率
			长期银行借款利率
			短期债券利率
			长期债券利率
			短期银行借款占比
			短期债券占比
			长期银行借款占比
		销售费用率	港行疏浚—境内销售费用率
			路桥轨道—境内销售费用率
			房地产—境内销售费用率
			装备海工—境内销售费用率
			其他业务—境内非投资销售费用率

续表

指标	杜邦分析	影响因素	最终影响因素（按影响程度由大到小排序）
净资产收益率	销售净利率	销售费用率	装备海工—境外销售费用率
			金融业务—租赁公司销售费用率
			其他业务—境内投资销售费用率
			路桥轨道—境外销售费用率
			港行疏浚—境外销售费用率
			其他业务—境外销售费用率
			房地产—境外销售费用率
			港行疏浚—境内销售费用率
	总资产周转率	无形资产周转率	BOT 项目出表规模
			BOT 项目新增投资
			土地使用权新增投资
			其他无形资产新增投资
		存货周转率	路桥轨道—境内存货占营业收入的比例
			港行疏浚—境内存货占营业收入的比例
			房地产—境内存货占营业收入的比例
			装备海工—境内存货占营业收入的比例
			路桥轨道—境外存货占营业收入的比例
			港行疏浚—境外存货占营业收入的比例
			其他业务—境内投资存货占营业收入的比例
			其他业务—境内非投资存货占营业收入的比例
			房地产—境外存货占营业收入的比例
		应收账款周转率	路桥轨道—境外应收账款占营业收入的比例
			装备海工—境内应收账款占营业收入的比例
			其他—境内投资应收账款占营业收入的比例
			装备海工—境外应收账款占营业收入的比例
			其他—境外应收账款占营业收入的比例
			其他—境内非投资应收账款占营业收入的比例
			港行疏浚—境外应收账款占营业收入的比例
			路桥轨道—境内应收账款占营业收入的比例

续表

指标	杜邦分析	影响因素	最终影响因素（按影响程度由大到小排序）
净资产收益率	总资产周转率	应收账款周转率	房地产—境内应收账款占营业收入的比例
			房地产—境外应收账款占营业收入的比例
			港行疏浚—境内应收账款占营业收入的比例
		固定资产周转率	固定资产新增投资额
	资产负债率	速动比率	目标货币资金占比
			新增长期借款占比
			企业债券发行额
			新股发行价格
			新股发行股数
			短期融资券发行额
			优先股发行额
		带息负债比率	目标货币资金占比
			BOT项目新增投资额
			短期融资券发行额
			资产投资付现比例
			固定资产新增投资额
			优先股发行额
			企业债券发行额
			新股发行额
			接受国家资本财政补贴

4. 调整过程：表5-4结果表明，净资产收益率的影响因素较多，假设各事业部收入及增长率均已确定，通过管控各事业部毛利率及其他影响因素来调整净资产收益率（ROE）；结合杜邦分析，分别从销售净利率、总资产周转率、资产负债率的影响因素中提取排序第一的最终影响因素进行调整，得到净资产收益率（ROE）累计影响结果。由上述假设净资产收益率目标值为10%，具体调整步骤如下：

（1）考虑将路桥轨道——境内毛利率调增0.1%；

（2）若净资产收益率未达到预期值，继续将BOT项目出表规模调增 10%；

（3）若净资产收益率仍未达到预期值，继续将目标货币资金占比调减 1%。

上述调整过程中净资产收益率（ROE）变动的结果如表 5－5 所示。

表 5－5　　净资产收益率（ROE）变动结果

调整过程	净资产收益率	变动值	累计变动百分比
调整前	9.92%		
路桥轨道—境内毛利率调增 0.1%	10.02%	0.10%	1.01%
BOT 项目出表规模调增 10%	10.07%	0.05%	1.51%
目标货币资金占比调减 1%	10.09%	0.02%	1.71%

由表 5－5 可知，调增事业部的毛利率对净资产收益率的影响较大，因此，如果净资产收益率未达到目标值，可先考虑通过管控各事业部的毛利率，本例中调增路桥轨道—境内毛利率 0.1%，即可使净资产收益率达到目标值。如若调增毛利率也未能使净资产收益率达到目标值，则可适当增加 BOT 项目出表规模或减少目标货币资金等其他项目。

（三）应收账款周转率

1. 调整目的：应收账款周转率预测值达到目标值；

2. 调整状态：假设应收账款周转率目标值为 5.85，而其预测值为 5.82，因此，需要通过管控手段使应收账款周转率达到目标值；

3. 影响因素的归类和排序：根据敏感性分析，对应收账款周转率影响较大的关键影响因素可以分为两类，分别是各事业部收入及增长率、各事业部应收账款占营业收入比例，按照影响程度从大到小排列（如表 5－6 所示）。

表 5－6　　应收账款周转率关键影响因素排序

序号	关键影响因素（影响程度由大到小排序）	影响报表项目
1	路桥轨道——境外	应收账款
	装备海工——境内	
	其他——境内投资	
	装备海工——境外	
	其他——境外	
	其他——境内非投资	
	港行疏浚——境外	
	路桥轨道——境内	
	房地产——境内	
	房地产——境外	
	港行疏浚——境内	
2	“十三五”规划总收入	营业收入
	港航疏浚收入增速	
	路桥轨道收入增速	
	其他行业收入增速	
	装备海工收入增速	
	“十三五”规划金融板块营业收入增长率	
	房地产板块收入增长率	

4. 调整过程：假设各事业部收入及增长率均已确定，考虑通过管控各事业部应收账款占营业收入比例来调整应收账款周转率，按照影响程度的大小依次调整影响因素，得到应收账款周转率累计影响结果。以排序前五个影响因素为例，具体调整步骤如下：

（1）将路桥轨道——境外应收账款占营业收入的比例调减 1%；

（2）将装备海工——境内应收账款占营业收入的比例调减 1%；

（3）将其他业务——境内投资应收账款占营业收入的比例调减 1%；

（4）将装备海工——境外应收账款占营业收入的比例调减 1%；

(5) 将其他业务——境外应收账款占营业收入的比例调减1%。

上述调整过程中应收账款周转率变动结果如表5-7所示。

表5-7 应收账款周转率变动结果

调整过程	应收账款周转率	变动值	累计变动百分比
调整前	5.828		
路桥轨道——境外应收账款占营业收入的比例调减1%	5.838	0.010	0.17%
装备海工——境内应收账款占营业收入的比例调减1%	5.843	0.004	0.25%
其他业务——境内投资应收账款占营业收入的比例调减1%	5.845	0.002	0.28%
装备海工——境外应收账款占营业收入的比例调减1%	5.852	0.007	0.41%
其他业务——境外应收账款占营业收入的比例调减1%	5.853	0.001	0.42%

由表5-7可知，路桥轨道境外应收账款占营业收入比例对应收账款周转率的影响最大，因此，如果企业集团的应收账款周转率未达到目标值，应首先关注以上事业部的应收账款周转率，同时重点考核以上事业部应收账款回收情况。从调整结果来看，直到装备海工——境外应收账款占营业收入的比例降低1%时，应收账款周转率累计调整后的结果达到目标值。

（四）带息负债比率

1. 调整目的：带息负债比率预测值达到目标值；

2. 调整状态：带息负债比率的预警值为42%，根据历史情况分析，带息负债比率一直高于预警值，因此，需要通过管控手段使其降低至预警值；

3. 影响因素的归类和排序：根据敏感性分析，对带息负债比率影响较大的关键影响因素按照影响程度从大到小排列（如表5－8所示）。

表5－8　　带息负债比率关键影响因素排序

序号	关键影响因素（影响程度由大到小排序）	影响的项目
1	目标货币资金占比	带息负债总额
2	BOT项目新增投资额	带息负债总额
3	短期融资券发行额	其他流动负债
4	资产投资付现比例	带息负债总额
5	固定资产新增投资额	带息负债总额
6	优先股发行额	带息负债总额
7	企业债券发行额	应付债券
8	新股发行额	带息负债总额
9	接受国家资本财政补贴	带息负债总额

4. 调整过程：按照影响程度的大小依次调整影响因素，得到带息负债比率的累计影响结果。具体调整步骤如下：

（1）将目标货币资金的比例调减2%；

（2）将短期融资券发行额调增20亿元；

（3）将资产投资付现比例调减4%。

上述调整过程中带息负债比率变动结果如表5－9所示。

表5－9　　带息负债比率变动结果

调整过程	带息负债比率	变动值	累计变动百分比
调整前	43.91%		
目标货币资金的比例调减2%	42.70%	－1.20%	330.48%
短期融资券发行额调增20亿元	42.19%	－0.52%	325.27%
资产投资付现比例调减4%	42.04%	－0.15%	323.75%

由表5－9可知，目标货币资金比例对带息负债比率的影响最大，如果企业集团的带息负债率未达到目标值，可以依照上述结果进行管控。

第三节 财务预警辅助管理与决策

财务模型中输出财务指标不满足绩效考量要求时，财务模型发出预警，此时，企业需根据敏感性分析做出决策判断，该过程体现财务模型辅助决策功能，并优化企业管理（如图 5－4 所示）。

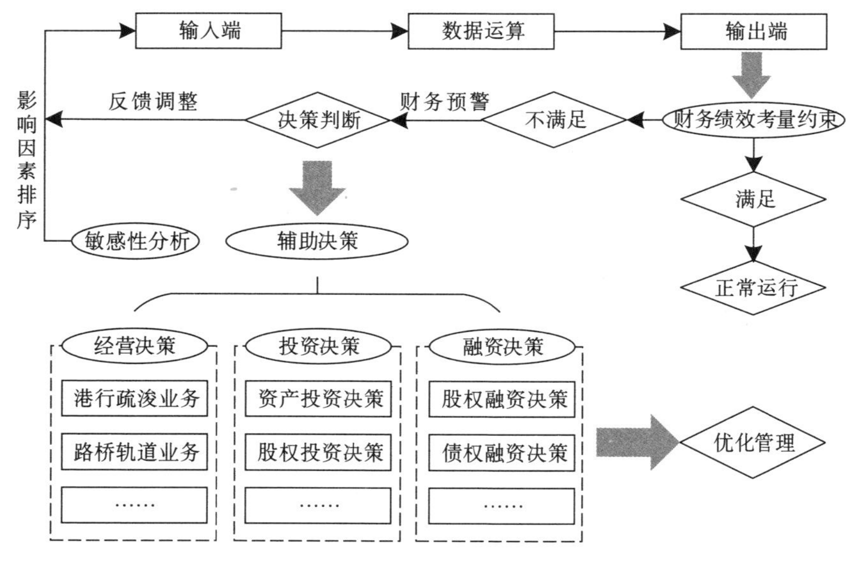

图 5－4 财务预警功能应用图

财务模型根据财务指标预测值和预警值显示预警财务指标，再依据敏感性分析中财务指标的主要影响因素及影响程度做出调整决策，体现了财务预警辅助决策的应用功能，包括经营决策、投资决策和融资决策，使企业集团达到绩效目标；预判当前发展状况和未来发展方向，及时调整发展计划，使资源配置更加合理、科学，体现出财务预警优化管理的应用功能。

一、财务预警辅助决策

财务预警具有辅助决策的应用功能，企业发生财务风险时，财务模型能够发出预警，提供有关基本对策和方法，起到辅助决策的作用。

企业财务预警辅助决策内容可包括：

（1）财务预警辅助经营决策，涉及企业各项业务的生产活动、采购活动、营销活动等。

（2）财务预警辅助投资决策，涉及资产投资和股权投资决策，可按照资产的重要性，对固定资产、无形资产等进行分项决策。

（3）财务预警辅助融资决策，涉及股权融资和债权融资决策，包括合理安排资金缺口，股权融资涉及增发、股利分配等决策行为，债权融资涉及短期借款、长期借款、短期债券和长期债券等决策行为。

财务预警辅助决策过程中要考虑风险决策，进行风险决策时，一是尽可能选择收益较高且风险较低的投资方案，降低因风险造成损失的可能性及损失程度；二是实施风险方案过程中，发现不利情况时，及时中止或调整方案。本节以 CC 集团为例说明财务预警的辅助决策功能。

（一）财务预警辅助经营决策

对 CC 集团而言，财务预警辅助经营决策包括港行疏浚、路桥轨道、装备制造、房地产等业务决策，可细化至具体各项业务的生产活动、营销活动、采购活动等。

根据净资产收益率（ROE）的敏感性分析结果，首先是事业部的毛利率对净资产收益率影响较大，其次是管理费用率；如果净资产收益率未达到目标值，可以优先考虑管控各事业部的毛利率、管理费用率，为了使净资产收益率达到目标值，也可以适当增加 BOT 项目出表规模或减少目标货币资金等其他项目。

当净资产收益率出现预警时，企业可优先考虑管控毛利率，根据财务模型经营板块的划分和敏感性分析结果，关键因素的排序是路桥轨道境内业务毛利率、港行疏浚业务境内毛利率、路桥轨道境外业务毛利率、港行疏浚境外业务毛利率、装备海工境外业务毛利率等等。因此，在路桥轨道、港行疏浚、装备海工业务收入可预见的情况下，企业应采取降低相关业务的成本，可采取的一般对策如表 5 – 10 所示。

表 5 – 10　　财务预警情境下经营活动的一般对策

预警科目	一般对策（经营活动）
材料消耗	改进工艺和设备，加强材料成本控制，加强技能培训。
人工费用	提高人工成本意识，提高产量和生产效率，改善薪酬结构。
劳动生产率	改善直接人员与间接人员比例，改进作业流程、工作简约化和标准化。
单位能耗	改进工艺或提高设备性能及作业效率。
固定制造费用	改善直接费用与间接费用比例，优化成本费用结构。
损失和责任事故	加强责任落实和作业分析，提高安全意识，严格考核。

（二）财务预警辅助投资决策

财务预警辅助投资决策包括资产投资和股权投资决策，可按照资产的重要性，对固定资产、无形资产等进行分项决策。对于 CC 集团而言，工程项目投资和固定资产投资所占比例较高，为此，这里主要介绍说明财务预警如何辅助工程项目投资决策和固定资产投资决策。

当带息负债比率超过预警值时，财务模型发出预警，根据带息负债比率的敏感性分析结果，关键影响因素排序是目标货币资金占比、BOT 项目新增投资额、短期融资券发行额、资产投资付现比例、固定资产新增投资额等。因此，当带息负债比率出现预警时，企业在优先考虑调整目标货币资金占比时，可以调整 BOT 项目投资计划、固定资产投资计划。例如，实施增加或减少 BOT 投资项目和投资额，增加或减少固定资产投资项目和投资额等对策，以减少工程项目、固定资产等投资风险。

（三）财务预警辅助融资决策

财务预警辅助融资决策包括股权融资和债权融资决策，合理安排资金缺口，股权融资涉及增发、股利分配等决策行为，债权融资涉及短期借款、长期借款、短期债券和长期债券等决策行为。

筹资是企业财务管理中的重要的环节之一，对资金紧张或短缺的企业而言，筹资预警更显重要。企业一旦出现资金链条中断，可能产生连锁反应，致使企业信誉受损，银行停止信贷支持，供应商不再提供商业信用，最终导致企业生产经营处于困境。

根据净资产收益率（ROE）的敏感性分析结果，财务费用率是影响净资产收益率的一个重要因素，如果净资产收益率未达到目标值，可以考虑影响财务费用率的相关因素。财务费用率的影响因素排序是目标货币资金占比、长期银行借款占比、长期债券占比、短期银行借款利率、长期银行借款利率、短期债券利率、长期债券利率等。

当财务费用率偏高时，可以调整股权和债务融资比率，或短期借款、长期借款、短期债券、长期债券的融资占比，同时可以采取措施降低权益性融资利率、短期借款、长期借款、短期债券和长期债券的比率。例如，短期融资券是一种比较灵活的短期融资方式，CC 集团的短期融资券额度为 150 亿元；当 CC 集团临时需要资金用于流动资金周转，但由于借款能力有限，长期债券时间长、手续复杂等原因无法及时获得资金，CC 集团可以在授信额度内通过发行短期融资券的方式进行融资。

二、财务预警优化管理

财务模型通过反复预警和反馈调整，能够记录企业财务预警的处理过程和评判结果，通过积累和总结前车之鉴，不断提高企业财务预警能力和防范财务风险，提高能力及效果，为业界提供经验教训。

企业财务预警管理是目标—过程管理的有效结合，是根据企业经营和财务目标，分析企业资金流的运行规律及特点，通过及时捕捉资金运行及管理过程中的阻塞、滞留、浪费等影响企业财务收益的重大经营及管理失误，监控企业资金流与财务绩效指标的变动趋势，并对资金使用效果及财务状况进行分析评价，辨识潜在的财务危机，及时发出预警，敦促采取应对措施，实现财务预警及管理优化的动态过程。通过财务预警管理，不断提高企业防范财务危机的能力，保障企业的财务管理活动时常处于安全、可靠的运行状态，实现企业财务绩效目标。

企业财务管理以企业资金管理为核心，与此紧密关联，企业财务预警管理以资金流安全运行管理为核心，基于资金管理视角，通过跟踪监控企业价值指标的波动情况，反映、监督、管控企业的各项经营活动，提高资金运行的安全性和效率，规避资金风险。财务预警有助于优化企业管理，包括以下几个方面：

1. 培育和提高企业财务风险意识，建立预警机制，为企业提供一个有安全保障的财务管理环境，提高企业应对财务危机的能力。

2. 及时发现企业财务管理活动中的漏洞、管理失误、重大风险因素和隐患，并采取适当措施，保障企业资金运行始终处于安全区域内。

3. 减少忧虑和恐惧，使形成坚强的合力。

4. 实行例外管理，促使企业管理层关注影响企业经营活动的重要因素，用更多的时间和精力考虑企业重大决策。

5. 充分利用企业现有管理基础，通过增强企业信息化水平，提升企业财务业务一体化管理能力，同时也提升企业管理层和员工应对财务危机的信心和能力。

本章小结

本章从财务绩效考量和预警反馈功能、财务预警整体逻辑与实现过程、财务预警辅助管理与决策三个方面对企业集团财务模型预警应用进行阐释说明。首先根据财务预警机理阐释了财务绩效考量约束功能、财务预警功能、反馈调整功能，并说明各功能的实现过程；然后说明财务预警设计的整体逻辑和运用Excel实现财务预警的过程，并举例进行说明阐释；最后根据财务预警的工作机理和整体逻辑阐释其如何辅助企业决策，进行优化管理。

第六章

企业集团财务模型应用2：估值与决策

企业财务管理的目标是企业价值最大化，企业的各项经营决策应有利于企业价值的提升。价值为企业经营决策服务，通常以投融资决策、战略决策和以价值为基础的管理决策为分析对象，旨在帮助企业管理层更好地明晰影响公司价值提升的优势和劣势。企业财务管理以企业价值最大化为核心，需要运用价值估值方法了解企业的真实价值，为科学地进行投资与融资决策提供支撑，实现资源优化配置，企业价值提升的同时增加股东财富。因此，企业价值评估有助于管理层有效改善经营决策，对企业经营决策具有极其重要的意义。

企业集团财务模型可以实现财务估值与决策的拓展应用。本章从企业估值与决策模型的整体架构入手，通过模型参数的提取与输入，经过模型的运算逻辑，进行企业价值估计。模型估值结果反映企业的内涵价值，与企业当前市场价值对比，根据偏差进行原因分析，提供相应的价值管理策略。

第一节　估值与决策模型架构

已有的实证研究表明，现行的中国资本市场属于弱型市场效率，意味着资本市场表现的公司市值往往难以反映其真实价值。构建企业估值与决策模型，有助于管理层把握企业内涵价值，采取行之有效的市值管理策略，对于上市公司的发展不可或缺。在企业财务模型和财务预报表的基础上，估值与财务模型的逻辑构建如图 6－1 所示。

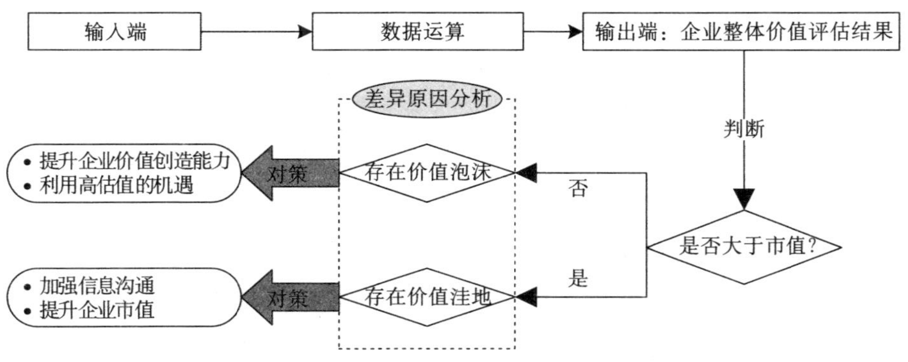

图 6－1　估值与决策模型逻辑架构

估值与决策模型架构采用三级逻辑设计，包括输入端、模型运算、输出端三个层级。与前文定义一致，输入端包括历史财务报表和各子模型的特定参数；数据运算是根据参数之间的关系建立的逻辑关系，输入端通过模型运算，输出结果，形成输出端。模型的输出端包括预测财务报表、财务指标和企业整体价值评估结果。估值与决策模型是完成企业价值评估的子模型。

通过估值结果的输出，可以为企业集团的市值管理提供决策依据。市值管理是指，将估值与决策模型运算所得企业内涵价值与企业市值进行对比，判断其是否高于或低于当前市值，分析价值偏差产生的原因，并由此触发两条路径：一是企业内涵价值高于市场价值，意味着企业价值被资本市场低估，存在价值洼地，应加强企业与资本市场的信息沟通，强化与投资者的关系管理，或通过股票回购等方式提振股价；二是企业内涵价值低于市场价值，表明企业价值被资本市场高估，存在价值泡沫，企业可利用被高估的股价开展资本运营或股权交易，以较低的成本代价获得有价值的资产，以充分发挥高估值为企业带来的机遇。

第二节　估值与决策模型参数

根据第二章中对现有估值理论的系统回顾，估值方法主要有：成本法、收益法、市场法和期权定价法，不同的估值方法所需参数也各有不同（如图 6－2 所示）。

本节的估值与决策模型构建于企业集团财务模型输出的预报表基础之上，因此估值方法的选取需要考虑财务模型所提供的数据。由此，估值方法可选用现金流贴现模型、市盈率模型、市净率模型，以及经济增加值等估值模型。这几类估值方法具体所需的财务报表数据和模型特定参数如表 6－1 所示。

表 6－1 中的财务报表数据，如息前税后利润、折旧与摊销、资本性支出等，都可以通过财务预报表数据直接提取和计算，不需要手工输入数据；而模型特定参数，如计算加权平均资本成本（WACC），需要估算权益资本成本，为此需要在预报表数据的基础上，手工输入系统风险系数 β、无风险报酬率 R_f，市场平均收益率 R_m 才能计算得到权益资本成本。

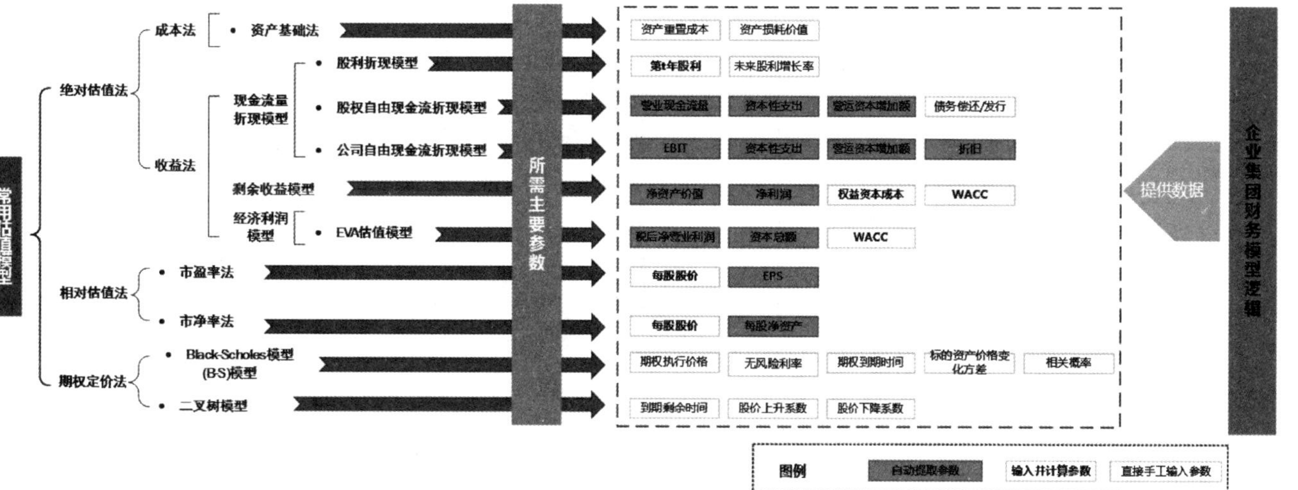

图 6－2 估值方法与企业集团财力模型匹配分析

注：自动提取参数：输入端的历史财务报表数据和输出的预测财务报表数据；

直接手工输入参数：需手工输入的输入端的各模型特定参数；

输入并计算参数：基于输入端的历史财务报表数据、手工输入端的各模型特定参数，以及输出的预测财务报表数据，经过计算所得的数据。

表 6－1　　各估值方法所需模型参数

估值方法	模型参数	
	财务报表数据	模型特定参数
现金流贴现模型	息前税后利润 折旧与摊销 资本性支出 营运资金增加	贴现率
市盈率模型	每股收益	目标企业市盈率
市净率模型	每股净资产	目标企业市净率
经济增加值模型	税后净营业利润 调整后资本 初始投入资本	WACC

第三节　估值与决策模型运算

现金流贴现模型、市场法模型（包括市盈率法和市净率法）、经济利润模型在估值原理、适用性、运算过程都不尽相同。下面将分别介绍各估值方法的模型运算逻辑：

一、现金流贴现模型

现金流贴现法（Discounted Cash Flow，DCF）遵循现值估值原则，即任何资产的价值都等于其未来期望现金流量的现值。其估值思想是：在估计企业未来每年的自由现金流量的基础上，以合适的贴现率进行贴现，现值即为企业价值。

使用 DCF 首先应当全面考虑影响企业未来获利能力的各种因素，客观、公正地对企业未来的现金流量做出合理预测；其次是选择合适的贴现率，贴现率的取值需要考虑企业的风险，判断企业风险越大，贴现率取值越高。

（一）现金流贴现模型原理

自由现金流是企业产生的在满足再投资需要之后的剩余现金流，它是在不影响公司持续经营发展的前提下，企业能够提供给股东和债权人的最大现金流。在估值实务中基于视角的不同，自由现金流有股权自由现金流和公司自由现金流之分，前者属于普通股权益，后者属于整个企业。

根据现金流的不同类型，可以将现金流贴现模型划分为股利贴现模型（DDM）、股权自由现金流贴现模型（FCFE）、公司自由现金流贴现模型（FCFF）三种形式。当对公司整体价值进行估值时，适用于公司自由现金流贴现模型（FCFF）。

1. 公司自由现金流（FCFF）贴现模型。根据对公司现金流未来增长率的不同假设，可以构造两种不同形式的公司自由现金流量贴现模型。

（1）FCFF稳定增长模型。本模型适用于对已处于成熟经营，收益率能够稳定增长，资本结构处于稳定状态的企业进行价值评估。估值公式为：

$$V = \frac{FCFF_1}{r - g}$$

其中，$FCFF_1$为下一年度公司自由现金流量；r为贴现率；g为永续增长率。

（2）两阶段FCFF模型。本模型适用于企业成长期尚未进入稳定状态，但收益预测期内的几年后进入稳定状态的企业。在收益预测期内将企业的经营发展分为两个阶段：第一阶段是企业成长期，该期间内每年的现金流增长率可以不同，需要逐年进行预测；第二阶段是企业已进入成熟期，该期间内现金流增长率保持稳定。企业价值为第一阶段自由现金流现值与第二阶段自由现金流现值之和。估值公式为：

$$V = \sum_{t=1}^{n} \frac{FCFF_t}{(1+r)^t} + \frac{\dfrac{FCFF_{n+1}}{(r-g_n)}}{(1+r)^n}$$

其中，$FCFF_t$为成长期内第 t 期的公司自由现金流量；$FCFF_{n+1}$为成熟期第 n+1 年的自由现金流量；r 为贴现率；g_n为公司进入稳定增长期后的增长率。

2. 现金流贴现模型参数。现金流量模型的参数包括收入预测期、各期的现金流量、贴现率等。

(1) 收入预测期。预测的时间范围涉及详细预测期和后续稳定期。在实际操作中，详细预测期长短视企业增长率变动情况而定，增长不稳定时应延长预测期，反之可适当缩减预测期。通常当企业具有较稳定的销售增长率，或具有较稳定的投资资本回报率时，可认为企业进入了稳定期。

(2) 预测期现金流量。自由现金流量（FCFF）等于企业的息前税后净营业利润加上折旧及摊销等非现金支出，再减去营运资本的增加额和厂房设备及其他资产方面投资追加的资本性支出。它是公司所产生的税后现金流量总额，可供公司资本的所有出资人（包括债权人和股东）进行分配。计算公式如下：

FCFF = EBIT ×（1 - 所得税率）+ 折旧与摊销 - 资本性支出 - 营运资金增加

(3) 贴现率。贴现率本质上是企业的出资人对未来预期收益带来的现金流在特定风险水平下所要求的投资回报率，或企业的资本成本，贴现率由企业的税后加权平均资本成本（WACC）确定。

（二）现金流贴现模型适用性

现金流贴现法的理论体系较为严密，在实践中得到广泛应用，但是在使用该模型时，仍需要注意以下问题：

1. 使用现金流贴现模型，要求公司的未来现金流具有可预测性。因此其更适用于相对成熟的企业[①]，而不适用于新兴企业。

2. 参数的确定具有较大的不确定性。现金流量贴现法作为一种面向未来的动态的估价方法，涉及的参数较多，包括未来现金流量、贴现率、预测期等。这些参变量选择需要结合企业的实际情况和主观判断，保持客观公正以及准确考量较为困难。

（三）现金流贴现模型运算过程

使用现金流量贴现模型进行企业估值的过程大致可分为四个阶段：

1. 确定公司的收益预测期；

2. 预测公司的自由现金流量；

3. 确定适宜的贴现率；

4. 运用该贴现率对公司未来自由现金流量进行贴现，计算出公司的价值。

选取现金流贴现模型估算企业价值，应当结合企业的内外部环境和预期发展的情况，确定相应形式的模型估值公式，再根据运算过程，进行具体的企业估值计算。

二、市场法模型

市场法的基本原理是通过选取市场上若干个与目标企业相似的可比企业，同时计算分析目标企业的价值乘数，用该乘数调整选取的可比企业的市场价值，以此得到目标企业市场价值。

市场法背后的经济原理是替代原则，有效市场中，具有相同或相似现金流特征的资产的市场价格应当趋同。

① 李向前：“企业价值研究”，吉林大学，2005年。

从市场法的原理来看，选择与被评估企业足够相似的可比交易、确定适当的估值乘数是应用市场法的关键。估值乘数的分母可以选择每股收益、每股股利、净资产、营业收入等与企业价值密切相关的财务指标，也可以选择营业里程（航空公司）、网页点击率（互联网公司）、发电量（发电公司）等业务类指标[①]。

（一）市场法模型原理

市场法有很多种，其中市盈率（P/E）模型和市净率（P/B）模型较为成熟。

市盈率估值的基本公式如下：

目标企业股票的市场价值 = 可比企业的市盈率 × 目标企业的每股收益(EPS)

市净率估值的基本公式如下：

目标企业股票的市场价值 = 可比企业的市净率 × 目标企业的每股净资产

1. 可比企业的选择。使用市场法进行企业价值评估时，可比企业的选择非常关键。相比之下，在被评估企业行业内，可比企业必须选取与之有足够竞争力的企业作为参考，这样企业所面临的市场风险和增长率趋同，对评估影响较小[②]。换句话说，可比企业的选择需要把握以下原则：一是要具有类似的业务或行业背景；二是要具有类似的规模；三是要有预期近似的增长率、近似的股权结构或近似的资本结构；四是具有类似的地域特点或收入来源特点。

2. 可比企业估值乘数的计算。市盈率估值法和市净率估值法中，市盈率和市净率作为估值乘数，其计算公式分别为：

市盈率 = 每股收市价格/上一年度每股税后利润

① 田辉："乘数估值法在证券市场股权估值中的应用"，《中国资产评估》，2004 年第 5 期。

② 张鼎祖："对市场法评估企业价值的思考"，《财会月刊》，2006 年第 2 期。

市净率＝每股收市价格/每股净资产

（二）市场法模型的优点与局限性

市场法适用的前提是有较为完善发达的证券交易市场，可以找到合适的可比上市公司。

具体来看，市盈率将股价与当期收益联系起来，适用于利润与价值的关联性较强、盈利能力稳定，且净利润不能为负的企业。

市净率是股票价格与账面净资产价值比值。因此市净率法比较适合有形资产占比较高、企业市场价值与资产账面价值关联性较强的企业集团；相对而言，人力资源、商誉、知识产权等无形资产占比较多的企业不适用市净率法估值。

与现金流贴现法相比，市场法的优点在于：运用简单，易于理解；以可比交易的市场价格作为参考，主观调整因素较少，能够较为客观地反映被评估公司的市场价值。

市场法的局限性在于：首先，可比公司的选择可能并不恰当，世界上没有两片完全相同的树叶。可比公司和目标公司主营业务、公司规模、盈利能力、资本结构、市场环境以及风险程度等方面会存在着各种各样的差异，挑选到足够相近的可比企业并不容易。其次，市场价格也许并不能真实反映可比公司的内在价值（高估或低估），运用市场价格构建价值乘数，将同样误判目标公司的内在价值。最后，对于一些新兴行业的企业，可能几乎不存在可比的公司，市场法可能无法适用。

（三）市场法模型运算过程

使用市场法模型进行企业估值的过程大致可分为四个阶段：

1. 选定可比企业；
2. 计算可比企业的估值乘数（市盈率、市净率等）；
3. 计算目标企业每股收益（EPS）或每股净资产；

4. 以估值乘数计算出公司的价值。

选取市场法模型估算企业价值时，还应当注意，由于选取的可比企业仍可能在业务组合、风险程度和增长潜力方面与目标企业存在较大的差异，所以应根据实际情况对计算所得的可比企业估值乘数（平均市盈率或市净率）进行主观调整。

三、经济利润（EVA）模型

20 世纪末，由 Stern Stewart 公司提出的经济增加值（Economic Value Added，EVA）指标，成为衡量企业是否有效的为股东创造价值的重要指标，该指标提出的价值理念是：只有企业创造的资本盈余超越了企业为获得这些资本盈余而投入的资本成本时，企业才真正为投资者创造了价值。

（一）经济利润模型原理

EVA 是指经调整后的（息前）税后经营利润减去债务成本费用和股本成本费用的剩余收益（Residual Income）。区别于传统的税后利润 EVA 的基本思想是强调对全部成本费用的计量，即要求企业管理者不仅要考虑经营活动所支出的成本，还要考虑占用资本的成本费用，即无论是运用债务还是运用股本都要充分考虑其成本费用。EVA 用于对企业经营绩效，即价值创造的考量，可以认为 EVA 是对企业真正的“经济利润”的评估。

1. 经济增加值（EVA）与市场增加值（MVA）。经济利润模型的基本原理是用投入资本与经济增加值的现值来评估企业价值，即企业价值 = 初始价值 + 预计经济利润的现值。基于 EVA 的企业价值评估模型的基本公式如下：

$$V = V_0 + MVA = V_0 + \sum_{t=1}^{\infty} \frac{EVA_t}{(1 + WACC)^t}$$

其中，V 表示企业评估价值（市场价值）；V_0 表示估值时点的投入资本（股东权益与有息负债的账面价值之和）；WACC 表示加权平均资本成本；EVA_t 表示未来第 t 期 EVA。

MVA（Market Value Added）是指市场增加值，相当于未来 EVA 的现值。Makleanen（1998）将 MVA 定义为：MVA = 总市价 - 投入资本，即企业市值与累计资本投入之间的差额，反映了公司所有资本累计为其投资者创造的财富。

EVA 是从营利能力视角衡量投入资本为投资者创造的财富，是提升 MVA 的驱动力，因此从理论上说，企业未来各年的 EVA 的现值应当与 MVA 相等，两者的关系可表示如下：

$$MVA = \sum_{t=1}^{\infty} \frac{EVA_t}{(1 + WACC)^t}$$

其中，WACC 表示加权资本成本；EVA_t表示未来第 t 期 EVA。

由上式可以看出，MVA 实际上就是未来所有年份的 EVA 按加权平均资本成本贴现的价值。如果市场认为某企业 EVA 为零，表明息前税后经营利润刚好满足投资者（股权与债券）要求的回报，而且永远保持“保本”状态，那么企业的 MVA 也将为零。如果 MVA 上升，则意味着市场预期未来的 EVA 也会增加，反之亦然。企业市场价值、投入资本、EVA 和 MVA 的关系如图 6 - 3 所示。

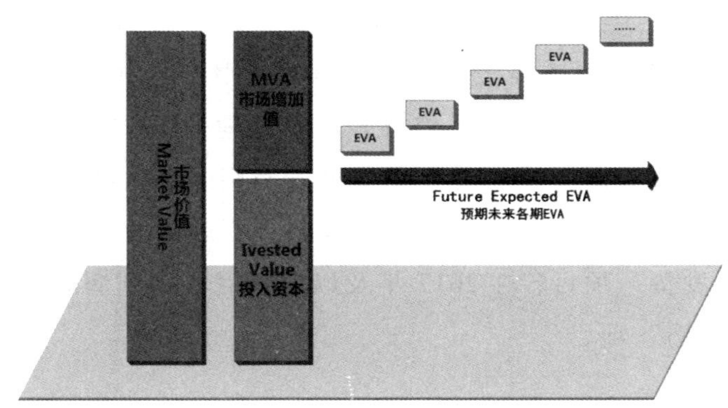

图 6 - 3　市场价值、MVA 与 EVA 的关系

2. EVA 与 FCFF。与 FCFF 估值法类似，EVA 估值模型也是以现金流为基础，所以两者具有一致性。虽然理论上两者结果趋同，但在企业价值评估实务中，两者往往存在不一致之处，原因在于[①]：在实际评估中，经济增加值（EVA）模型一般要求对原始财务报表中的税后经营净利润和投资资本总额等项目进行调整，使得 FCFF 与 EVA 模型中调整得到的现金流量并不相同，从而导致了在实践中 FCFF 和 EVA 的估值结果有所差异。

3. EVA 计算。经济增加值 EVA 的计算公式为：

$$EVA = NOPAT - TC \times WACC$$

其中，NOPAT 表示企业的息前税后净营业利润；TC 表示企业投入的资本总额；WACC 表示加权平均资本成本。

计算 EVA 的过程，其核心在于对会计利润和资本占用的调整项的确定和加权平均资本成本的确定。

（1）相关会计科目调整。国资委发布的《经济增加值考核细则》中规定，EVA 的调整项目如下：

①NOPAT(息前税后净营业利润)

NOPAT(息前税后净营业利润) = 净利润 +（利息支出 + 研究开发费用调整项 - 非经常性收益调整项 × 50%）×（1 - 25%）

关于研发费用，财政部于 2017 年 12 月 25 日发布了《财政部关于修订印发一般企业财务报表格式的通知》（财会〔2017〕30 号），对一般企业财务报表格式进行了修订，从“管理费用”项目中分拆“研发费用”项目，因此，公式中的研究开发费用调整项目，在 2016 年及之前年报中，指当期的研究开发支出及财务报表中“管理费用”中的“研究和开发费”项目；在 2017 年及以后年度，指利润表中单独列示的“研发费用”项目。

① 彭璐琦：“FCFF 和 EVA 估价模型在企业价值评估应用中的比较研究”，江西财经大学，2016 年。

非经常性收益调整项目主要包含非流动性资产转让收益、变卖业务资产收益及其他非经营性收益等。

②TC（调整后投入资本）

TC（调整后投入资本）= 平均所有者权益 + 平均负债合计 - 平均无息流动负债 - 平均在建工程

其中，无息流动负债主要是指财务报表中的“应付票据及应付账款”“其他应付款”“持有待售负债”“其他流动负债”等。

Stern - Stewart 公司也指出，企业自己的 EVA 必须“量身定做”，“需要考虑公司的组织架构、业务组合、战略和会计政策，以便在简约和精确之间实现最佳平衡”。会计科目的调整需要遵循重要性、可行性、效率性和低成本性等原则。

（2）加权资本成本的确定。WACC 是加权平均资本成本，指企业以各种资本在企业全部资本中所占的比重为权数，对各种长期资金的资本成本加权平均计算出来的总资本成本。

国资委《经济增加值考核细则》中规定，中央企业资本成本率原则上为 5.5%，资产负债率超过 80% 的非工业企业或超过 75% 的工业企业的资本成本率为 6%，资产专业性较强且承担国家任务的企业，其资本成本率下浮 1.3%，一旦确定，不得随意更改。

可以看出，国资委规定的资本成本率在各行业完全统一，均为 5.5%，没有反映出企业之间的差异。明显低于社会平均水平，与市场行情有所偏离，所以理论上说，该资本成本只能用于国资委计算中央企业为国有资本创造价值的参数，不能用于 EVA 估值时计算企业价值的资本成本参数。以此计算出的企业集团的 EVA 值，与实际值可能会相差较大。

4. 单阶段模型和两阶段模型。根据企业未来 EVA 发展趋势和特征，EVA 估值模型可以采用单阶段模型和两阶段模型。

（1）单阶段模型。单阶段模型假定企业 EVA 在未来保持稳定的增长趋势，一般适用于对已进入稳定发展的企业进行估值。单阶段模型的表达式如下：

$$V = V_0 + \frac{EVA_0(1+g)}{WACC - g} = V_0 + \frac{EVA_1}{WACC - g}$$

其中，V 表示企业评估价值；V_0 表示估值时点的投入资本；WACC 表示加权平均资本成本；EVA_0 表示当期的 EVA；EVA_1 表示预测期第 1 期的 EVA；g 为稳定增长率。

（2）两阶段模型。如果被评估企业尚未进入稳定期，则可将企业未来的发展期分为前期较快（非稳定）增长和后期趋缓（稳定）增长两个阶段。前期增长时期 EVA 增长率较高，稳定增长时期 EVA 增长率则保持相对稳定。企业未来 EVA 现值等于前期增长阶段 EVA 现值与稳定增长阶段 EVA 现值之和。两阶段模型的表达式如下：

$$V = V_0 + \sum_{t=1}^{n} \frac{EVA_t}{(1+WACC)^t} + \frac{\frac{EVA_{n+1}}{(WACC - g_n)}}{(1+WACC)^n}$$

其中，V 表示企业评估价值；V_0 表示估值时点的投入资本；WACC 表示加权平均资本成本；EVA_t 表示预测期第 t 期的 EVA；EVA_{n+1} 表示第 n+1 期的 EVA；g_n 为稳定增长率。

（二）经济利润模型的优点和局限性

（1）EVA 方法的优点。

①真实反映企业的价值。企业经营的目的在于获得利润，企业经营的目标是获得超过投资成本的收益，为企业创造更大的价值。权益资本成本是股东投资人要求的报酬率，债务资本成本是债权人要求的利息报酬，资本成本的高低取决于投资人的机会成本。经济增加值是企业获得的超过投资资本成本的利润，反映了企业的真实价值。

②降低会计信息失真的影响。因为会计准则及会计科目计量的原因，企业利润有时并不能准确反映企业的真实业绩，通过以现金流为

基础对会计科目进行调整，使得相关的会计指标更能符合企业的经营状况，反映企业的真实业绩。

③有助于企业决策。企业经营的基本目标就是实现企业价值最大化。以 EVA 作为业绩衡量指标有助于鼓励经理人努力获取超过企业投资成本的利润，从而增加股东财富，提升企业价值。

④推动企业可持续发展。企业经理人受利益驱使，为了短期业绩，可能放弃对企业发展有利的长期投资机会，这样有形无形之中有损于股东利益的企业价值。采用经济增加值来评价经理人的业绩，有助于鼓励新产品研发，促使经理人投资有利于企业可持续发展的项目，实现股东财富的增加。

（2）EVA 方法的局限性。

①计算较为复杂。在对 EVA 参数的计算中，需要对会计报表的多个项目进行调整，如果想要精确计算 EVA 的数值，需要调整的项目可能达百余之多。同时，一些必须的调整项目，如摊销商誉、研发费用等项目的数据不易取得，增加了估值工作的成本，影响了 EVA 在实际中的应用。

②虚假会计信息影响评估准确性。因为 EVA 模型基于会计报表的定量信息，依赖于会计信息的真实性，所以，一旦会计报表信息有误或作假，会严重影响 EVA 估值的准确性，使得企业评估价值偏离真实的内在价值。

通过上述优缺点分析可知，EVA 作为一种估值模型，在企业价值评估、业绩评价方面具有明显的优势，但也存在若干固有缺陷，因此，应当结合企业实际情况，选择合适的估值模型。

（三）经济利润模型运算过程

使用经济利润模型进行企业价值评估的过程大致可分为七个步骤：

1. 根据企业的未来发展趋势，确定公司的收益预测期；

2. 预测企业的息前税后净营业利润（NOPAT）；
3. 预测企业的调整后投入资本（TC）；
4. 确定企业的税后加权平均资本成本（WACC）；
5. 计算预测期各年的 EVA；
6. 预测企业在后续稳定经营期的 EVA 增长率 g_n；
7. 计算企业价值。

第四节　估值与决策模型输出

通过输入端和模型运算，可以输出企业整体估值结果。将估值与决策模型运算所得的企业价值与企业市值进行对比，根据对比结果，提供相应的市值管理对策，以辅助企业的生产经营决策（如图 6－4 所示）。

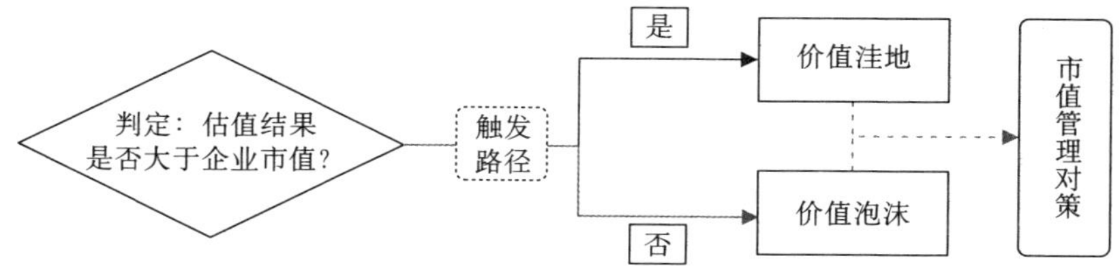

图 6－4　模型输出逻辑架构

估值结果应体现企业的内在价值，内在价值源于价值创造的驱动能力。企业的价值创造能力，是以企业的战略规划、治理结构、价值链及核心竞争力为基础；以研发创新、市场拓展、员工素质为核心支撑要素；以筹资、投资、经营管理为实现路径。市场价值则体现为企业的价值实现。价值实现是在价值创造的基础上，通过一系列手段，向企业外部传递价值信号，并取得资本市场和投资者认可的过程。

价值创造是价值实现的内核，而价值实现则是价值创造的外在表现形式，两者之间相互关联，相辅相成。这也表明企业的内在价值与市场价值应当是相互匹配的，也即企业的市场价值应该围绕其内在价值，在合理范围上下波动。但现有的研究结果表明，企业内在价值与其市值常会发生一定的偏离，因此，分析价值偏离原因是提出市值管理决策的前提和理论基础。

一、价值偏离原因分析

企业价值实现是企业实施市值管理的最终结果，也是市值管理的目标所在。价值实现源于价值创造，从价值创造到价值实现存在着一个转化过程，然而在这个转化过程中的信息遗漏、扭曲、误读，都可能导致了两者之间产生偏差。造成这种信息传递偏差的原因，主要可以分为企业自身和市场两个方面。

（一）企业自身原因

1. 自身认知偏差。自身认知偏差是造成目前企业价值偏差的主要原因。价值创造是价值实现和企业价值匹配的基础。企业管理者需要准确把握企业内在价值，提升价值创造能力，认知和解决价值实现和价值创造不匹配的原因及问题。如果忽略内在价值提升对市值的重要性，而是将价值实现的过程理解为对企业市值进行操纵，势必产生误导，将割裂价值创造与价值实现的内在逻辑关联。

估值与决策模型为企业合理估计并认知自身价值提供了实现路径，通过企业估值模型反向探究企业内在价值的驱动因素，有利于提升企业价值创造能力。

2. 短视行为。纵观中国资本市场，诸多上市公司在价值实现方面，短视现象较为严重。具体表现在信息披露往往带有一定的选择性，投资者关系管理上主动性较差等。这在很大程度上反映了企业的短视行为，更多时候是过于关注眼前利益，忽视企业的长期利益。

会计信息披露和投资者关系管理是企业实现价值的两种主要手段，需要企业长期运营和维护。它们在价值信息传递中发挥着重要的媒介作用，但是其作用的有效发挥并不能在短时期内看到效果，而是一个长期的过程。只有坚持做好信息披露及投资者关系管理工作，才能有助于资本市场和投资者认可企业的内在价值。

换言之，上市公司如果在利益驱动下，有意识地弱化某些与投资者利益相关的信息，或者根据企业的偏好，需要时关注投资者关系管理，不需要时就将投资者关系管理束之高阁，从长期看，将会损害投资者与企业的信息沟通渠道，使双方难以实现良性有效的信息沟通，最终损害公司长期价值的实现。

（二）市场原因

1. 市场价格的影响因素复杂。影响市场价格的因素复杂，众多原因产生的影响交织在一起，共同作用于企业最终市场价值的形成。一般而言，影响市场价格最重要的因素包括三个方面：一是企业经营绩效和前景，这是企业内在价值的决定因素，是企业市场价值的基石；二是资本市场的资金供求关系。资金面宽松，通常将引起股票价格的抬升，甚至形成价格泡沫。资金面紧张，可能引起股价被低估。三是投资者对市场的宏观预期。在经济上升周期，投资者对前景预测乐观，容易高估股价而形成泡沫。反之，在经济下降周期，市场投资情绪悲观，股价可能低于内在价值。

2. 市场监管与价值操纵。市场监管缺失也是造成价值实现问题的重要原因之一。中国现行资本市场仍属于弱型市场效率，种种弊端导致市场监管策略持续缺位。2014 年 5 月，国务院颁布《关于进一步促进资本市场健康发展的若干意见》，提出要鼓励上市公司建立市值管理制度。但截至目前，有关资本市场市值管理制度建设的指引仍迟迟未出台。相关监管制度的缺失，执行力度匮乏，导致对资本市场中形式各样的市值操纵行为未能实施有力的监管与引导，这使得市场价格与公司内在价值的背离更加严重。

对于企业而言，需要在内部做好价值管理以提升内在价值，在外部时刻关注企业在资本市场的价值表现，由内及外，由表及里。根据资本市场表现的不同形式，价值管理的侧重和实施路径又有所不同。

二、市值管理对策建议

在估值与决策模型的输出逻辑中，通过判断企业价值是否大于市场价值，触发两条路径，即分别针对价值泡沫（高估）和价值洼地（低估）两种情景，提出相应的市值管理措施[①]。

（一）企业价值存在泡沫

价值泡沫的产生是资本市场对企业内在价值放大效应的结果。这种放大效应具有一定的短期性特征，如果企业的价值创造能力较弱，长期来看，必然会导致企业市值的回落。对于存在价值泡沫的企业，根本而言就是要在正确认知企业内在的真实价值的基础上，提升企业的价值创造能力。同时辅以有效市值管理策略，稳定资本市场对于企业的估值。

1. 提升企业价值创造的能力。企业的价值创造能力，是以企业的战略规划、治理结构、价值链以及核心能力为基础，因此，提升企业价值创造能力应从这四个方面入手：

（1）合理有效的战略规划。战略规划决定着企业未来发展的航向，亦是保证公司整体创造价值能力的前提和保障。制定合理有效的战略规划，需要深入调查分析，在充分了解行业内外部整体状况的基

① 腾敏："市值管理背景下公司价值实现问题研究"，集美大学，2017年。

础上，形成对行业发展潜力的有效评估。在明晰行业发展潜力的基础上，制定与企业资源适合的发展策略，合理配置企业的核心能力要素和资源，保证企业的长期发展能力。

（2）有效的公司治理结构。有效的公司治理要在企业高层管理中形成相互制衡关系。因此，为使公司治理有效，需要保障公司董事会、监事会的独立性，使其管理监督职能能够有效发挥；对于公司经营者的监督、约束，需要不断完善激励和约束机制，减少经营者的道德风险和寻租行为。企业还应适当引入外部的战略投资者，对公司股权结构进行优化，有助于避免因股权过于集中而引发的大股东任意谋利的行为。为此，企业还必需要完善内控机制，有效控制各类风险。

（3）优化企业价值链。企业价值链是以企业业务链价值活动为核心所形成的价值链体系，它包含企业价值创造活动的一系列流程与环节。企业需要从其业务活动中识别增值环节和非增值的环节，围绕价值增值活动对业务价值链条进行重组、整合，保留、补充或强化增值环节，精简或消除非增值环节，通过优化企业价值链，提升企业价值创造能力。

（4）培育企业核心能力。企业核心能力是支撑企业获得持续竞争优势的支柱，也是企业价值创造能力的基石。核心能力源于企业的核心资源，是企业保持长期竞争优势、获得稳定超额利润的核心要素的集合，涉及战略导向、核心技术、关键人才、卓越管理、正能量文化等。培育和保持核心能力，需要战略思维引领，需要不断创新变革，需要聚集复合型人才，需要优化知识管理，需要建设学习开放型企业文化，发掘提升企业的价值创造能力的源动力。

2. 价值管理——利用市场高估值的机遇。资本市场对企业价值的高估值能够给企业带来诸多优势及可利用的机会，如降低企业的再融资成本或并购成本，有助于把握有利的并购机会；提高企业实施股权激励效果，强化企业的激励机制等。在高估值背景下，应当充分把握机遇，通过一系列的经营管理手段和对外投资与融资，提升企业价值和发展潜力。

（1）利用股票高估值进行增发、股票质押拓展融资空间。增发和股票质押是企业筹措资金的常用方式。与企业价值低估的情境相比，高估值背景下增发或股票质押，可使企业融通更多的资金，有效降低融资成本。

（2）股权对价方式的收购。企业收购或合并是实现企业扩张的重要手段之一。利用高估值的股票作为对价进行收购，可降低现金收购的成本和债务的压力，同时还可缓解对股权的稀释。

在不同的资本市场行情下，定向增发对股价的影响比较复杂，可能会导致股价的上升或下降；资本市场上公司股票高估值背景下的质押，可能会成为大股东套现的一种手段，股票质押可能蕴含着较大的市场风险；另一方面，股权支付对价方式又可能向市场传递企业高溢价的不利信号。由此可见，利用高估值股票的资本运作会存在双重效应。因此，提升企业内在价值仍然是市值管理的根本手段。

（二）企业价值存在洼地

价值洼地的形成，主要是由于企业内在价值与市场价值之间的信息传导机制不畅，从而使得资本市场对企业的真实价值存在低估。因此，对于处于价值洼地的公司，为促进企业价值的实现，需要强化企业的信息传导机制，向外部传递有效的价值信号，以取得资本市场和投资者的认可。

1. 强化信息传导机制。

（1）信息披露更及时、透明。企业内部的管理者与外部投资者之间，关于企业内部经营等信息存在着不对称性。外部投资者对于企业的了解，依赖于企业的信息披露。企业的信息披露包括强制性信息披露和自愿性信息披露两个方面。

强制性信息披露是企业合法性经营的重要环节之一，企业应当按照相关法律、法规、规章的要求，真实、完善、详尽地对公司的基本情况、主要经营范围、财务状况、发生的重大交易事项、公司所有权归属及董事会成员等基本信息加以披露，以保障信息可用性。

与强制性信息披露相比，自愿性信息披露更能起到与投资者沟通的效果。因此，企业应当基于形象、投资者关系、回避诉讼风险等动机，主动对有关公司的发展战略、社会责任、公司治理效果、未来前景等不涉及公司商业秘密的信息进行有效披露。对于自愿性信息披露，国家并未出台统一的信息披露内容框架指引，因此企业在进行信息披露时，应当尽量做到及时、详尽、准确，使投资者更好地获取有效信息。

（2）加强投资者关系管理。投资者关系管理是企业强化信息沟通，获取投资者关注和认可的有效途径之一。市场对于企业价值的低估，往往与企业缺乏维护投资者关系的主动性相关。因此，加强投资者关系管理，首先，应当培育良好的投资者关系管理文化，提升企业对于投资者关系的主动管理意识以及重视程度；其次，要建立有效的投资者关系管理制度，明确维护投资者关系的职责；再次，要提升企业投资者关系管理的专业性，拓宽并保持与投资者有效的沟通机制和渠道，并及时更新和维护公司相关信息，提高投资者满意度。

2. 价值管理——提升企业市场价值。

（1）股票回购。股票回购可以直接减少企业在资本市场中流通的股票数量，提高股票的每股净资产，进而促进市场供求关系再平衡，有助于提升企业股票价格。同时，也可以向市场传递企业股价被低估的信号，有助于投资者重新审视企业价值、发现价值，并树立对企业的投资信心，最终有助于企业市值的提升。

（2）大股东、公司高管层增持或宣布不减持。对股票进行增持或宣布不减持，一般反映着大股东和高管层对于企业内在价值的认可及发展前景的信心，可以向投资者传递企业发展向好的信号，提高投资者对企业的信心，有助于促进股票价格回归其内在价值。

第五节　估值与决策模型的应用与合理性检验

为了说明估值与决策模型的应用并验证模型结果的合理性，本节将分别使用上述三类估值方法，以CC企业集团财务数据为例，进行企业价值评估测算。最后对比三类方法的估值结果，判断分析估值与决策模型构建的合理性。评估基准日为20X5年12月31日。

一、现金流贴现模型估值测算

（一）确定收益预测期

根据CC企业集团所处的行业、现实发展状况和未来发展规划可以判断，该企业集团适用于两阶段FCFF模型。

$$V = \sum_{t=1}^{n} \frac{FCFF_t}{(1 + WACC)^t} + \frac{\dfrac{FCFF_{n+1}}{(WACC - g_n)}}{(1 + WACC)^n}$$

结合财务模型和CC企业集团现实情况，设定详细预测期为5年，5年之后进入稳定增长期。

通常来讲在稳定增长期内企业的营业收入增长率保持在与宏观经济增长率水平相当的情况。国际货币基金组织（IMF）预期20X6年的全球增长率为3.7%，新兴市场和发展中经济体的增长率20X6年为4.7%。考虑到我国经济增长放缓，所以此处设定CC企业集团的后续期间稳定增长率为4%。

企业未来收益的预测，可以根据其主要财务指标的增长情况，结合企业的发展状况、战略规划、行业特点、国家相关政策及宏观调控等因素进行确定。

（二）预测公司未来自由现金流（FCFF）

根据公司自由现金流的定义，

FCFF = 税后净利润 + 利息费用 ×（1 - 所得税率）+ 折旧与摊销 - 资本性支出 - 营运资金增加

其中，资本性支出 = 固定资产净值增加额 + 无形资产净值增加额 + 投资性房地产增加额 + 在建工程净值增加额；营运资金增加是本年净营运资金与上年净营运资金的差额。营运资金包括流动资产和流动负债。

由上述公式可以看出，对于 FCFF 的预测以企业的净利润为起点，借助企业集团财务模型，考虑预测 CC 企业集团未来 5 年的自由现金流量。

由表 6 - 2 可知，预测的未来五年公司自由现金流量，呈现先降后升的变动趋势。20X7 年公司自由现金流量的迅速下降，主要原因是由于 PPP 项目增多，资本支出加大，但同期增加的 PPP 项目其营业收入将体现在后续年度，从而导致当期自由现金流减少。

表 6 - 2　　CC 企业集团未来自由现金流量（FCFF）预测　　单位：万元

项目/年份	详细预测期				
	20X6E	20X7E	20X8E	20X9E	20X0E
净利润	1 743 982.80	1 901 310.62	2 119 073.37	2 392 737.42	2 714 979.74
加：利息费用	762 826.63	879 140.88	1 008 475.07	1 187 496.16	1 364 071.16
减：利息抵税	190 706.66	219 785.22	252 118.77	296 874.04	341 017.79
息前税后利润	2 316 102.77	2 560 666.28	2 875 429.68	3 283 359.54	3 738 033.12
加：折旧与摊销	1 061 897.68	1 013 534.06	1 096 295.51	1 222 046.48	1 217 903.74

续表

项目/年份	详细预测期				
	20X6E	20X7E	20X8E	20X9E	20X0E
减：资本性支出	816 028.24	3 165 136.00	2 529 810.33	3 177 437.54	3 772 727.32
固定资产增加额	188 609.44	746 169.95	511 548.29	488 085.85	635 103.87
在建工程增加额	(300 166.64)	476 807.19	(169 326.17)	158 095.99	172 053.18
无形资产增加额	901 422.65	1 923 284.57	2 178 639.93	2 522 168.42	2 955 992.99
投资性房地产增加额	26 162.79	18 874.28	8 948.28	9 087.28	9 577.28
减：营运资金增加	(69 074.64)	(143 244.62)	1 176 985.48	209 254.58	(329 379.42)
流动资产增加额	5 626 426.85	3 130 493.36	5 270 423.22	4 492 643.05	6 103 547.52
流动负债增加额	5 695 501.49	3 273 737.98	4 093 437.74	4 283 388.47	6 432 926.93
公司自由现金流（FCFF）	2 631 046.86	552 308.96	264 929.37	1 118 713.91	1 512 588.95

（三）贴现率 WACC。企业自由现金流量的贴现率 r 采用加权平均资本成本（WACC），即债务资本成本和股权资本成本的加权平均。

（1）债务资本成本计算。通常在计算债务资本成本时，是根据企业的债务结构，结合中国人民银行发布的短期和长期贷款利率进行估计。由于 CC 企业集团的融资工具、负债利率以及债务结构较为稳定，所以此处使用利息支出总额和平均带息负债来预估税前债务资本成本。

税前债务资本成本 = 利息支出总额/平均带息负债额

由表 6 - 3 可知，CC 企业集团的税前债务资本成本率为 6.31%，高于中国人民银行的中长期贷款基准利率。

表 6-3　　CC 企业集团债务资本成本计算表　　单位：万元

利息支出总额	1 406 305.36
平均带息负债额	22 275 050.93
税前债务资本成本	6.31%

（2）股权资本成本计算。采用资本资产定价模型（CAPM）对权益资本成本进行估计。权益资本成本的计算公式如下：

$r = R_f + \beta(R_m - R_f)$

①β 系数。β 系数用于度量权益资本投资面临的系统性风险的大小，是资本资产定价模型的主要参数，反映了投资标的股票收益率随市场收益率变动的相对幅度。面对具有高 β 值（>1）的股票，投资者会要求超过市场平均风险溢价的超额回报。

β 系数的获取通常有两种方式：一是通过专业机构数据取得，例如国泰安数据库（CSMR）和 wind 数据库直接获取。二是采用回归分析方法。通过对单只股票的收益率与市场收益率的相关关系进行回归分析，计算得到的回归方程斜率即为该只股票的 β 值。CSMR 数据库中的 β 数值显示，CC 企业集团 20X3 年的 β 值为 0.9480；20X4 年的 β 值为 0.9692；20X5 年的 β 值为 0.9508。由该数据可以看出 CC 企业集团的 β 值较为稳定，所以取这三年的平均值 0.96 作为 β 系数。

②无风险报酬率 R_f。对于无风险报酬率的取值选择，业界存在不同的看法，或选取当年政府短期债券利率或长期政府债券利率作为参考值。本书参照评估基准日近 5 年发行的中长期国债利率的平均水平，按照 10 年期以上国债利率平均水平确定无风险收益率 R_f 的近似值，即 $R_f = 4.08\%$。

③市场平均收益率 R_m。一般认为，股票指数的波动能够反映市场整体的波动情况，可考虑用资本市场股票指数的长期平均收益率来反映市场期望的平均报酬率。因此，本节选取过去 5 年上证综合指数自

由竞价交易以来至评估基准日的指数平均收益率进行测算，得出市场平均收益率的近似值，即 $R_m = 11.24\%$。

根据相关数据，计算所得的CC企业集团股权资本成本如表6－3所示。

表6－4　　CC企业集团股权资本成本计算表

无风险利率 R_f	4.08%
预期市场回报率 R_m	11.24%
市场风险溢价（$R_f - R_m$）	7.16%
资产的系统性风险 β	0.96
股权资本成本	10.93%

（3）加权平均资本计算。根据计算所得的债务资本成本和股权资本成本，加权资本成本（WACC）计算如表6－5所示。

表6－5　　CC企业集团加权资本成本（WACC）表　　单位：万元

债务资本成本率	6.31%
股权资本成本率	10.93%
平均带息负债额	22 275 050.93
平均所有者权益	15 089 106.91
权益＋带息负债	37 364 157.85
平均资本成本	7.23%

如表6－5可知，CC企业集团的平均资本成本为7.23%。

（四）企业价值评估。根据FCFF两阶段估值模型，计算所得CC企业集团的企业价值如表6－6所示。

表6－6　　CC企业集团企业价值计算表　　单位：万元

项目/年份	详细预测期					稳定增长期
	20X6E	20X7E	20X8E	20X9E	20X0E	
公司自由现金流	2 631 046.86	552 308.96	264 929.37	1 118 713.91	1 512 588.95	1 573 092.50
贴现率（WACC）	7.23%					
稳定增长率（g）	4.00%					

续表

项目/年份	详细预测期					稳定增长期
	20X6E	20X7E	20X8E	20X9E	20X0E	
贴现系数	0.93	0.87	0.81	0.76	0.71	21.80
每年现值	2 453 537.60	480 297.53	214 843.65	846 010.15	1 066 698.28	34 294 425.62
企业价值	39 355 812.82					

运用 FCFF 估值模型，CC 企业集团估值为 3 936 亿元。

二、市场法模型估值测算

（一）可比企业的选择

根据 CC 集团实际情况分析，选择 TJ、ZT、ZJ、DJ 四家建筑行业上市公司作为参照企业。

（二）可比企业估值乘数计算

评估基准日，四家可比企业的市盈率和市净率如表 6－7 所示。

表 6－7　　可比企业市盈率和市净率

可比企业	市盈率	市净率
TJ	13.69	1.42
ZT	21.17	1.79
ZJ	5.29	0.80
DJ	19.03	1.58
平均值	14.79	1.40

从表 6－7 可以看出，在四家企业中，ZT 企业集团的市盈率和市净率最高，而 ZJ 企业集团的最低，计算得到可比企业的平均市盈率为 14.97，平均市净率为 1.40。

（三）目标企业 EPS 和每股净资产

根据 CC 企业集团 20X5 年的年报数据，可以计算评估基准日目标企业（CC企业集团）的每股收益和每股净资产，如表6－8所示。

表6－8　　CC企业集团每股收益和每股净资产　　单位：万元

净利润	1 578 930.09
净资产	16 956 444.93
总股本	1 617 473.54
EPS	0.98
每股净资产	10.48

（四）企业价值评估

根据计算得到可比企业的市盈率（或市净率），进而计算目标企业（CC企业集团）的评估价值。

表6－9　　CC企业集团企业价值计算表　　单位：万元

项目	市盈率模型	市净率模型
平均市盈率（平均市净率）	14.79	1.40
净利润/净资产	1 578 930.09	16 956 444.93
EPS/每股净资产	0.98	10.48
每股股价	14.44	14.65
总价值	23 358 662.59	23 702 117.20

运用市盈率估值模型，CC企业集团估值为2 336亿元；运用市净率估值模型，CC企业集团估值为2 370亿元。两个相对估值模型的估算结果接近。CC企业集团为上市公司，在评估基准日（即20X5年12月31日），其沪市A股的股票收盘价为13.41元，总市值为2 169亿元，与市场法估值结果接近，在一定程度上验证了估值模型的可靠性。

考虑到我国资本市场呈弱型市场效率，对比发达国家成熟资本市场同类型企业的PE，可以验证市场法估值模式的可靠性。美国《工程新闻记录》杂志（ENR）每年都会发布ENR全球工程承包商250强榜单，在榜单前列的西班牙ACS集团的PE接近11，法国万喜集团的接近16，与我国建筑行业的PE相差不大，且均处于10—20的正常比率区间，所以可以认为我国的建筑行业的资本市场表现处于相对理性的状态。

三、经济增加值模型估值测算

（一）确定收益预测期

根据CC集团所处的行业、现实发展状况和未来发展规划可以判断，该企业集团适用于两阶段EVA估值模型。

与FCFF估值模型应用算法相同，设定快速增长期为5年，5年之后进入稳定增长阶段，永续增长率为4%。

（二）预测企业息前税后净营业利润（NOPAT）

如前所述，根据国务院国资委对息前税后净营业利润的定义，NOPAT = 净利润 +（利息支出 + 研究开发费用调整项 - 非经常性收益调整项 × 50%）×（1 - 25%）。在构建企业财务模型过程中，就非经常性损益项目而言难以捕捉其规律，考虑设定未来各年度数值等于基期，所以对于息前税后净营业利润中的非经常性收益调整项不做考虑。借助财务模型，预测CC企业集团未来各年息前税后净营业利润如表6 - 10所示。

表6 - 10　　CC企业集团税后净营业利润计算表　　单位：万元

项目/年份	非稳定（快速）增长期				
	20X6E	20X7E	20X8E	20X9E	20X0E
净利润	1 743 982.80	1 901 310.62	2 119 073.37	2 392 737.42	2 714 979.74
费用化利息支出	952 091.12	1 114 605.76	1 282 978.86	1 502 665.41	1 731 968.54
研究与开发费	538 614.48	618 105.58	748 040.09	757 568.14	857 814.97
息前税后净营业利润（NOPAT）	2 862 012.00	3 200 844.12	3 642 337.59	4 087 912.58	4 657 317.38

从表 6 - 10 数据可以看出，预期 CC 企业集团未来税后净营业利润呈现上升趋势，这主要是由净利润的逐年递增所带来的。

（三）预测企业调整后投入资本（TC）

如前所述，根据国务院国资委对调整后投入资本的定义，TC（调整后投入资本）= 平均所有者权益 + 平均带息负债 - 平均在建工程。据此，计算企业未来 5 年调整后投入资本如表 6 - 11 所示。

表 6 - 11　　CC 企业集团调整后资本计算表　　单位：万元

项目/年份	非稳定（快速）速增长期				
	20X6E	20X7E	20X8E	20X9E	20X0E
平均所有者权益	17 891 259.01	19 652 811.95	21 407 924.37	23 392 396.56	25 654 991.46
平均带息负债	24 576 299.57	28 439 029.46	33 142 073.24	38 404 541.36	44 179 219.21
平均在建工程	1 169 124.01	1 257 444.29	1 411 184.79	1 405 569.71	1 570 644.29
调整后资本	41 298 434.57	46 834 397.13	53 138 812.82	60 391 368.21	68 263 566.38

从表 6 - 11 可以看出，预期 CC 企业集团未来的调整后投入资本亦呈现递增趋势。

（四）贴现率（WACC）

WACC 表示企业债务资本成本和权益资本成本的加权平均，无论是采用 EVA 方法还是 FCFF 方法，WACC 的计算方法相同。因此，按照前述 FCFF 方法的数据计算所得的加权平均资本成本取值，即 7.23%。

（五）计算 EVA

根据 EVA 计算公式，CC 企业集团未来各期 EVA 计算如表 6 - 12 所示。

表 6-12　　CC 企业集团预期 EVA 计算表　　单位：万元

项目/年份	非稳定（快速）增长期				
	20X6E	20X7E	20X8E	20X9E	20X0E
息前税后净营业利润（NOPAT）	2 862 012.00	3 200 844.12	3 642 337.59	4 087 912.58	4 657 317.38
调整后资本	41 298 434.57	46 834 397.13	53 138 812.82	60 391 368.21	68 263 566.38
平均资本成本率（WACC）	7.23%	7.23%	7.23%	7.23%	7.23%
EVA	(1 258 593 378)	(1 875 446 734)	(2 021 649 371)	(2 812 999 606)	(2 814 352 799)

从表 6-12 可以看出，虽然息前税后净营业利润逐年递增，但是由于调整后的资本也逐年递增、增速更快，同时 WACC 偏高，导致 EVA 呈现负值，呈逐年递减的状态。

（六）企业价值评估

根据预期 EVA、贴现率和后期稳定增长率，可以计算企业整体价值，如表 6-13 所示。

表 6-13　　CC 企业集团企业价值计算表　　单位：万元

项目/年份	非稳定（快速）增长期					稳定增长期
	20X6E	20X7E	20X8E	20X9E	20X0E	
EVA	(125 859.34)	(187 544.67)	(202 164.94)	(281 299.96)	(281 435.28)	(292 692.69)
贴现率(WACC)	7.73%					
后期增长率(g)	4.00%					
贴现系数	0.93	0.87	0.81	0.76	0.71	21.80
各年度现值	(117 367.97)	(163 092.13)	(163 945.02)	(212 728.76)	(198 471.98)	(6 380 888.41)
初始投入资本	402 231 206 093					
企业价值	32 986 626.34					

采用 EVA 估值模型，CC 企业集团估值为 3 299 亿元，估值结果介于 FCFF 估值模型与市盈（净）率估值模型结果之间。表 6-14 给出

了三种估值模型的估值结果对比。

表6-14 三种估值模型估值结果对比

估值模型	现金流贴现模型	相对估值模型		经济利润模型
	FCFF估值模型	市盈率估值模型	市净率估值模型	EVA估值模型
企业价值（万元）	39 355 812.82	23 358 662.59	23 702 117.20	32 986 626.34
每股股价（元）	24.33	14.44	14.65	20.39

三类模型的估值结果总体来看相差不大。相对估值模型的结果低于现金流贴现模型和经济利润模型，分析其根本原因，主要在于估值的内在逻辑不同。经济利润模型和现金流贴现模型都是从个体企业的基础财务数据出发，探究企业价值创造的内在动力，而相对估值模型则是基于资本市场的股价。虽然从理论意义上讲，股价应反映公司的内在价值，但受资本市场的投机因素、供求关系、宏观政治环境等因素的影响，可能表现出非理性的特征，即股价会偏离企业的内在价值。

通过我国建筑行业市盈率与国际同类可比企业的对比可以发现，我国建筑行业的市盈率总体来看属于相对理性的状态，CC企业集团相对估值模型计算结果接近企业的净资产值。考虑到国内建筑工程承包市场竞争激烈，企业国内市场拓展面临压力。在国家大力倡导和推动"一带一路"建设，将有助于建筑企业面向海外开拓基础设施建设市场。在带动多边经济共同发展的政治环境背景下，作为民生工程的支柱型产业，建筑企业担当着推动"一带一路"建设的重要作用。作为行业的领先者，CC企业集团通过多年的资本积累和国际经营战略布局，在众多层面都展现了企业强大的内生发展动力，从这一层面来看，相对估值法的估值结果因对此尚未有预期，则可能低估了其内在价值创造能力。

为此，投资者在对企业集团进行价值评估时，应当针对不同的行业、不同的公司的特征情形，合理选择估值方法，从价值增长机理和驱动因素的角度评估企业内在价值，也在一定程度上促使股价回归真实价值。

此外，多元化业务企业集团会同时开展和经营多项业务，各项业务对企业绩效均产生影响，对企业的重要性都不容忽视。各项业务经营可能处于不同的行业、不同的产品市场领域，面临的市场竞争会有所不同。伴随着企业持续经营和市场需求的变化，这些业务会有着不同的市场与发展趋势，同时，也会面临着不同的风险环境，要求的风险报酬也会有所差异。因此，对于经营业务相关多元化的的企业集团，应当运用这三类估值模型，对各业务板块分别估值，并探究企业集团的合理估值。

本章小结

本章主要介绍了企业估值与决策模型构建的整体思路。模型通过参数输入，经过模型运算，模型输出端给出企业内在价值的估算结果。将估算结果与企业市值对比，分别就价值泡沫和价值洼地两种情况，结合企业实际，提供相应的市值管理策略。本章还通过三类估值方法的例子，对估值与决策模型构建的合理性进行了检验，验证了模型的合理性。

通过估值与决策模型的构建，可以相对准确地反映企业的内在价值，并根据价值低估和高估两种情况，提供相应的市值管理对策，促使企业管理人员做出科学的投资与融资决策，优化资源配置，实现企业价值最大化。

第七章

企业集团财务模型应用3：PPP项目财务决策

公私合作制（PPP）项目基础设施建设具有情况复杂、体量大、风险高、影响时间长等突出特点，因此如何科学合理地进行PPP项目的财务决策也成为影响企业整体发展的核心问题之一。如何将PPP项目的财务决策纳入到企业集团财务模型中也是面临的挑战之一。

本章在介绍PPP项目概况的基础上，分别从单体项目视角和集团整体视角对PPP项目的财务决策展开研究，并结合CC企业集团的YH高速公路项目进行实例分析，阐释财务模型在PPP项目财务决策中的应用。

第一节 PPP项目概述

20世纪90年代中期，PPP模式被世界银行及亚洲开发银行作为一种新型的项目融资方式引入我国。PPP 模式在我国发展经历了三个阶段：第一阶段，1995—2003 年，以吸引外商投资为主要目的 PPP 项目试点阶段；第二阶段，2004—2013 年，以实用主义为特征的 PPP 项目推广阶段；第三阶段，2014 年至今，建章立制推动 PPP 项目规范发展阶段[①]。自 1995 年开始应用 PPP 模式以来，其涉及的项目集中于基础设施等公共服务领域，主要包括公路、铁路、城市交通、桥梁、医院、体育场馆等。本节主要介绍 PPP 项目的概念与特征、PPP 项目的运作模式、PPP 项目的项目结构及 PPP 项目对企业集团财务的影响，为后续 PPP 项目财务决策的分析奠定基础。

一、PPP 项目的概念与特征

（一）概念界定

根据我国财政部在《关于推广运用政府和社会资本合作模式有关问题的通知》（财金〔2014〕76 号）中的规定，公私合作制（Public Private Partnership，以下简称 PPP）是公私双方在基础设施及公共服务领域建立的一种长期合作关系。通常 PPP 项目的实施是由社会资本承担设计、建设、运营、维护基础设施等项目环节，并通过“使用者付费”及必要的“政府付费”获得合理投资回报；政府部门负责基础设施及公共服务价格和质量监管，保证公共利益最大化。

PPP 一词早在 20 世纪 80 年代由英国政府提出，是指政府通过与私营资本签订长期合作协议的形式，将基础设施项目的建设、运营以及管理等工作授权与私营资本方承担。广义的 PPP 即为公私合作模式，是面向公共基础设施的一种项目融资模式，指政府公共部门与私营部门合作过程中，让非公共部门所拥有的资源参与提供公共产品和

① 当前中国 PPP 的发展现状以及存在的问题，https：//www. sohu. com/a/193837604_263888。

服务，从而实现政府公共部门的职能并同时也为私营部门带来利益回报。通过这种合作和管理过程，可以在不排除并适当满足私营部门投资赢利目标的同时，为社会更有效率地提供公共产品和服务，使有限的资源发挥更大的作用。狭义的PPP是指政府与私营部门合营组成特殊目的基础设施项目机构（SPV），引入社会资本，共同设计开发，共同承担风险，全过程合作，项目合作期满后再移交给政府的公共服务开发运营方式①。

（二）PPP模式的特点

与传统融资模式相比，PPP模式主要具有如下三方面的特点：

1. 伙伴关系。公共部门之所以有意愿与私营部门合作并形成伙伴关系，核心问题在于PPP模式可以通过实施基础设施项目来满足公私双方各自的利益目标，即政府以其有限的资金，撬动社会资本参与投资，实现公共产品或服务的供给最大化，私营部门则通过投资满足其稳定的回报要求。由于基础设施项目的长期性特征，公私双方需要保持其伙伴关系的长久与发展，为此，PPP项目还具有另外两个显著特征，合作双方利益共享和风险共担。

2. 利益共享。鉴于及设施项目的公益性特征，政府并不以分享利润为目的，而应谋求公共福利最大化，要对公共产品及服务的价格进行监管，即限制私营部门在基础设施项目投资过程中形成超额利润。利益共享除了指共享PPP项目的社会成果之外，也包括使作为参与者的企业（社会资本）获得必要、稳定的投资回报。

3. 风险共担。PPP项目的实施，应考虑合作双方风险的最优应对、合理分担，使项目整体风险最小化。与公、私双方各自追求其风险最小化相比，追求项目整体风险最小化的管理模式能够取得更好的

① 中国政府采购网，http：//www.ccgp.gov.cn/ppp/zs/201506/t20150612_5411222.htm。

效果，更有利于实现收益与风险的平衡，带来“一加一大于二”的机制效应[①]。

二、PPP 项目的运作模式

PPP 融资结构复杂，涉及政府部门、融资机构、承包商、采购商、运营商、用户等多方参与。由项目公司与众多参与方共同合作，签订相应的合同，协调各方利益，保证项目成功实施。目前国内 PPP 项目在操作模式上，一般是由代表政府方出资的股权投资机构（平台公司）与社会投资方合作，双方合资成立一个项目公司，项目公司按 PPP 模式进行项目建设及运营。PPP 项目参与方之间的一般结构关系如图 7－1 所示。

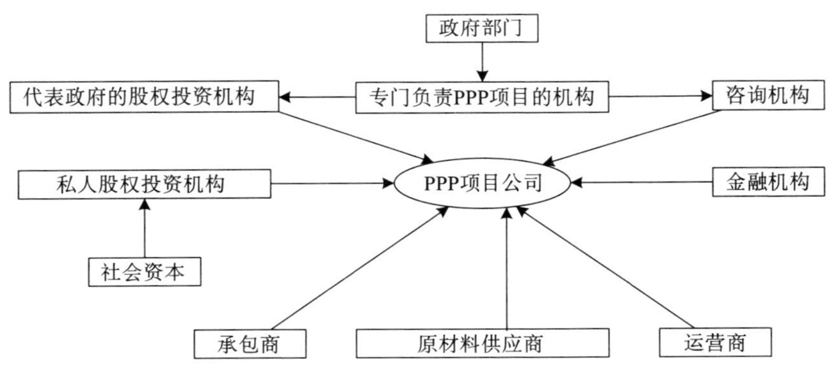

图 7－1　PPP 项目合作方关系图

如图 7－1 所示，政府方股权投资机构与社会投资方成立公路项目公司（特殊目的公司，SPL）。在项目公司中，政府部门代表应不具有对公司的实际控制力及管理权。项目公司与政府部门指定的实施机构（一般为行业主管部门）签订特许经营协议。PPP 项目的实施应能满

① 贾康、孙洁：“公私伙伴关系（PPP）的概念、起源、特征与功能”，《财政研究》，2009 年第 10 期。

足社会投资方的必要回报，且不让其谋取高额利润。通常情况下会测算社会投资方收益的上限与下限，超出上限的收益归政府所有，或与政府方股权投资机构分成，不足下限部分由政府方财政根据可行性缺口予以部分补贴。以建设一条经营性收费公路为例，就收费公路而言，需要规定上限车流量与下限车流量以及相应的收费价格，政府方与社会资本方协商风险分担的条件[①]。

在 PPP 项目结构设计中，通常考虑项目类型、政府的市场化目标以及社会资本的投资目标、政府或国有企业的参与方式、项目建设范围和资产范围、项目资产权属、项目运营安排、计划实施进度、政府监管体系、价格水平及收费机制等问题。不同的项目性质所需项目结构会有所不同，项目公司需要根据具体情况考虑搭建特定的项目结构。

三、PPP 项目的主要类型及应用

PPP 项目实施过程中，其运作模式的选择主要由项目类型、融资方式、改扩建需求、收费定价机制和期满处置等因素决定。PPP 广义范畴内的运作模式主要包括三大类：外包类、特许经营类及私有化类（如图 7－2 所示）。

（一）外包类

此类 PPP 项目一般是由政府投资，私营部门承包整个项目中的一项或几项职能，例如只承担工程建设，或受政府之托代为管理维护设施或提供部分公共服务，并通过政府付费实现收益。在外包类 PPP 项目中，私营部门承担的风险相对较小。

（二）特许经营类

此类项目需要私营部门参与部分或全部投资，并通过一定的合作

① 唐泽林：“PPP 模式的特点及其在公路建设中的应用”，《交通世界》，2018 年第 14 期。

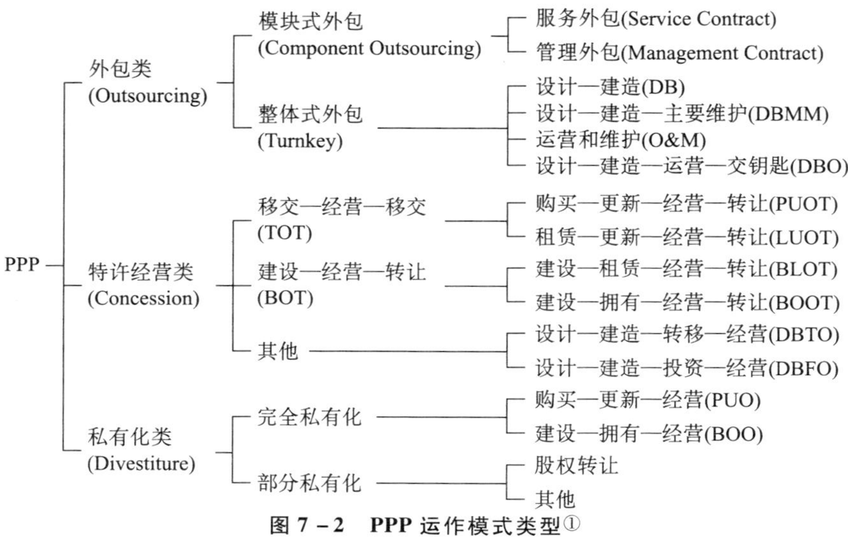

图 7－2　PPP 运作模式类型①

机制与公共部门分担项目风险、共享项目收益。根据项目的实际收益情况，公共部门可能会向特许经营公司收取一定的特许经营费或给予一定的补偿，这需要公共部门协调好私营部门获利与项目公益性两者之间的平衡关系，特许经营类项目能否可持续在很大程度上取决于政府部门的管理决策水平。

通过建立有效的监管机制，特许经营类项目能够充分发挥双方各自的优势，节约项目整体的建设和运营成本，同时满足公共产品及服务的质量要求。根据 PPP 项目的约定，项目资产最终归公共部门所有，因此一般存在使用权和所有权的移交过程，即项目合同结束后要求私营部门将项目的使用权或所有权移交给公共部门。

（三）私有化类

此类 PPP 项目需要私营部门承担项目的全部投资，在政府部门监

---

① 王灏："PPP 的定义和分类研究"，《都市快轨交通》，2004 年第 5 期，第 23—27 页。

管下，通过向用户收费来收回投资并实现利润回报。由于私有化类PPP项目的所有权永久归私营部门拥有，并且不具备有限追索的特性，因此私营部门在该类PPP项目中承担的风险最大。

随着PPP项目的广泛应用，实践中已有诸多实施模式，其各类模式及含义如表7-1所示。

表7-1 PPP各类模式及其含义

模式名	英文含义	中文含义
Service Contract	Service Contract	服务外包
Management Contract	Management Contract	管理外包
DB	Design - Build - Transfer	设计—建造
DBMM	Design - Build - Major Maintenance	设计—建造—主要维护
O&M	Operation&Maintenance	运营和维护
DBO	Design - Build - Operate （Super Turnkey）	设计—建造—运营—交钥匙
LUOT	Lease - Upgrade - Operate - Transfer	租赁—更新—经营—转让
PUOT	Purchase - Upgrade - Operate - Transfer	购买—更新—经营—转让
BLOT	Build - Lease - Operate - Transfer	建设—租赁—经营—转让
BOOT	Build - Own - Operate - Transfer	建设—拥有—经营—转让
DBTO	Design - Build - Transfer - Operate	设计—建造—转移—经营
DBFO	Design - Build - Finance - Operate	设计—建造—投资—经营
PUO	Purchase - Upgrade - Operate	购买—更新—经营
BOO	Build - Own - Operate	建设—拥有—经营

虽然广义PPP模式具有诸多形式，但具体采用哪种模式要根据当地政府的具体情况和公共基础设施相关情况来确定。《国家发展改革委员会关于开展政府和社会资本合作的指导意见》规定："各地根据当地实际情况和项目特点，积极探索、大胆创新，增强吸引社会资本能力，并灵活探索多种PPP模式，切实提高项目运作效率。"

四、PPP 项目不同阶段的风险识别

PPP 项目全生命周期是指 PPP 项目从决策开始到投入运营的整个生命周期过程，它包括投资决策、融资、建设及运营阶段。

（一）PPP 项目全生命周期风险识别

1. 投资决策风险。PPP 项目在投资决策过程中需要识别影响项目实施的各类不确定因素，进行可行性研究和判别。需要考量 PPP 模式的选择是否存在不同风险因素及程度大小，如私营机构作为合作伙伴缺乏社会责任，其投资行为短期化有损公共利益的风险，导致公众的反对或抨击等。

2. 融资风险。PPP 项目融资对 PPP 项目实施方案的可行性提供了关键支撑作用。PPP 项目能否成功实施，融资方案至关重要。融资风险受项目资金规模、融资结构、金融市场波动、融资渠道及融资成本、资金筹措要求等诸多因素的影响；影响融资成本的风险因素还包括市场利率变动、外汇汇率变化、外汇可兑换程度、通货膨胀等。

3. 建设期风险。建设期是 PPP 项目开始正式进入建设过程的阶段，该期间风险与 PPP 工程项目本身直接相关。如设计变更风险、技术风险（如技术标准与工艺流程选择）、质量风险、进度风险（如行政干预工程变更、不可抗力、施工设备不足、施工组织管理不科学、宗教因素）、建设成本风险（如原材料物价、人力工资、资源浪费、施工操作不规范、设备损坏）、资金风险等。

4. 运营期风险。PPP 项目建设完成后进入运营期，在该阶段项目公司实施运营，收回投资成本。运营风险主要包括：运营收入（价格）低于预期、人工成本与维护费用上涨、运营经验不足、管理不规范、运营效率低、运营资金风险（如政府或用户资金不足，不能按时支付费用）等。

（二）PPP 项目风险特征梳理

对不同类型的 PPP 项目存在的风险千差万别，需要甄别风险类型及其特点，有针对性的进行判别分析，并采取相应的应对措施。

1. 不同类型基础设施项目风险。各类型基础设施项目都存在一些共性风险，但因项目类型不同其面临的风险特征也有所不同。针对不同类型基础设施项目的风险类型及特点进行深入研究，有助于风险防范更具针对性。

2. 项目参与主体特征风险。在 PPP 项目中，不同的参与主体面临的风险类型及特点往往存在差异。辨识 PPP 项目参与主体的风险特征，有助于参与主体明晰其面临的各种风险中哪些是主要或是重大风险，有针对性地采取应对防范措施，进而有效促进整个项目缩短工期，提高效率，降低成本。

3. 项目阶段特征风险。实践表明，各类风险的出现具有明显的阶段性特征。结合 PPP 项目的特点，识别项目风险的阶段性特征，能够有助于项目参与主体在特定阶段重点关注可能发生的风险，对风险的识别、防范与分担更具目标责任和侧重点，重点管控项目生命周期内的重大风险。

五、PPP 项目的税赋影响

从 PPP 项目建设、运营、移交等主要阶段综合来看，增值税、企业所得税、印花税、城市维护建设税等是 PPP 项目参与主体都涉及的税种，但不同行业可能存在税率差别及税收优惠政策。其他税种，依据 PPP 项目实际情况不同，项目各参与主体可能涉及，也可能不涉及，因人而异。我国税制自 2016 年实施营改增政策后，对 PPP 项目预测产生了较大影响。2016 年 3 月，财政部、国家税务总局发布《关于全面推开营业税改征增值税试点的通知》（财税〔2016〕36 号），明确自 2016 年 5 月 1 日起，在全国范围内全面推开营改增试点，建筑业、房地产业、金融业、生活服务业等营业税纳税人全部纳入试点范围，由缴纳营业税改为缴纳增值税。

针对 PPP 项目建设，营改增税制带来的影响，应当重点关注以下两个方面：

（一）贷款利息支出不允许抵扣

PPP 项目资金需求大且占用时间长，除自有资本投入外，大部分项目资金缺口需要通过贷款解决。但是营改增规定发布以后，根据国家财税〔2016〕36 号文《营业税改征增值税试点实施办法》第二十七条第（六）款规定，“纳税人购进的贷款服务及纳税人接受贷款服务向贷款方支付的与该笔贷款直接相关的投融资顾问费、手续费、咨询费等费用，其进项税额不得从销项税额中抵扣”①。即企业间贷款发生的利息属于贷款服务，利息支出的进项税额不得从销项税额中抵扣。因此 PPP 项目公司所支付的利息费用及相关的其他费用在营改增之后需要缴纳增值税，且这部分税额无法做进项抵扣，这样会较大程度增加项目成本。

（二）增值税进项税额、销项税额匹配管理

从企业集团角度的税务管理来看，较为理想的状态是使销项税额和进项税额在发生时间、发生主体上都相互匹配。但是实际中，由于 PPP 项目建设期间投资额大，建造周期长，项目运营收入取得时间滞

---

① 根据营改增条款中“贷款服务”的注释，接受贷款服务，是指接受将资金贷与他人使用而取得利息收入的服务，包括各种占用、拆借资金取得的支出，包括金融商品持有期间（含到期）利息（保本收益、报酬、资金占用费、补偿金等）支出、信用卡透支利息支出、买入返售金融商品利息支出、融资融券收取的利息支出，以及融资性售后回租、押汇、罚息、票据贴现、转贷等业务取得的利息及利息性质的支出，以及接受以货币资金投资支付的固定利润或者保底利润的支出。

后，进项税额、销项税额错配问题比较严重。即当 PPP 项目处于建设期阶段时没有营业收入，项目公司可能缺乏销项税额，但存在大量进项税额在很长一段时间内无法抵扣；而当 PPP 项目处于运营期阶段，项目公司可能缺乏进项税额，营业收入增加存在大量销项税额，从而面临大额应付税款。因此，PPP 项目建设公司应注重合理安排其项目结构和运营模式，使得大量 PPP 项目在不同时期的进项税额和销项税额得到匹配。

六、PPP 项目对企业集团财务的影响

由于 PPP 项目一般投资较大，对于整个企业集团而言，每新增一个 PPP 项目都会对企业集团的财务状况产生影响，并且 PPP 项目具有持续时间长、资本回收期长的特点，新增的 PPP 项目其持续期间会一直产生影响。以下主要说明 PPP 项目在建设期和运营期对企业集团财务指标的影响：

（一）PPP 项目建设期对企业集团的影响

建设期间会存在与 PPP 项目本身直接相关的风险，需要企业集团特别关注，如施工风险、设计变更风险、质量风险、进度风险、资金风险等；该期间主要涉及的税种包括增值税、耕地占用税、土地使用税、契税等。处于建设期的 PPP 项目以资本投入为主，且投入资本中相当比例为贷款。因此建设期 PPP 项目一般会增加企业集团的资产负债而无营业收入。在此期间，对企业集团影响主要体现在资产质量状况、债务风险状况等方面，企业集团应关注项目的指标有资产负债率、资产周转率、利息保障倍数以及 EVA（经济增加值）等。

（二）PPP 项目运营期对企业集团的影响

该期间 PPP 项目公司实施运营，收回投资成本，风险主要包括：

运营收入（价格）低于预期、人工成本与维护费用上涨、运营资金风险等。在运营期主要涉及的税种是增值税、企业所得税、土地使用税等。PPP 项目进入运营期后，产生营业收入和运营成本，同时还需偿还贷款利息和本金。因此在 PPP 项目运营期，一般会伴随有企业集团资产负债率降低、经营状况向好的情况下会增加盈利能力。在此期间，企业集团在关注资产质量状况、债务风险状况的同时，还应注重盈利能力、经营增长等指标，如净资产收益率、经济增加值 EVA（经济增加值）等。

第二节 PPP 单体项目财务决策

在财务模型预测中，由于 PPP 项目涉及资金规模较大，对企业集团经营成果的影响显著，因此需专门对建设期和运营期的 PPP 项目进行预测。PPP 项目的外部效应显著，其资金来源于政府和社会资本，因此其兼具公益属性和商品属性的特点。项目决策贯穿整个生命周期，越是项目前期的决策对项目实施的影响会越大。在 PPP 项目单体决策过程中涉及投资决策、融资决策和运营决策三个环节。其中投资决策主要由可行性研究阶段过程完成，会兼顾其公益性和盈利性的特点，运用相关模型展开分析；融资决策主要延续前序章节对于融资缺口和融资方式的判断，依托模型制定较为合适的融资方案；运作情况的预测主要结合 PPP 项目的特点分别从建设期和运营期展开。

一、PPP 项目投资决策

PPP 项目一般具有投资额大、运营周期长、不可预见因素多等特点，从而致使在项目前期无法全面、准确地对项目的未来实施做出预判，极大增加了项目投资决策的难度。PPP 项目在投资决策中，项目的可行性研究是重要的组成部分。财务模型中更多的是对于项目建设和运营阶段的分析预测，是以可行性研究为前提的。对于项目可行性研究阶段的投资分析方法和案例分析下文会进行相关阐述和分析。

（一）PPP 项目评价方法

项目的投资决策归根结底是在投资成本、由投资产生的预期现金流（经营收入和经营成本）以及资本成本（或资本回报）之间进行权衡。选择正确的投资决策方法，准确把握投资项目的真实价值至关重要。一般而言，在实践中大多数 PPP 项目投资都采用的是传统的工程项目投资决策方法，主要包括投资回收期法、净现值法、内部收益率法等。鉴于 PPP 项目投资于基础设施建设，具有公益属性特征，一定程度上得益于政府承诺及政策支持，其现金流相对于其他商业领域工程项目更为稳定。

1. 净现值法。净现值法（Net Present Value，NPV），是指一项投资所产生的未来现金流（包括初始投资）的现值，用于对投资项目进行评价。当投资评价结果的净现值为正值时，表明投资方案可行，若净现值为负值，则投资方案不可行。净现值法属于传统的投资决策评价的方法，反映了投资项目出资人的报酬率要求。该方法只对投资项目的预期盈亏状况进行判断，尚不能体现投资项目的实际报酬率。

2. 内部收益率法。内部收益率（Internal Rate of Return，IRR），是指投资项目的现金流入现值总额与现金流出现值总额相等时的贴现率，即项目净现值为零时的贴现率。项目评价时，通常将内部收益率与项目的资本成本（r）进行比较。若 IRR≥r，则项目可行；若 IRR＜r，则项目不可行。项目的内部收益率可以理解为项目融资成本的上限。

3. 投资回收期法。投资回收期是指项目收回全部投资（初始投资成本）所需要的年限，可分为静态投资回收期或动态投资回收期。静态投资回收期未考虑项目建设期间的贷款利息，动态投资回收期考虑了项目建设期间的贷款利息，将贷款利息资本化并计入项目的固定折旧，进行投资回收期计算。投资评价标准为，若动态投资回收期≤基准回收期（为投资者所能接受），则表示项目可以接受，反之，项目不可行。

4. 净现值评价模型的局限与改进。

（1）传统净现值分析方法的局限性。传统净现值分析方法是基于投资可盈利项目的假设（即不考虑项目公益性），对权益资本的经济属性不进行区分（隐含的假设是所有类型的权益资本的回报要求相同），并且在项目运行期间对项目的固定资产全额计提折旧。

本节研究的问题是针对 PPP 项目这类具有公益属性（如公共基础设施）的投资项目如何进行评价，为此，采用的方法是对传统的净现值分析方法进行创新性的改进。丁慧平等人（2012）的研究观点认为，应当对不同来源的权益资本的经济属性及其对回报要求的差异特征进行区分，提出对于不同的权益资本，要根据其经济属性特征（即谋求投资经济性的偏好程度）区分它们对投资资本回报的要求；当投资项目具有公益属性特征时，尤其是初始投资额巨大的项目，不一定要求全额提取折旧；且政府作为权益资本出资方，不应谋求资本回报；由此从理论上阐释了该观点认知的经济逻辑，并在改进的净现值盈亏平衡分析计算公式中予以体现。就理论角度而言，这对传统的项目净现值方法就其应用假设条件进行了松弛性拓展，扩大了该方法的适用性和应用范围。对该研究所提出的改进的项目投资净现值评价模型阐释如下：

（2）改进的项目投资净现值评价模型。为便于分析，定义如下变量：I = 项目初始投资；I_G = 初始投资中政府资金投入部分；I_P = 初始投资中民营资本投入部分；d_G = 政府资金投入中的债务资金比率；d_P = 民营资本投入中的债务资金比率；r_G = 政府资本的负债资本成本（利率）；r_P = 民营资本的负债资本成本（利率）；i_P = 民营资本的权益资本成本（必要回报率）；NCF_t = PPP项目第t年经营活动税后净现金流；n_j = PPP项目寿命，j = 1，2表示项目寿命的不同阶段。PPP项目寿命可划分为近期阶段（j = 1）和稳定发展阶段（j = 2）。项目净现值（NPV）的趋势预测如图7－3所示。近期阶段是指从项目开始建设到净现值由负转为零的阶段，在此期间项目现金流包括初始投资支出和经营活动现金流；$t = n_1$时NPV = 0，即项目实现净现值盈亏平衡。经过近期阶段，项目进入稳定发展阶段，其净现值开始转亏为盈，继续发展。

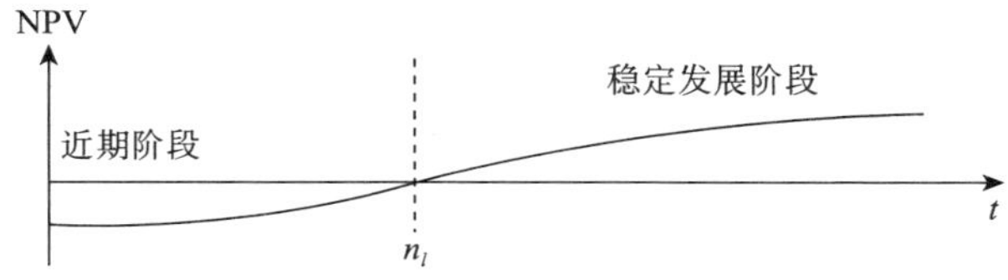

图7－3　项目净现值（NPV）趋势预测图

考虑在PPP项目的投入中，政府财税资金（权益资本）的投入对回收投资可不作要求，或针对PPP项目的非公益性成分按一定比例要求回收部分投资。假设PPP项目的非公益性成分比例为a（<1），则政府权益资本（财税资金）投入对资本回收有部分要求，可表示为$a I_G(1-d_G)$。考虑PPP项目为永续，在稳定发展阶段项目净现金流每年以稳定速度（用V_W表示）增长，则$NCF_t = NCF_{n1}(1+V_W)^{t-1}$，项目的整体净现值可表示为$NPV = \sum_j NPV_j$，其中$NPV_j$具体可表示如下：

$$NPV_1 = -[I_P + a I_P + (1-d_G) + I_G d_G] + \sum_{t=1}^{n1} \frac{NCF_t}{(1+K_1)^t}, 0 < t \leq n_1, j = 1 \tag{1}$$

$$NPV_2 = \sum_{t=n_1+1}^{\infty} \frac{NCF_t}{(1+K_2)^t} = \frac{(1+V_W)}{(1+K_2)^{n1}(K_2-V_W)} NCF_{n1}, n_{1+1} \leq t <$$

∞ ,j = 2 (2)

公式（1）—（2）中，$[I_P + aI_P + (1-d_G) + I_G d_G]$ 表示项目需回收的初始投资资本；K_j（j = 1，2）是项目的加权平均资本成本。注意到PPP项目投资主体多元化情况下，各权益资本对投资回报要求的差异，在项目投资的加权平均资本成本计量中对此也做了区分，政府权益资本投入不要求资本回报，即其权益资本回报率要求为零。用T表示所得税率，项目的加权资本成本可计算如下：

$$K_j = \frac{(I_G d_G r_{Gj} + I_P d_P r_{Pj})(1-T) + I_P(1-d_P)i_{Pj}}{aI_G[(1-d_G) + I_G d + I_P]} \tag{3}$$

式中：r_{Pj}，i_{Pj}，r_{Gj}（j = 1，2）分别表示项目不同阶段民营资本的债务利率、权益资本必要回报率和政府资本的债务利率[①]，税后债务资本成本 = 税前债务资本成本 ×（1 − T）。

（二）PPP项目案例分析

CC企业集团投资PPP项目众多，YH高速公路项目是较为典型，并且是投资时间较早的项目，且数据可获得性高，本节以YH高速公路项目做为案例进行阐释。

1. 项目主要情况。YH高速公路项目于2005年2月26日开工建设，2007年11月6日通过交工验收试运营，11月26日联网通车运营，特许经营权约定运营期30年。YH高速公路项目于2009年12月26日通过竣工验收。2009年11月20日完成财务竣工结算，项目建设预算24亿元，实际建设投资23.98亿元，投资构成为：股东资本金6.85亿元、工商银行贷款12.20亿元、股东借款4.93亿元。长期贷款年利率综合考虑为6.345%，流动资金贷款年利率为6%。

2. 项目融资成本分析。PPP项目在投资主体多元化情况下，不同

① 丁慧平等："基于资本属性及回报的高速铁路客运投资分析"，《同济大学学报（自然科学版）》，2012年第40期，第1582—1588页。

经济属性的权益资本对投资回报要求存在差异，项目投资的加权平均资本成本计量对此也做了区分，但YH高速公路项目中没有政府权益资本投入。因此根据改进的净现值评价模型计算项目加权资本成本如表7-2所示：

表7-2　**YH项目资金来源及要求的报酬率**

	要求报酬率	投资额	投资占比
公司投资	7.550%	6.85	28.57%
股东借款	6.000%	4.93	20.56%
工商银行贷款	6.345%	12.2	50.88%

加权平均成本计算如下：

$$K_j = \frac{(I_G d_G r_{Gj} + I_P d_P r_{Pj})(1-T) + I_P(1-d_P)i_{Pj}}{a I_G[(1-d_G) + I_G d + I_P]}$$

$$= 7.55\% \times 28.57\% + 6\% \times 20.56\% \times (1-25\%) + 6.345\% \times 50.88\% \times (1-25\%) = 5.5\%$$

由此得出项目的贴现率为5.5%。

3. 项目现金流分析及评价。通过分析计算YH高速公路项目各年现金流量并进行贴现出表7-3所示：

表7-3　**YH高速公路现金流量表**　单位：万元/年

年份	现金流入	现金流出	净现金流量	净现金流量贴现值	累计净现金流量贴现值
2005	0.00	65 642.84	-65 642.84	-62 220.70	-61 568.25
2006	0.00	87 523.78	-87 523.78	-78 635.95	-140 204.20
2007	0.00	65 642.84	-65 642.84	-55 902.34	-196 106.54
2008	8 821.88	3 066.98	5 754.90	4 645.45	-191 461.09
2009	10 012.51	3 189.55	6 822.96	5 220.48	-186 240.61
2010	11 249.01	3 316.13	7 932.88	5 753.29	-180 487.32
2011	20 606.44	3 713.27	16 893.17	11 612.99	-168 874.34

续表

年份	现金流入	现金流出	净现金流量	净现金流量贴现值	累计净现金流量贴现值
2012	21 585.18	3 836.57	17 748.61	11 564.97	-157 309.36
2013	22 611.22	3 964.15	18 647.07	11 516.98	-145 792.39
2014	23 686.84	4 096.19	19 590.65	11 468.97	-134 323.42
2015	24 661.16	4 227.78	20 433.38	11 338.70	-122 984.72
2016	26 448.91	4 389.19	22 059.72	11 603.01	-111 381.72
2017	28 368.15	17 308.26	11 059.89	5 514.03	-105 867.69
2018	30 549.53	4 738.66	25 810.87	12 197.43	-93 670.27
2019	32 761.45	4 923.57	27 837.88	12 469.51	-81 200.76
2020	34 763.36	5 104.90	29 658.46	12 592.42	-68 608.34
2021	36 550.84	8 421.63	28 129.21	11 320.50	-57 287.83
2022	38 431.51	9 172.84	29 258.67	11 161.19	-46 126.65
2023	40 410.21	9 953.73	30 456.48	11 012.43	-35 114.22
2024	42 492.06	10 765.80	31 726.26	10 873.51	-24 240.72
2025	44 332.57	11 584.21	32 748.36	10 638.68	-13 602.03
2026	45 874.46	12 546.29	33 328.17	10 262.60	-3 339.43
2027	47 470.56	26 418.69	21 051.87	6 144.47	2 805.03
2028	49 286.77	14 469.14	34 817.63	9 632.53	12 437.56
2029	50 997.07	15 608.41	35 388.66	9 280.10	21 717.66
2030	52 640.72	16 628.75	36 011.97	8 951.23	30 668.89
2031	54 200.80	17 177.06	37 023.74	8 722.96	39 391.85
2032	55 807.68	17 741.81	38 065.87	8 500.94	47 892.79
2033	57 462.77	18 323.51	39 139.26	8 284.98	56 177.77
2034	59 167.51	18 922.66	40 244.85	8 074.89	64 252.65
2035	60 923.40	19 539.78	41 383.62	7 870.50	72 123.15
2036	62 731.96	20 175.42	42 556.54	7 671.63	79 794.78
2037	64 594.78	38 101.39	26 493.39	4 526.96	84 321.74

通过计算可以得出，项目内部收益率 IRR = 7.93% > 5.5%（加权平均资本成本 K_j）；净现值 NPV = 84 321.74 万元 > 0，因此项目可行；

投资回收期（含建设期）：22.54年（2027年），说明在22.54年后所投资金将全部收回，小于合同约定的30年，说明此项目可接受。

二、PPP项目融资决策

PPP项目在建设阶段需要大量资金投入，产生融资需求，企业集团根据内部资金计划确定外部融资缺口。依据前文第四章第三节所述，外部融资缺口可利用外部股权融资或外部债务融资来解决。具体融资方案因项目特点、资本结构和融资成本不同需要进行详细分析。

（一）PPP项目的经济属性分析

鉴于PPP项目既有公益属性又可能具有商品属性，其资金来源是政府和社会资本。对于不同属性的产权资本，其投资动机的不同导致其投资取向的差异，对项目公益性的接受程度也不相同。如政府投资的非赢利性动机决定了其取向主要是公共品和公益性强的产品，属于公共资本；而私营资本则与之相反。比如同样是投资城市轨道交通客运产品，公共资本关注投资产品的公益性部分，私营资本关注投资产品的赢利性部分，混合资本（国有企业）居于两者之间，兼具赢利性和社会公益责任。可见，不同产权属性的资本因其经济属性的不同，对投资城市轨道交通客运产品的经济性和回报会有不同程度的要求，这也会影响对投资PPP项目经济性的合理评价。

（二）PPP项目融资决策

对于PPP项目融资而言，衡量融资方案优劣的指标主要有资金结构和融资成本。资金结构是PPP项目融资方案抉择的核心要素，涉及通过什么渠道，采取什么方式进行融资，债务融资占比多少，旨在谋求降低项目融资风险和追求项目资金效用的最大化。通常从项目总资金结构比例、资本金构成、债务资金构成的合理性等方面进行衡量。

融资成本是指项目融资所付出的代价，即项目使用各种资金而支付的资金占用费。不同的资金来源，其融资成本会有差异，应结合融资方案的资金来源构成对融资方案的综合资金成本进行对比分析。

（三）财务模型中的PPP项目融资模型

在财务模型中，PPP项目融资模型的决策流程主要包括：首先，根据PPP项目投资额、内部资金使用计划等计算得出外部融资现金缺口；其次，再根据外部股权融资计划额进一步确定外部股权融资的方式、数量及回报率要求；最后，外部融资现金缺口减去外部股权融资参考值的部分即为债务融资参考值。由于PPP项目投资额大，股权融资有限，通常债务融资占比较大。运用债务融资模型预测总债务融资金额，确认债务融资结构，即短期借款、长期借款、短期债券、长期债券各自的比例，计算利息费用，然后根据资本化利息和利息收入，确认财务费用。

三、财务模型中PPP单体项目运作情况预测

对PPP单体项目运作情况的预测模型，将PPP项目分为建设期与运营期两个阶段，在建设期主要影响的会计科目包括“无形资产”“长期借款”“货币资金”科目，在运营期主要影响的会计科目包括“营业收入”“营业成本”“财务费用”“无形资产”“货币资金”“长期借款”科目。具体的模型算法说明如下：

（一）PPP项目建设期模型算法

假设PPP项目在建设期每年的投资在当年全部形成无形资产，故每年形成的无形资产即为当年的项目投资额，即，

无形资产（t年）=项目投资额（t年）×年完工百分比（t年）

假设PPP项目在建设期当年所形成的长期借款全部用于项目的建

设从而形成无形资产，因此长期借款根据每年的项目投资额确定，即，

长期借款(t+1年)=长期借款(t年)+项目投资额(t+1年)×债务资金比例(t+1年)

财务费用(t+1年)=长期借款(t+1年)×债务资金平均利率

（二）PPP项目运营期模型算法

以公路项目为例，PPP项目进入运营期之后，每年所产生的运营收入主要来自公路交通车辆的通行费收入，该数据可根据项目的可研报告进行确定，并在模型中作为输入端进行数据录入；营业收入（t年）=运营期年收入（可研报告数据）。

PPP项目运营期的营业成本主要来自于无形资产的摊销，如CC企业集团的BOT项目主要采用车流量法进行摊销，每年的车流量作为模型输入端进行数据录入，该数据根据项目的可研报告进行确定；营业成本（t年）=［年度车流量（t年）÷预计总车流量］×项目投资额。

在项目运营期，根据所产生的长期借款余额以及债务资金平均利率计算项目每年的财务费用。财务费用（t年）=［（项目投资额×负债性资金比例）-负债性资金累计还款额］×债务资金平均利率。

CC企业集团投资有多个PPP项目，从重要性角度考虑，针对该类业务进行专门预测。考虑到未来年度CC企业集团PPP项目的发展规模会继续增加，以及PPP项目单体数额巨大，在财务模型中纳入PPP项目单体预测模型，用以模拟PPP项目在其全生命周期对CC企业集团财务状况的影响。

第三节　PPP项目财务决策：企业集团整体视角

企业在对PPP项目进行投资决策时，不仅仅要考虑单个PPP项目

的可行性，还要从企业集团整体财务的角度考查和分析其可能产生的影响（如对资产负债率、无形资产—特许经营权摊销等），包括分析建设期和运营期的特点，才能更全面的对 PPP 项目进行财务决策。

一、PPP 项目在建设期对企业集团财务的影响

PPP 项目前期建设阶段主要涉及资本投入和项目建设，在 PPP 项目建设期，应着重考量项目对企业集团的资产质量、债务风险及 EVA（经济增加值）等产生的影响。

（一）资产质量状况

PPP 项目在建设期资本投入会转化为无形资产，随着采购业务的进行，应付账款一般也会增加，具体影响评价指标如表 7－4 所示。

表 7－4　　企业集团资产质量指标

指标	计算公式
总资产周转率（次）	主营业务收入/平均资产总额
应收账款周转率（次）	主营业务收入/应收账款平均余额
应收账款平均余额	［（年初应收账款净额＋年初应收账款坏账准备）＋（年末应收账款净额＋年末应收账款坏账准备）］/2
不良资产比率	年末不良资产总额/（资产总额＋资产减值准备余额）×100%
年末不良资产总额	资产减值准备余额＋应提未提和应摊未摊的潜亏挂账＋未处理资产损失
资产现金回收率	经营现金净流量/平均资产总额×100%
流动资产周转率（次）	主营业务收入/平均流动资产总额
平均流动资产总额	（年初流动资产总额＋年末流动资产总额）/2

总资产周转率是考量企业资产运营效率的一项重要指标，指单位资产获取的销售收入，该其周转率高，说明全部资产的经营效率高；反之，说明全部资产的经营效率低，单位资产取得的收入少，企业的

盈利能力不佳，企业应采取措施来提高资产利用效率。以YH高速公路项目总资产周转率为例考量对资产质量的影响如下：

在PPP项目三年建设阶段（2005年、2006年和2007年），企业集团营业收入（平均值）为9 299 920万元，总资产（平均值）为8 584 106万元。总资产周转率为1.084。三年建设期内，因YH项目使得资产平均每年增加了58 349万元，并没有影响营业收入。剔除因为YH项目的影响后，总资产周转率（剔除后）为1.091。因此YH高速公路PPP项目在建设期使得集团总资产周转率平均下降0.007（1.084 - 1.091），说明YH高速PPP项目在建设期使得企业集团总资产周转率略有下降，资产经营效率有所降低。

（二）债务风险状况

PPP项目贷款的增加会增加相应的负债和利息，由此增加企业集团的债务风险。债务风险指标是反映企业财务状况稳定与否及安全程度高低的重要标志。具体影响评价指标如表7-5所示。

表7-5　　企业集团债务风险指标

指标	计算公式
资产负债率	（负债总额/资产总额）×100%
利息保障倍数	息税前利润/利息支出
速动比率	（速动资产/流动资产）×100%
速动资产	流动资产-存货
现金流动负债比率	（经营现金净流量/流动负债）×100%
带息负债比率	[（短期借款+一年内到期的非流动负债+长期借款+应付债券+应付利息）/负债总额]×100%

从债务风险角度而言，资产负债率较低为易，使债权人的权益具有保障。但对企业股东而言，最关心的是投入资本的收益率。只要企业的总资产收益率高于借款的利息率，通过举债可以利用财务杠杆提

高股权投资的收益率，但要控制高负债带来的高风险。一般情况下，企业负债经营规模应控制在一个合理的水平，负债率应控制在一定范围内，既合理利用财务杠杆效应，又有效控制债务风险。以 YH 高速公路项目为例，其对资产负债率的影响如下。

在 PPP 项目三年建设阶段（2005 年、2006 年和 2007 年），企业集团负债总额（平均值）为 6 429 986 万元，总资产（平均值）为 8 584 106 万元。资产负债率为 74.906%。三年建设期内，因 YH 项目使得负债额平均每年增加了 45 734 万元，资产平均每年增加了 58 349 万元。剔除因为 YH 项目的影响后，资产负债率（剔除后）为 74.882%。因此 YH 高速公路 PPP 项目在建设期使得企业集团资产负债率增加了 0.024%（74.906% - 74.882%），说明 YH 高速 PPP 项目在建设期使得企业集团资产负债率和债务风险都略有上升。

利息保障倍数是衡量企业偿付负债利息能力的指标。利息保障倍数越高，说明企业支付利息费用的能力越强，该比率越低，说明企业难以保证用经营所得及时足额地支付负债利息。因此，它是衡量其偿债能力强弱的重要指标。YH 高速公路项目对利息保障倍数的影响如下：

在 PPP 项目三年建设阶段（2005 年、2006 年和 2007 年），企业集团净利润（三年建设期平均值）为 395 494 万元，利息支出（三年建设期平均值）为 88 400 万元，利息保障倍数为 5.474。三年建设期内，因 YH 项目使得利息支出平均每年增加 5 651 万元，在建设期企业集团投资会形成无形资产，相关利息费用予以资本化，不会对净利润产生影响；需要注意的是利息虽然资本化，但由于信贷关系的存在，债务风险仍然存在。剔除因为 YH 项目的影响后，利息保障倍数（剔除后）为 5.779。因此 YH 高速公路 PPP 项目在建设期使得集团的利息保障倍数平均减少 0.305（5.474 - 5.779），说明 YH 高速 PPP 项目在建设期使得集团利息保障倍数略有下降，偿债能力也略有降低，债务风险略有加大。

（三）其他主要影响指标

PPP 项目在建设时期除了上述影响之外，还会对企业集团的两金（存货和应收账款）、其他流动资产指标产生影响，如应收账款增加、成本费用增加等。具体主要影响指标如表 7－6 所示：

表 7－6　　　　其他主要影响指标

指标	计算公式
存货周转率（次）	主营业务收入/存货平均余额
两金占流动资产比重	[（应收账款＋存货）/流动资产] ×100%
成本费用总额占主营业务收入的比率	（成本费用总额/主营业务收入）×100%
经济增加值率	（经济增加值/调整后资本）×100%
EBITDA 率	[（净利润＋所得税＋利息支出＋固定资产折旧＋无形资产摊销）/主营业务收入] ×100%
资本积累率	[（年末所有者权益－年初所有者权益）/年初所有者权益] ×100%

YH 项目建设期的其他影响指标数据较少，不再举例说明，实际中可仿照上述案例进行计算。

（四）PPP 项目在建设期企业集团对 EVA 的影响

自 2013 年起，随着《中央企业负责人经营业绩考核暂行办法》的正式施行，经济增加值（EVA）成为中央企业业绩考核的核心指标。

根据前文中分析：EVA＝息前税后净营业利润（NOPAT）－调整后资本×税后加权平均资本成本率（WACC）

PPP 项目在建设期负债和利息都会增加，但由于建设期 PPP 项目投资转化为无形资产，并且没有运营收入，导致息前税后利润没变，但资金总成本中债务成本增加，导致 EVA 下降。另外由于 PPP 项目体量较大，对于 EVA 的影响应当引起足够的重视。

二、在 PPP 项目运营期对企业集团财务的影响

PPP 项目在建设期结束后进入运营阶段，随着项目营业收入增加，营业成本会相应增加（包括维护费用、无形资产摊销等）。在 PPP 项目运营期，应着重考量项目对企业集团的资产质量、盈利能力、债务风险、经营增长及 EVA（经济增加值）的影响。

（一）资产质量状况

在 PPP 项目运营阶段，随着项目持续经营，资产和收入都会增加。虽然运营前期运营收入会低于运营成本，但随着项目运营效果显现，客流量会增长，运营收入增加会超过运营成本的增加，最终会带来收益，从而提升总资产周转率。具体影响指标如表 7－4 所示。以 YH 高速公路项目总资产周转率为例考量对资产质量的影响。

在 PPP 项目运营阶段第一年（2008 年），企业集团营业收入为 14 311 120 万元，总资产（平均值）为 15 419 800 万元。总资产周转率为 0.9281。运营期第一年因 YH 项目使得资产平均减少了 11 974 万元，收入增加 7 057 万元。剔除因为 YH 项目的影响后，总资产周转率（剔除后）为 0.9269。因此 YH 高速公路 PPP 项目在运营期第一年使得企业集团总资产周转率平均上升 0.0012（0.9281－0.9269），说明 YH 高速公路 PPP 项目在运营期使得企业集团总资产周转率略有上升，资产经营效率也上升。

（二）盈利能力状况

盈利能力是指企业在一定时期内获得利润的能力。盈利能力的大小与企业资产的质量和规模相关，通常相对于一定的资源投入规模或

收入规模而言。利润率的高低，表明盈利能力的强弱。企业经营业绩的好或差通过企业盈利能力得到反映。运营阶段的 PPP 项目会给企业集团带来收入，同时也会增加运营成本，最终影响企业集团的盈利能力。一般情况下，运营良好的 PPP 项目会给企业集团带来净利润的增加，提升企业的盈利能力。具体影响指标如表 7 – 7 所示。

表 7 – 7　　　　　　　　盈利能力指标

指标	计算公式
净资产收益率	归属于母公司所有者的净利润/平均净资产 ×100%
平均净资产	（年初归属于母公司所有者权益合计 + 年末归属于母公司所有者权益合计）/2
总资产报酬率	[（利润总额 + 利息支出）/平均资产总额] ×100%
平均资产总额	（年初资产总额 + 年末资产总额）/2
主营业务利润率	（主营业务利润/主营业务收入） ×100%
主营业务利润	主营业务收入 – 主营业务成本 – 主营业务税金及附加
盈余现金保障倍数	经营现金净流量/净利润
成本费用利润率	（利润总额/成本费用总额） ×100%
成本费用总额	主营业务成本 + 主营业务税金及附加 + 销售费用 + 管理费用 + 财务费用
资本收益率	（归属于母公司所有者的净利润/平均资本） ×100%
平均资本	[（年初实收资本 + 年初资本公积）+（年末实收资本 + 年末资本公积）]/2

净资产收益率反映股东权益的收益水平，是衡量股东权益资本效率的重要财务指标。该指标值越高，说明投资带来的收益越高。以 YH 高速公路项目为例说明对净资产收益率的影响。

在 PPP 项目运营阶段第一年（2008 年），企业集团净利润为 630 080 万元，净资产（平均值）为 4 245 240 万元，净资产收益率为 14.842%。运营期第一年，因 YH 项目使得净利润减少 11 974 万元，净资产减少 11 974 万元。剔除因为 YH 项目的影响后，净资产收益率（剔除后）为 15.082%。因此 YH 高速公路 PPP 项目在运营期第一年使得集团净资产收益率平均下降 0.24%（14.842% – 15.082%），从而降低了股东权益资金的使用效率。致使净资产收益率下降的主要原因是项目运营前期净利润为负，但随着项目运营效果提升，客流量会增长，最终会增加净利润，从而提升净资产收益率。

（三）债务风险状况

运营期 PPP 项目一般不会再新增负债，反而会随着营业收入的增加通过还本付息减少负债，由此降低企业集团的债务风险。债务风险具体影响指标如表 7 - 5。以 YH 高速公路项目为例说明对资产负债率的影响。

在 PPP 项目运营阶段第九年（2016 年），企业集团总资产为 64 086 560 万元，负债额为 49 160 960 万元，资产负债率为 76.710%。项目运营期第九年，因 YH 项目使得总资产减少 4 864 万元，负债减少 5 834 万元，剔除因为 YH 项目的影响后，资产负债率（剔除后）为 76.714%。因此 YH 高速公路 PPP 项目在运营期第九年使得企业集团资产负债率下降 0.004%（76.710% - 76.714%），说明 YH 高速 PPP 项目在运营期使得企业集团债务风险略有下降。

（四）经营增长状况

经营增长指标主要反映了企业的持续发展水平和发展趋势。PPP 项目在运营阶段营业收入和维护费用都会增加，并且随着无形资产（特许经营权）的摊销，也会增加相应的经营成本，业务经营情况的评判具体指标如表 7 - 8 所示。

表 7 - 8　　　　经营增长指标

指标	计算公式
销售（营业）增长率	（本年主营业务收入增长额/上年主营业务收入）×100%
资本保值增值率	（扣除客观因素后的年末国有资本及权益/年初国有资本及权益）×100%
总资产增长率	[（年末资产总额 - 年初资产总额）/年初资产总额] ×100%

续表

指标	计算公式
销售（营业）利润增长率	[（本年主营业务利润－上年主营业务利润）/上年主营业务利润]×100%
技术投入比率	（本年科技支出合计/主营业务收入）×100%

销售增长率是衡量企业经营状况和市场占有能力，预测企业经营业务拓展趋势的重要指标。该指标反映了企业营业收入的成长及发展能力。该指标越大，营业收入的增长幅度越大，表明企业的前景趋好。该指标降低，表明营业收入较上期有所减少，产品销售可能存在问题。以YH高速公路项目为例说明对营业增长率的影响。

在PPP项目运营阶段第一年（2008年），企业集团营业收入为14 311 120万元，2007年企业集团营业收入为12 048 080万元，销售增长率为18.783%。运营期第一年，因YH项目使得营业收入增加了7 057万元，剔除因为YH项目的影响后，销售增长率（剔除后）为18.725%。因此YH高速公路PPP项目在建设期使得企业集团销售增长率上升0.058%（18.783%－18.725%），说明YH高速PPP项目在运营期使得企业集团经营状况改善，提升了企业集团的发展能力。

（五）其他主要指标

PPP项目在运营期除了上述影响之外，还会对企业集团的“两金”、流动资产等产生影响。随着PPP项目运行具体影响的主要指标如表7－6所示。

应收账款周转率说明在一定期间内公司应收账款转为现金的平均次数，这是衡量企业应收账款周转速度及管理效率的指标。以YH高速公路项目为例说明对应收账款周转率的影响。

在PPP项目运营阶段第一年（2008年），企业集团营业收入为14 311 120万元，应收账款（平均值）为2 708 640万元，应收账款周转率为5.2835。运营期第一年，因YH项目使得营业收入增加了7 057万元，应收账款（平均值）增加了244万元，剔除因为YH项目的影响后，应收账款周转率（剔除后）为5.2814。因此YH高速公路PPP项目在运营期使得企业集团应收账款增长率上升0.0021（5.2835-5.2814），说明YH高速PPP项目在运营期使得企业集团应收账款管理效率得到改善，提升了应收账款周转速度。

（六）PPP项目在运营期对企业集团EVA的影响

经济增加值的计算可表述为：EVA=息前税后净营业利润-调整后资本×（税后）加权平均资本成本率

PPP项目在运营期收入和成本都会增加，也会带来利润的增加，因此会使息前税后净营业利润增加，在运营期集团会逐步偿还贷款和利息，从而降低资本成本，PPP项目在运营期会提升企业集团EVA。尤其是对于PPP体量较大的企业集团，这种影响会较大。

三、PPP项目移交后对企业集团财务的影响

BOT合同项目一般采用项目公司模式运作，BOT项目特许经营期满时，项目公司向政府移交项目是特许经营合同所约定的项目设施。项目相关无形资产已在特许经营期间摊销完毕，其账面净值为零。项目初始投入的资本已经由特许经营期的现金流收回，投资收益则由特许经营期每年的利润（或亏损）反映，负债也已在项目特许经营期逐年归还，故项目设施的移交并不影响项目公司的总资产和净资产。因此PPP项目在移交后对企业集团的财务指标影响并不明显。

由前文可知，EVA是息前税后净营业利润与资本费用减差。相比运营期来说，PPP项目在移交后，对企业集团而言，收入和成本会相应降低，利润也会随之减少，因此会使息前税后净营业利润下降，在移交后企业集团贷款和利息一般也偿还完毕，从而降低资本成本。考

虑 PPP 项目移交时项目的 EVA 为正，移交 PPP 项目后会对企业集团的 EVA 产生负面影响；如若 PPP 项目公益性明显，致使项目的赢利性差，则可能会移交 PPP 项目后会减轻企业集团的包袱。

如果 BOT 合同项目作为项目公司方式运作，则项目公司在移交特许经营权后需要清算，清算对象是项目公司在 BOT 合同项目经营结算产生的资产及负债，该清算属于普通清算，与破产清算有许多相似之处，所以在会计处理上应参照国有企业试行破产有关会计处理问题暂行规定，达到既能反映公司 BOT 合同项目移交清算过程的财务状况，又有利于管理部门对 BOT 合同项目进行有效控制的目的。

本章小结

利用 PPP 项目的优势特点可以帮助企业集团降低经营风险，增加盈利稳定性，有利于更好地发挥自身技术、资金、管理优势，实现经济效益最大化。PPP 项目具有投资金额大，运营期限长的特点，对于企业集团来说合理评价 PPP 项目的可行性及其影响是至关重要的。本章在介绍 PPP 项目的概念、运作模式、项目结构等特征的基础上，分别从单体项目视角和集团整体视角对 PPP 项目的财务决策展开分析，并结合 CC 企业集团的 YH 高速公路项目，阐释了财务模型在 PPP 项目决策中的运用。并对于 PPP 项目在建设期、运营期以及移交后对企业集团的财务的影响进行了分类分析，以期更全面了解 PPP 项目对企业集团经营绩效的影响。

第八章

企业集团财务模型应用4：战略与管理决策

企业财务工作的重要职能之一是服务企业战略发展及管理决策。企业集团财务模型不仅具备辅助财务预测、财务分析和财务预警的功能，更为重要的是能够服务企业全局决策，合理配置企业集团各项资源，以便公司管理层开展经营业务规划、投资规划和筹资规划，实现战略和管理的统筹决策。本章从价值创造的各个方面出发，旨在阐释企业集团财务模型在战略与管理决策方面的应用，并结合CC企业集团进行分析和案例剖析。图8-1给出了常见的企业发展模式。

如图8-1所示，企业发展可遵循内涵式和/或外延式发展规律，当然也可能存在两种方式交替组合。内涵式企业发展模式是指注重“修炼内功”，基于企业拥有的资源和优势，通过市场拓展、资源配置、运营管理、风险管控等途径和手段，实现企业的长足进步。外延式企业发展模式则是利用并购的方式快速实现企业扩张，扩大企业的规模和行业影响、稳固产业地位。本章将围绕图8-1所示的五个维

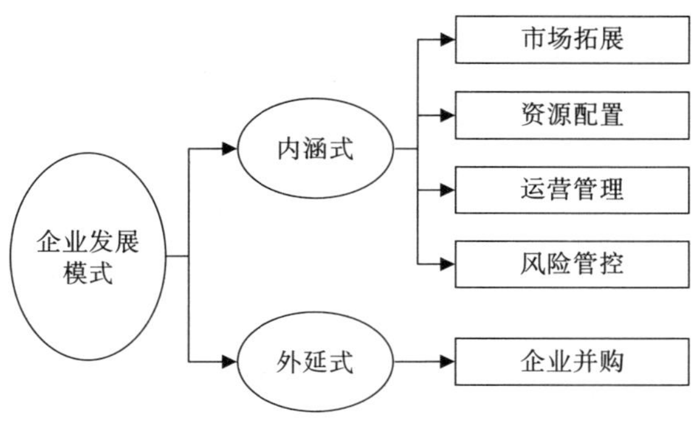

图8－1　企业发展路径

度，基于企业集团可持续发展的视角，阐述财务模型在企业经营战略和管理决策中的应用。

第一节　市场拓展决策

市场是企业竞争的场所，市场开放程度可以影响企业竞争的公平性、持久性，市场竞争环境直接影响企业的市场拓展决策；企业通过集成和整合先进的生产技术和知识资源，增强市场开拓能力，并据此创建出超越竞争对手的独特经营理念和经营模式，从而适应市场、跟进市场、影响市场。作为决策辅助工具，企业集团财务模型的分析功能和预测功能可有助于直观呈现市场的走势与发展状况，判断未来发展趋势对企业经营的影响，进而制定相适应的市场拓展决策，提升企业的决策能力。

本节分别从行业和地域两个维度，呈现依托企业集团财务模型及相关数据对于行业布局和海内外业务分布决策的影响。

一、市场潜力分析

市场潜力分析，既包括对已占优势的市场发展状况的研判，也涵盖对潜在市场进入壁垒和收益情况的预判。在财务分析与预测的基础上，开展相关市场营业收入的预测，根据企业经营情况和管理层经验对未来市场容量进行判断，可对不同市场的增长情况进行针对性的调整，同时结合不同市场的毛利率分析不同市场的效益状况。下文以 CC 企业集团为例，基于财务模型的数据对不同市场发展状况、盈利状况以及境外业务发展情况展开分析。

（一）不同市场发展状况分析

公司在不同领域的发展状况及行业份额，主要依靠营业收入的预判和收入占比等指标予以反映。CC 企业集团的经营范围涉及房地产、港行疏浚、路桥轨道、海工装备等多行业多领域，图 8－2 呈现了 20X3—20X5 年以及预测的 20X6—20X0 年不同业务所带来的营业收入以及分布情况。

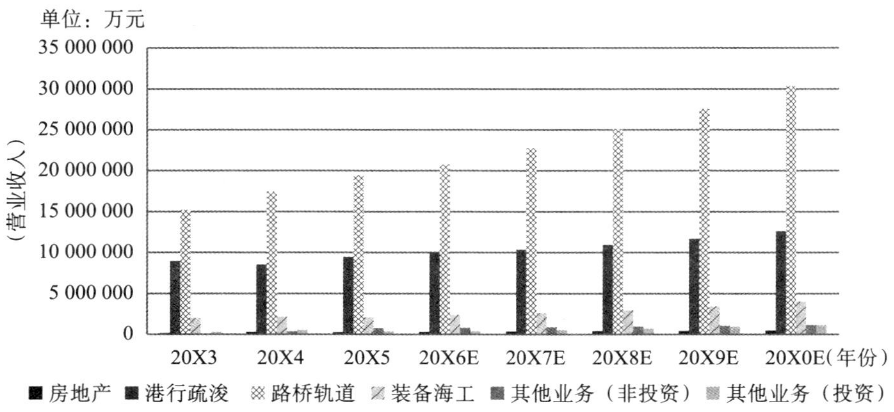

图 8－2　20X3—20X0E 年 CC 企业集团不同业务市场的发展情况

根据上述各市场的历史数据以及预测数据分析，CC 企业集团的营业收入主要来自路桥轨道市场，其次是港行疏浚和装备海工两个市场。根据财务数据可知，CC 企业集团的路桥轨道市场一直保持稳步增长的态势。相关预测结果一方面与 CC 企业集团未来的战略布局相契合；另一方面也提醒企业在后续战略决策过程中，还应当加强关注路桥轨道业务的市场变化情况，以充分发挥重点业务领域的市场优势，保持持续发展。其次，对于营业收入第二大来源的港行疏浚市场而言，其在 20X3 年、20X4 年连续两年内出现营业收入负增长的情况，因此 CC 企业集团在后续市场发展战略制定中，要给予足够的关注，并从市场需求分析、竞争者分析、行业风险管控等方面着手，展开深入分析，顺应竞争趋势，挖掘潜在市场拓展空间。另外，其他业务（投资）类别包括 CC 企业集团开展的 PPP 项目，目前虽然占比并不高，但反映了社会资本参与基础设施建设投资的行业发展趋势，该类投资项目可能成为企业后续若干年的业务发展重点，因此在市场布局过程中也应当与以综合考虑。

（二）不同业务市场盈利状况分析

市场竞争和潜力分析不仅要关注其发展状况，还需要重点考量该市场的盈利状况。挖掘盈利空间和潜在盈利点是企业发展保持可持续的根源。下文利用毛利率对 CC 企业集团不同业务市场 20X3—20X5 年以及对 20X6—20X0 年不同业务市场盈利预测进行分析，如图 8－3 所示。

由图 8－3 可知，CC 企业集团的房地产业务毛利率最高，而其他业务的毛利率远低于房地产业务的毛利率。路桥轨道和港行疏浚作为 CC 企业集团的两大主要支柱业务，虽体量巨大，但盈利能力略显薄弱，这提醒企业在后续经营管理过程中，须注重对这两大业务领域潜在利润增长点的挖掘；另一方面，由于这两大业务领域在企业整体收

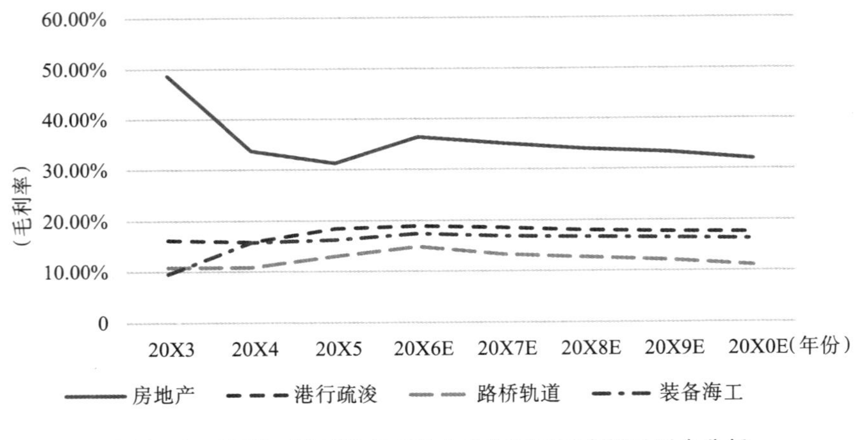

图 8－3　20X3—20X0E 年 CC 企业集团不同市场毛利率分析

入中占比较大，企业整体利润水平对毛利率的波动比较敏感，即毛利率微小的变动，可能会对企业利润产生较大的影响。相关财务分析结果也提醒企业，在进行行业布局时需要综合考虑行业发展状况和盈利状况，将市场拓展与风险管控有机结合。

（三）境内外发展状况比较分析

结合国家“一带一路”建设以及 CC 企业集团的行业特点和发展规划，境外市场将成为 CC 企业集团未来一段时期的发展重点。同时通过上述对市场的整体分析发现，路桥轨道市场和港行疏浚市场是 CC 企业集团规模最大的两个领域，其中路桥轨道市场的营业收入占 CC 企业集团总收入的一半以上。因此有必要对路桥轨道和港行疏浚两个市场的境内外收入情况进一步展开分析，如图 8－4、图 8－5 所示。

如图 8－4、图 8－5 所示，CC 企业集团的路桥轨道和港行疏浚两个主要业务境内外收入均保持稳中有升的态势，并且境外业务收入和占比均呈逐年增加的趋势，其中港行疏浚市场增速相对较快。境外市场业务的拓展符合国家“一带一路”的发展，也为公司的持续发展开辟了新的途径。但同样值得注意的是，境外业务的增长也伴随着风险

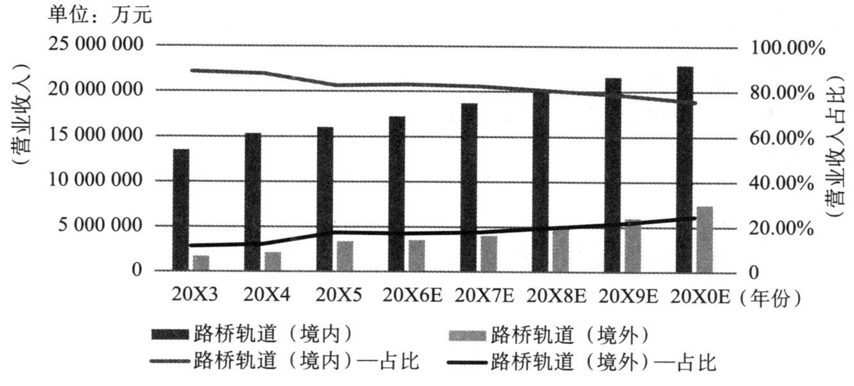

图8-4　20X3—20X0E路桥轨道市场境内外市场收入分析

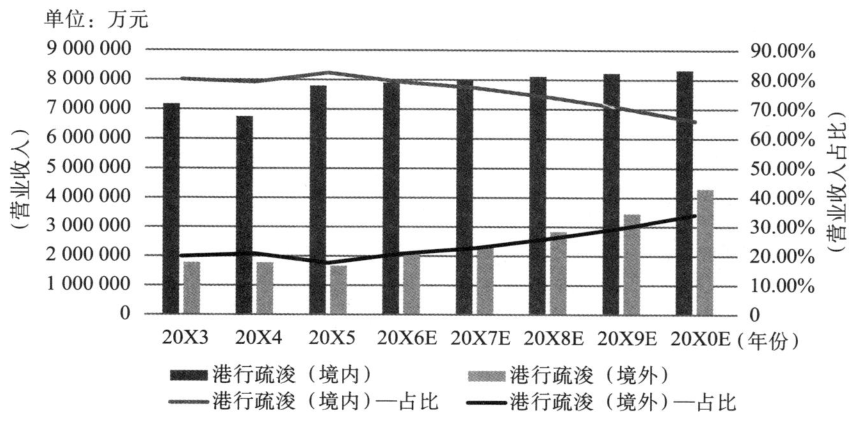

图8-5　20X3—20X0E港行疏浚市场境内外市场收入分析

的突显，相对于国内业务而言，发展境外业务对风险的可预见性和可控性存在明显差距。因此，CC企业集团在发展境外业务的同时，尤其需要注重对境外业务风险的防范。鉴于此，在下节中针对CC企业集团的境外业务的发展状况进行分析阐释。

二、境外业务发展

随着国家“一带一路”倡议的提出，中国企业“走出去”的脚步加快，CC 企业集团作为最早走出去的企业之一，其境外业务越发受到公司重视，境外市场拓展决策也占据着举足轻重的地位。本节从 CC 企业集团整体境外业务发展规划和不同境外市场发展状况出发，对公司境外业务发展进行分析。

（一）整体境外业务发展规划

根据 CC 企业集团中长期规划，在 20X0 年整体境外收入占比要达到 30%，利用财务模型将 CC 企业集团的中长期规划任务进行分解，其境外营业收入情况安排如图 8－6 所示。

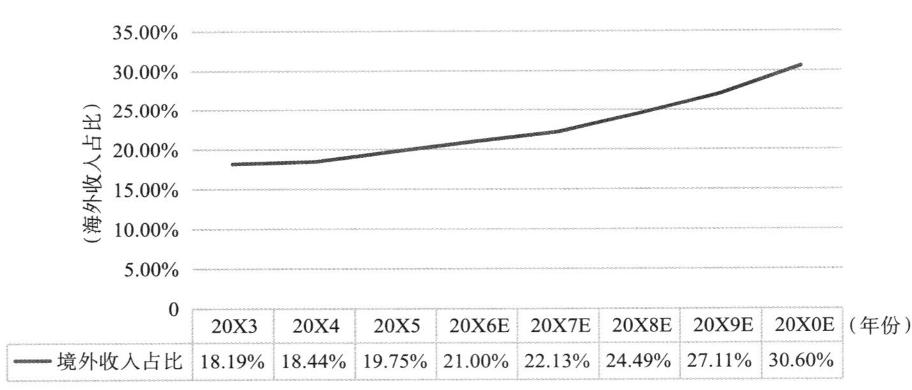

图 8－6 20X3—20X0E 年 CC 企业集团境外收入占比规划

总体目标能否实现有赖于各年目标实现的程度。因此，为了实现 20X0E 年境外收入占比 30% 的目标，可以根据财务模型进行设定，将总目标分解到各年度，通过保证每年境外收入增长达到既定目标来实现总目标。如有差异，应及时找出原因，制定应对措施，调整后续年度的经营计划和管理措施，做到实时掌控，为实现最终目标提供保障。

（二）各业务境外市场发展状况分析

为了保证每年度既定目标的实现，也便于能及时发现问题、寻找偏差点，模型还对CC企业集团各业务境外市场的营业收入目标进行详细的规划，如图8－7、图8－8所示。

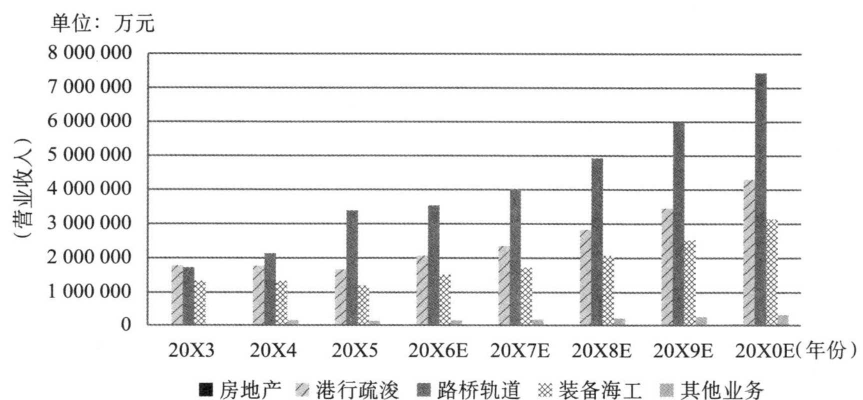

图8－7　20X3—20X0E年CC企业集团各业务境外市场营业收入分析

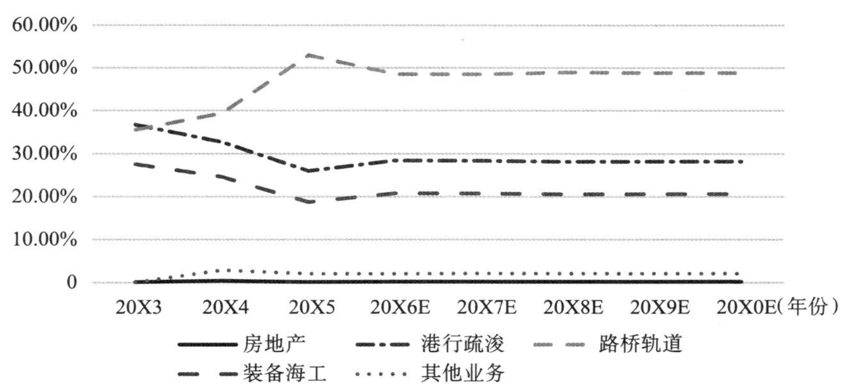

图8－8　20X3—20X0E年CC企业集团各业务境外市场营业收入占比分析

由图8－8可见，首先CC企业集团境外收入主要来自路桥轨道、港行疏浚、海工装备三个市场，其中路桥轨道市场的营业收入占比近50%，因此路桥轨道业务是CC企业集团实现境外收入占比30%目标的关键组成部分。其次是港行疏浚和海工装备，这两大市场也是公司应给予特别关注的领域。

三、基于财务模型的市场拓展策略制定

依托于企业集团财务模型的分析功能和预测功能，可直观呈现不同地域、不同业务市场的发展状况，甄别境内外市场潜在利润增长点，并对企业集团经营业务的不同行业市场，如路桥轨道、港行疏浚、海工装备行业的发展趋势进行针对性分析，为公司市场拓展策略的制定提供决策依据。

综合上述分析，结合CC企业集团的市场定位和发展战略，其市场拓展策略可考虑在巩固国内市场业务稳定发展的同时，开发和拓展境外市场。一段时期内国内市场仍然是CC企业集团收益的主要来源，但中长期计划是在巩固国内市场的前提下，进一步打开国外市场，提升市场份额、扩大盈利空间。在境外市场的开发与拓展中，考虑对路桥轨道市场予以重点关注。

第二节　资源配置决策

资源是企业经营规模拓展和盈利能力提升的源泉，有效的资源配置模式也是生产效率得以实现的前提和保障。如若资源配置不合理、配置效率低下，必然对企业整体发展产生消极影响；资源匮乏会制约企业发展和业务拓展，资源冗余则造成资源闲置，影响资金的流动性并制约企业的盈利能力。资产作为资源在企业中呈现的主要载体，其盈利能力和周转效率至关重要，本节以CC企业集团为例，依托于财务模型中获取的分析数据，对其资产盈利能力和周转能力展开分析，以期在资源配置方面为公司管理决策提供有价值的参考信息。

一、资产盈利能力分析

资产盈利能力即指企业利用现有资产获取利润的能力，是考量资源配置优化程度的重要指标。基于财务模型，在对报表进行预测的基础上，对企业的盈利状况展开分析，为管理者决策提供依据。本节选取了财务分析中最具有代表性的净资产收益率和总资产报酬率两个指标进行分析（如图8－9所示）。

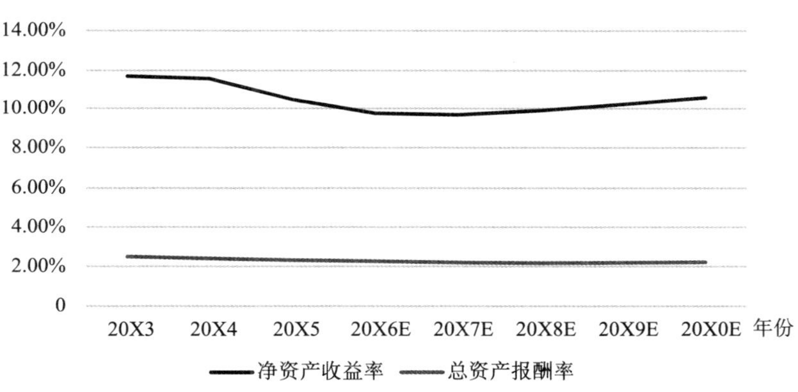

图8－9　20X3—20X0E年CC企业集团总资产报酬率、净资产收益率

由图8－9可知，CC企业集团在20X5年、20X6年净资产收益率出现了较大幅度的下降，相比之下总资产报酬率下降幅度较小。同时，CC企业集团的净资产收益率明显高于总资产报酬率，由此可以推断CC企业集团通过负债经营，充分利用财务杠杆效应，有效提升了净资产收益率。

二、资产周转分析

资产周转效率是影响企业资源配置的核心因素之一，其将直接体现企业内部不同资产的管理效率。一般而言，企业资产周转率越高，意味着在一定期间内企业创收效率越高。因此，在进行资源配置优化时，为提高资产收益率，必须考虑加快企业资产周转率；在这个“快鱼吃慢鱼”的时代，提高企业资产周转效率就显得十分重要。财务模型通过相关指标为企业呈现比较详细、全面的资产周转状况，以辅助管理决策。本节从CC企业集团的资产周转状况入手，分析其资产周转效率并据此提出优化资源配置的相关策略。

（一）企业整体资产周转状况

为进一步分析CC企业集团的资源配置效率，对其总资产和各项资产的周转状况进行分析。

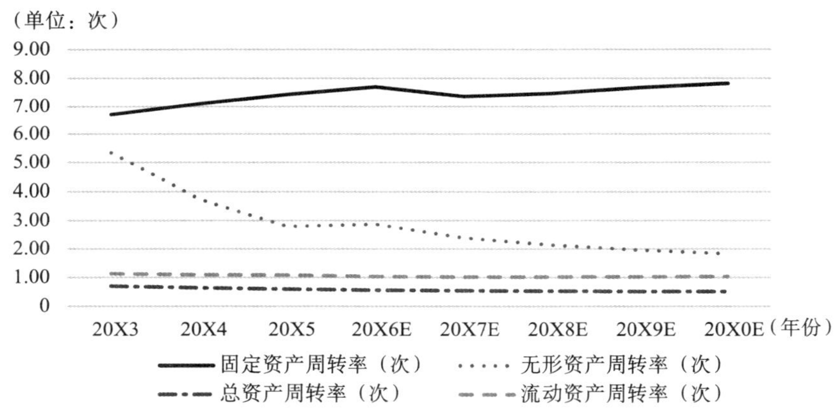

图8－10　20X3—20X0E年CC企业集团资产周转状况

由图8－10可见，CC企业集团的固定资产周转率有小幅度的改善，但其无形资产周转率呈明显下降的趋势，其下降幅度比较大，分析原因是与建筑企业转型特点有关；公司从原先传统的建筑施工承包商转型为面向产业链的综合服务商，其投资型业务（如BOT项目）增幅较大，进而形成了大量的无形资产，且在BOT项目前期运营阶段，其收入增长相对缓慢，导致其无形资产周转率下降。对于建筑业企业而言，尤其如CC企业集团这类处于转型时期的企业，对无形资产的管理就显得相对重要。

（二）企业无形资产状况分析

如上文所述，CC企业集团的无形资产管理相对比较特殊，因此对无形资产及其与总资产、非流动资产、特许经营权的比例关系展开分析（如图8－11、图8－12所示）。

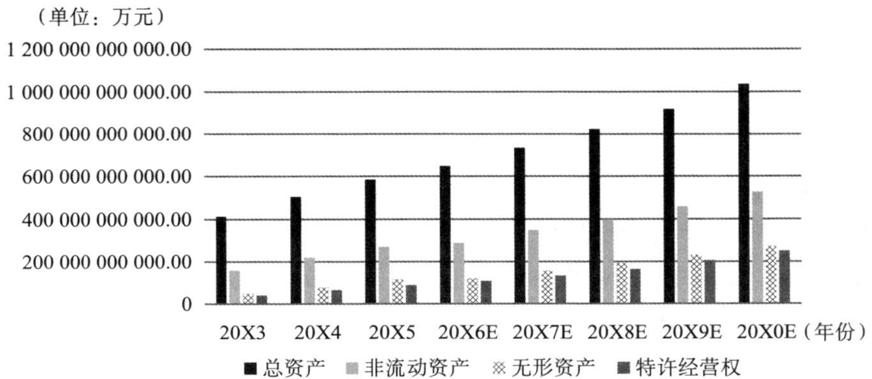

图8－11　20X3—20X0E年CC企业集团无形资产及相关资产分析

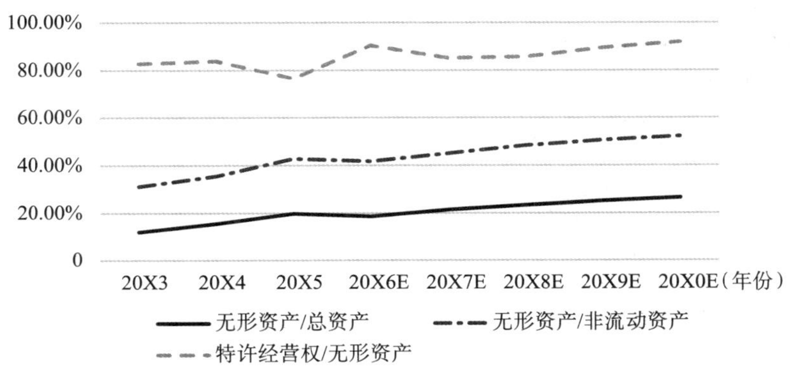

图8－12　20X3—20X0E年CC企业集团无形资产占比分析

从图8－12可见，CC企业集团的非流动资产中，无形资产占比很重，甚至高达60%；且在无形资产中，由BOT业务产生的特许经营权占比更重，高达90%。可以认为CC企业集团长期资产周转能力呈“欠佳”状态与BOT业务的开展有一定关系，需进一步考查。

（三）BOT业务经营状况分析

随着我国基础设施建设进程加快，积极利用外部资金和社会资金，实现多元化融资已成为基础设施建设顺利开展的重要保障。近年来，国家也在大力推广PPP模式，而BOT作为PPP融资模式的形式之一，已逐步成为基础设施融资的重要模式。CC企业集团准确地把握住了BOT投资类项目在各业务之间的新机会，努力成为政府与经济社会发展所需的责任分担者、区域经济发展的深度参与者、政府购买公共服务的优质提供者。近年来，公司稳步开展BOT等投资类项目，由此形成了大量的无形资产。BOT项目的管理、盈利能力、经营情况等对集团的影响不容小觑。接下来，利用财务模型进一步对企业集团的BOT业务的经营状况进行分析（如图8-13所示）。

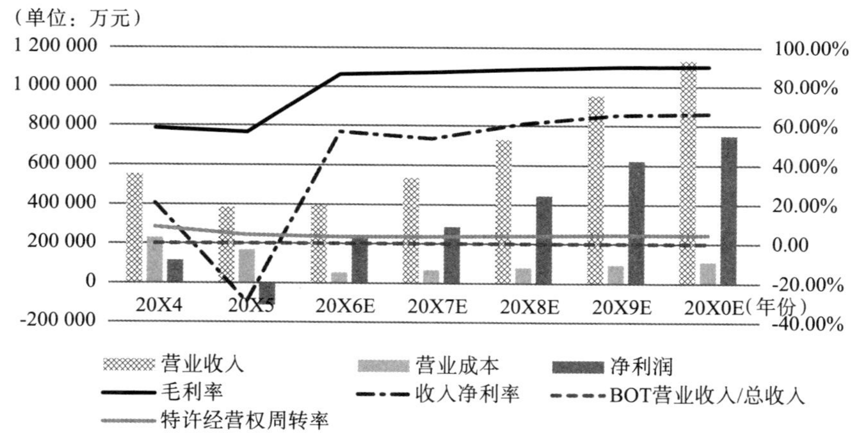

图8-13　20X3—20X0E年CC企业集团BOT项目经营状况分析

由图8-13可见，相比CC企业集团其他类项目，BOT项目的毛利率和净利率都略高一筹，但由于BOT业务体量大，运营周期较长，项目前期收入增长缓慢，会导致其无形资产周转率较低，从而使得公司整体资产的周转率有所下降。随着BOT项目运营展开和收入增加，可预期公司无形资产及整体资产的周转率会逐步得到改善。

三、基于财务模型的资源配置策略制定

依据企业集团财务模型的数据和相关指标分析，直观呈现了企业的资产盈利能力和资产周转状况。其中CC企业集团的资产盈利能力良好，对资产周转状况的分析为优化资源配置指明了方向。在总资产周转率保持平稳的情况下，无形资产周转率下降明显，分析其中原因主要是由于近些年来BOT项目快速增长，形成大量特许经营权，其在无形资产中所占比重在80%左右。但由于BOT项目运营周期长，且近年来BOT项目数量增长较快，大多数项目尚处于在建或前期运营阶段，收入增长缓慢，导致对公司整体资产周转状况产生较大影响。因此，如何合理布局BOT项目的开展，提升运营效率和资产周转效率，成为CC企业集团优化资源配置的重要任务。

第三节　运营管理决策

营运资本管理效率对于企业的持续发展至关重要，较高的营运资本管理效率将有助于提升企业盈利能力、防止资金链断裂、预防债务危机。基于财务模型的预测和分析功能，可以为企业流动资产的运营管理、优化运营决策提供支持。本节从营运资本管理的角度出发，从往来账项管理、存货管理、营运资金管理三个方面分析CC企业集团营运管理的状况。

一、往来账项管理

往来账项是企业营运资金的重要组成部分，主要包括应收类、应付类、预收类、预付类款项。财务模型的预测功能为管理者呈现了未来一定期间内往来账项的发展趋势，以辅助管理者调整信用标准并合理利用信用政策。本节着重针对应收、应付款项进行分析（如图 8－14 所示）。

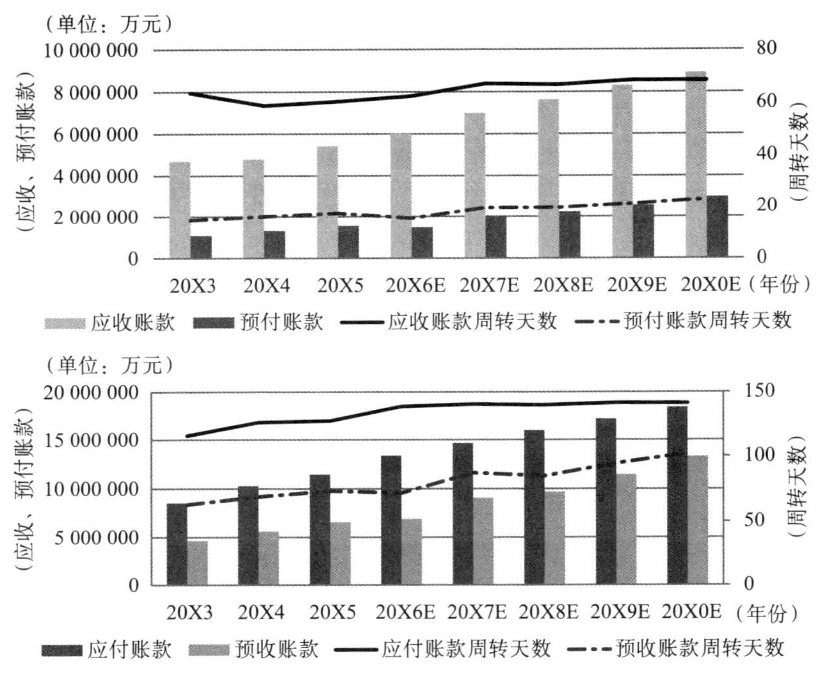

图 8－14　20X3—20X0E 年 CC 企业集团往来账款周转状况

由图 8－14 可见，随着 CC 企业集团应收款项、应付款项的增加，其周转天数也随之增加。基于提升企业资金管理效率的需要，管理层需要关注往来账项的周转状况并采取相关措施，比如是否需要收紧应收账款的信用政策等，以便加快资金回收效果，减少坏账损失。相比之下，应付账款和预收账款的周转天数明显大于应收账款和预付账款的周转天数，但是应付账款周转天数的增加，虽有助于提升营运资本周转效率，但是可能对企业商业信用产生影响。管理层应注意应付账款的偿还对企业信用的影响。

二、存货管理

依据财务模型所提供的数据从存货的周转情况、存货成本等情况，分析当前以及未来一段时间的存货量是否达到最佳状态，从而调整当前的存货管理情况。CC 企业集团 20X3—20X0 年 CC 企业集团存货变化情况如图 8－15 所示：

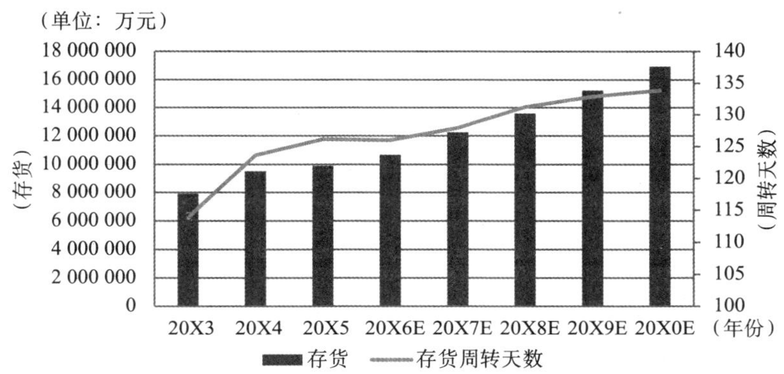

图 8－15　20X3—20X0E 年 CC 企业集团存货及周转状况分析

与应收账款、应付账款一样，CC 企业集团存货周转天数存在上升的趋势，且随着存货的增加，其周转天数一直呈上升的趋势。存货管理不善会增加企业的经营成本，管理层可结合不同业务板块的特点，尽快找出原因并采取进一步的应对措施。

三、营运资金周转管理

营运资本是流动资产与流动负债之差，通常被视为衡量公司流动性是否充足的重要指标，有效的营运资本管理能够促进企业业绩提升和价值增加，然而增加营运资本投入需要额外融资，会加大公司融资成本。营运资本为企业正常进行再生产活动提供了必要条件，但过度持有营运资本会降低资金利用效率，进而降低公司资产报酬率和企业价值。另外，由于营运资本投入与长期资产投资之间形成对公司内部财务资源的竞争，过量的营运资本投入削减了内部资源对长期资产投资的支持，当企业面临外部融资约束时会出现内部资源支撑不足，降低资源配置效率。因此营运资本管理的优劣对企业营运效率提升至关重要。财务模型在预测每项营运资本未来发展态势的基础上，进一步分析营运资本整体发展状况，以辅助管理层制定企业营运管理决策。

（一）整体营运资本状况分析——流动资产—流动负债

本节通过CC企业集团营运资金周转天数和营运资金的变化情况综合反映其营运资金管理的情况。其中，营运资金周转天数 = 存货周转天数 + 应收账款周转天数 - 应付账款周转天数 + 预付账款周转天数 - 预收账款周转天数。具体状况如图8-17所示。

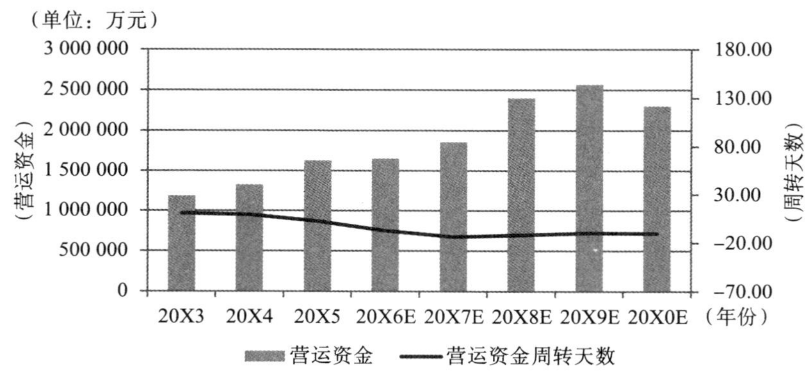

图8-16 20X3—20X0E年CC企业集团营运资本变化状况

由图8-16可知，CC企业集团的营运资金整体呈上升趋势，但结合应收账款、应付账款、存货等项目与营业收入变化趋势的比较分析结果，其周转天数整体是下降的，说明公司在营运资金方面的管理是比较有效的。同时管理层也要注意到随着营运资金的增长，其周转天数也有回升的趋势，虽然幅度不大，但管理层也要给予一定的关注。

（二）各项营运资本状况分析

基于CC企业集团整体营运资金情况，为更加准确、高效地开展营运资金管理，接下来具体分析各项营运资金的周转状况（如图8-17所示）。

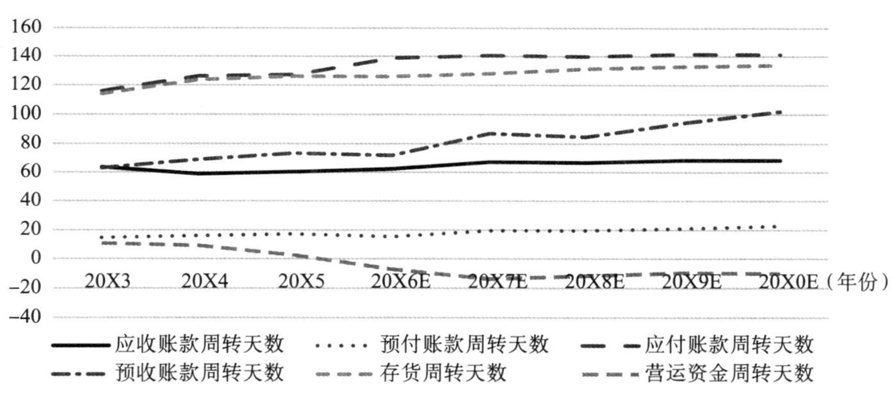

图8-17　20X3—20X0E年CC企业集团营运资金转状况分析

如图8-17所示，营运资金周转天数呈下降态势，这预示着企业整体资金管理较为有效。但是究其根源，哪种营运资本管理效率对整体资金管理贡献更为显著呢？则应当结合各项营运资金的周转状况进行深入分析。由图8-17所示，应收账款周转天数、预付账款周转天数、存货周转天数基本平稳略有上升，但是预收账款周转天数、应付账款周转天数均有较为明显的上升趋势，且高于流动资产项目增长幅度，这也是促使营运资金周转天数下降的主要原因。预收账款周转天数、应付账款周转天数的增加是依托于企业的商业信用和在行业中话语权产生的附加效应，虽提升了整体的营运资本管理水平，但是可能存在商业信用透支等潜在风险。

管理层在进行营运资金管理时，需要进一步分析各营运资本的周转状况，比如CC企业集团管理者要关注应付账款、预收账款的发展态势，加强应收账款、预付账款、存货等资产项目的管理效率，使各种营运资本保持良好的发展态势。

四、基于财务模型的营运资本管理策略制定

依据企业集团财务模型的数据和相关指标分析，有助于管理层掌握往来账项管理、存货管理、营运资金管理的整体情况，并结合企业的整体发展规划，辩证地分析营运资金管理的情况，辅助营运资本管理决策。

第四节　企业风险管控

企业风险管控与企业健康成长密不可分，随着企业发展，其面临的风险日趋复杂，利用财务模型进行风险管控势在必行。本节基于企业风险管控视角，从战略层面和经营层面展开分析。

一、战略层面

财务模型的预警功能在风险管控方面发挥着不可替代的作用。企业可根据财务指标预测值和预警值显示预警财务指标，再借助敏感性分析，为管理层提供财务决策依据。战略层面的风险管控主要围绕企业的财务状况、经营成果的关键指标，如围绕资产负债率、销售净利率、资产报酬率等呈现企业整体的风险管控状况。具体情况如图8－18、图8－19所示。

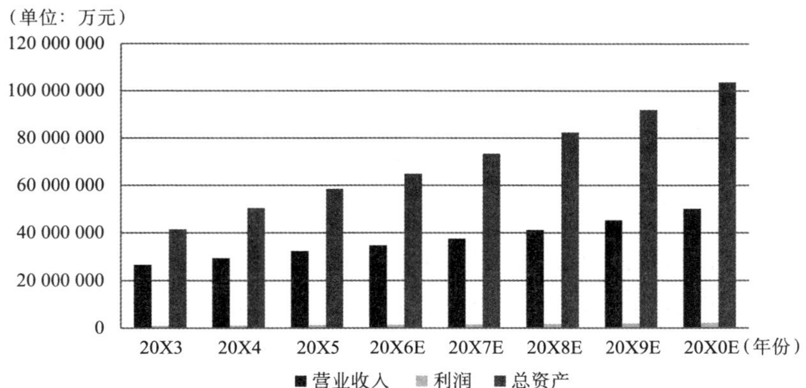

图 8－18　20X3—20X0E 年 CC 企业集团经营状况分析

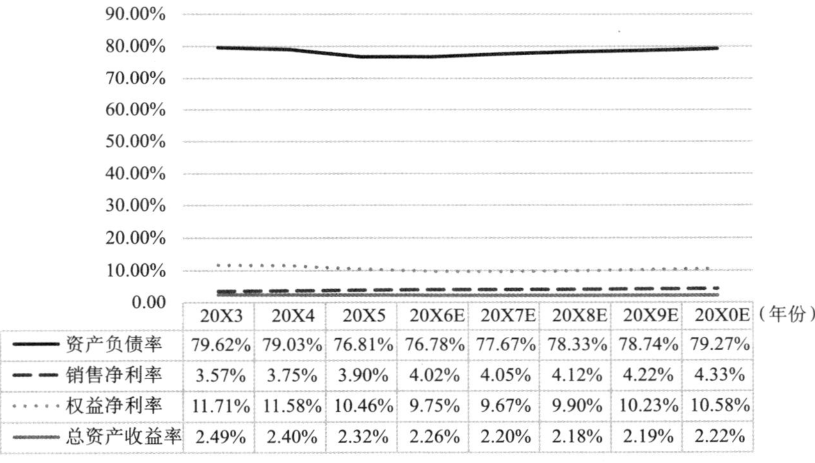

	20X3	20X4	20X5	20X6E	20X7E	20X8E	20X9E	20X0E
资产负债率	79.62%	79.03%	76.81%	76.78%	77.67%	78.33%	78.74%	79.27%
销售净利率	3.57%	3.75%	3.90%	4.02%	4.05%	4.12%	4.22%	4.33%
权益净利率	11.71%	11.58%	10.46%	9.75%	9.67%	9.90%	10.23%	10.58%
总资产收益率	2.49%	2.40%	2.32%	2.26%	2.20%	2.18%	2.19%	2.22%

图 8－19　20X3—20X0E 年 CC 企业集团经营状况分析

从图 8－18 和图 8－19 可以看出 CC 企业集团的经营情况很稳定，但是就资产负债率而言，根据国资委出台的新规定，CC 企业集团超出国家对中央企业规定的 75% 的临界限值，企业管理层要对其因此在资产负债方面公司要重点关注。

二、经营层面

就企业的经营层面而言，公司所面临的风险主要是从经营风险和财务风险两个方面予以考虑。经营风险是公司面临的商业风险，是由于公司的市场波动造成其经营情况变化而可能引起的损失，主要反映在公司营业收入和利润的减少，这方面在上文已做了介绍，本节着重就企业面临的财务风险进行详细阐述。

财务风险源于高负债，既可能造成危机或损失，又可能带来风险溢价。要防止财务风险可能产生的危害性，也要加强对财务风险的研究，在风险可控的情况下获取风险报酬。借助财务模型，可以把控企业相关风险的变化态势，有效防范或分散企业的财务风险。

本节针对CC企业集团的财务风险从财务杠杆和利息保障倍数等方面去分析（如图8－20所示）。

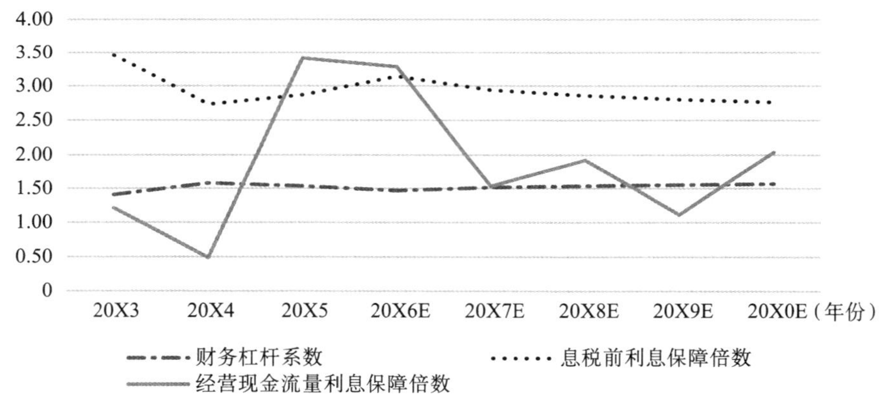

图8－20　20X3—20X0E年CC企业集团财务风险状况分析

由图8－20可知，CC企业集团财务杠杆和息税前利息保障倍数都处于稳定的状态，说明公司在相关方面管控的较好，但经营现金流量利息保障倍数波动明显，说明CC企业集团的经营现金流量管控有待加强。

现金流是公司价值创造肌体的血液，由经营活动现金流、投资活动现金流和筹资活动现金流构成，三者共同形成动态现金流循环系统，将公司的日常经营、投资与筹资活动紧密地联结在一起。经营活动现金流反映公司日常经营状态，投资活动现金流反映公司的实际投资行为，筹资活动现金流为经营活动和投资活动提供外部融资支持，平滑公司内部资金波动，保证经营活动的顺利开展，三者共同构成起支撑企业运转的有机动态系统，之间相互关联、相互影响和制约。公司现金流的“动态平衡”对公司的正常运转和持续发展起着极其重要的支撑作用。三种现金流具有牵一发而动全身的特性，要关注并及时发现公司现金流可能存在的问题，采取预防措施，并相应调整各类现金流相关的计划或者安排。

三、基于财务模型的风险管控策略制定

企业集团财务模型的预测功能和预警功能，有助于对相关风险进行有效识别，从战略层面和经营层面及时开展风险管控措施。

CC 企业集团整体战略层面的风险管控的效果比较明显，但是在经营层面关于经营现金流的稳定性管控还有待改善。经营现金流量水平以及波动性会对投资和筹资现金流活动造成传递性影响，引发投资和筹资决策行为的调整，而投资和筹资现金流活动的效果会回馈到经营现金流活动，改变未来经营现金流的增长预期。因此，对于经营现金流不稳定的状况，在后续管理的过程中要给予关注，尽量做到防患于未然。

第五节 企业并购决策

诺贝尔经济学奖得主斯蒂格勒（Stigler，1996）[①] 曾经说过“几乎没有一家大公司主要是靠内部积累成长起来的”，并购是企业发展的

① ［美］R. R. 阿罗：《哈佛管理百科全书—公司并购管理篇》，中国社会出版社 2000 年版，第 16 页。

一种重要方式，对提升企业竞争力起到重要作用。然而并购的可行性分析，以及并购后企业财务状况的预判成为并购决策制定中的难点。企业集团财务模型的预测及分析功能可以高效的分析企业并购前后经营状况，为企业并购决策提供支持。本节从原理（并购的协同效应）以及实际案例（CC 企业集团）两个方面阐释财务模型在企业并购决策中的作用。

一、并购的协同效应

Ansoff（1965）[①] 最先在其著作《公司战略》中提出协同效应概念。协同效应是指由于并购双方资源、能力等方面的共享和互补，获得协同效应，从而创造价值，即并购后并购企业和目标企业形成的整体价值创造大于并购前并购企业和目标企业各自创造的价值之和，即所谓 1 +1 >2 的效应。它由于并购增加了合并企业的竞争优势，从而产生的现金流超过两个企业独立经营产生的现金流之和。企业在并购过程中产生的协同效应包括经营协同效应、管理协同效应和财务协同效应，这些协同效应的存在有助于企业效率的改进。

经营协同效应是指通过企业并购，并购双方资源互补得到更有效的利用。企业合并后可以消除一些重复性成本，例如，共用销售渠道和销售人员，共用研发中心，产生规模经济和范围经济。通过并购可以提高经营活动的效率，获得资源利用的协同效应。

管理协同效应是指通过并购，收购方将优秀的管理技能注入目标公司，使总效率得以提升。当收购企业的管理比目标企业更有效率，收购企业通过并购将其优势的管理能力输入到目标企业的管理实践中，对目标企业的资源重新进行配置，提升并购后的整体能力和协同能力，从而创造更大价值。

---

① 安索夫著：曹得骏、范映红、袁松阳（译），《新公司战略》，西南财经大学出版社 2009 年版。

财务协同效应认为单个企业的现金流波动存在个性风险，如果两个企业的现金流波动不是完全正相关的，它们之间进行合并可以降低现金流整体的波动性，从而降低企业风险。此外，鉴于企业的亏损可以在后续若干年内抵减应纳税所得额，可以实行财务性并购，一个盈利企业通过并购一个亏损企业，通过合并纳税可以带来合法抵减所得税的好处。

二、案例分析

LC公司在浙江成立，是以房地产开发为主营业务的房地产企业，经过十多年的发展，综合实力雄厚，并成为中国知名的房地产开发商之一。

CC企业集团近年来处于快速发展阶段，亟待拓展房地产领域业务。20X5年CC企业集团与LC公司达成并购协议。这次并购对于CC企业集团具有重要的战略意义，是其业务转型中进军房地产领域的重要举措。

然而，在并购这种“联姻”方式有助于实现并购双方战略发展目标的同时，也存在较大的风险。除了并购之初的企业文化融合、组织变革“阵痛”以外，并购之后企业的财务状况、经营成果和现金流量等也是企业非常关注的。

利用企业集团财务模型的预测功能，在企业做出并购决策之前，结合并购双方的财务数据，预测企业并购后其财务指标的变化态势，将有助于管理层作出较为科学合理的决策，便于并购后的企业整合。表8-1是CC企业集团并购前及并购后财务状况的预测情况。

表8-1　CC企业集团房地产业务并购LC公司后的指标分析

	20X4年	20X5年	20X6E年
一、盈利能力状况			
毛利率	34.96%	31.80%	23.02%
销售净利率	13.60%	7.45%	4.05%
净资产收益率	7.17%	2.18%	4.56%
总资产报酬率	2.22%	0.95%	1.27%

续表

	20X4 年	20X5 年	20X6E 年
二、资产质量状况			
应收账款周转率（次）	9.98	4.93	19.07
存货周转率（次）	0.17	0.12	0.40
总资产周转率（次）	0.16	0.13	0.31
流动资产周转率（次）	0.19	0.15	0.35
三、债务风险状况			
资产负债率	57.80%	55.24%	74.08%
流动比率	48.59%	51.27%	53.99%
速动比率	46.85%	-1.28%	66.11%
息税前利息保障倍数（倍）	15.17	5.32	3.34
四、经营增长状况			
营业收入增长率	83.06%	-5.54%	1 256.36%
营业利润增长率	19.55%	-47.53%	869.46%
净利润增长率	19.49%	-48.24%	637.67%
总资产增长率	23.57%	18.43%	822.55%

根据财务模型预测结果，总的来讲，此次并购基本能够达到优势互补、协调发展的目标。并购后企业的财务状况比较稳定，特别是资产周转率有所提升。但是企业的盈利能力和偿债能力均有不同程度的下降。这一预测结果与企业并购后的实际情况相吻合。

首先，LC 公司是一家负债率比较高的企业，并购 LC 公司使得 CC 企业集团的负债压力急速上升，对原本资产负债率已经较高的 CC 企业集团提出了挑战。其次，LC 公司的毛利率和销售净利率与 CC 企业集团相比较弱，CC 企业集团可以在一定程度上利用自己的能力使其改善。另外从资产周转情况来看，并购使得整体资产周转加快。综合上述考虑，CC 企业集团这次并购最大的风险在于 LC 公司的高负债率，管理层一方面应注重通过财务并购利用财务杠杆减少税赋，同时要谨慎应对高负债风险，逐步降低负债率。

第六节　企业可持续发展

企业可持续发展是指企业能够持续、稳定、健康的发展。本节依托财务模型的数据和功能，从企业的财务可持续和企业价值创造两个角度综合分析企业可持续发展能力。

一、财务可持续分析

将企业的财务可持续增长引入企业相关的发展研究中，可以理解为在充分利用财务资源的情况下，企业销售所能达到的最大增长水平，一般用可持续增长率（Sustainable Growth Rate，SGR）来表示。

$$SGR=\frac{\text{销售净利率}\times\text{总资产周转率}\times\text{期末权益乘数}\times\text{留存收益率}}{1-\text{销售净利率}\times\text{总资产周转率}\times\text{期末权益乘数}\times\text{留存收益率}}$$

以上比率代表了公司在各项目标财务比率下应该实现的最高销售增长率，但该比率最终能否实现，还取决于外部市场条件，以及公司自身为适应市场发展所采取的各种举措。

财务模型利用范霍恩稳定增长模型（1988）分析CC企业集团的可持续增长率，具体情况如图8－21所示。

通过图8－21可知，CC企业集团的可持续增长率在一开始有下降的趋势，其中，20X5年、20X6年两年的权益乘数变化很大，也影响了公司的可持续增长率。其中值得关注的是公司的总资产周转率一直呈下降趋势，这与前面分析的营运资本周转存在关系，管理者也应考虑长期资产的生产效率问题。结合前述小节内容，可以推断出企业BOT业务的发展带来无形资产激增会导致长期资产周转率下降，因此，管理者要及时做出调整措施，促使公司的可持续发展能够得以为继。图8－22进一步对CC企业集团的可持续增长率和实际增长率进

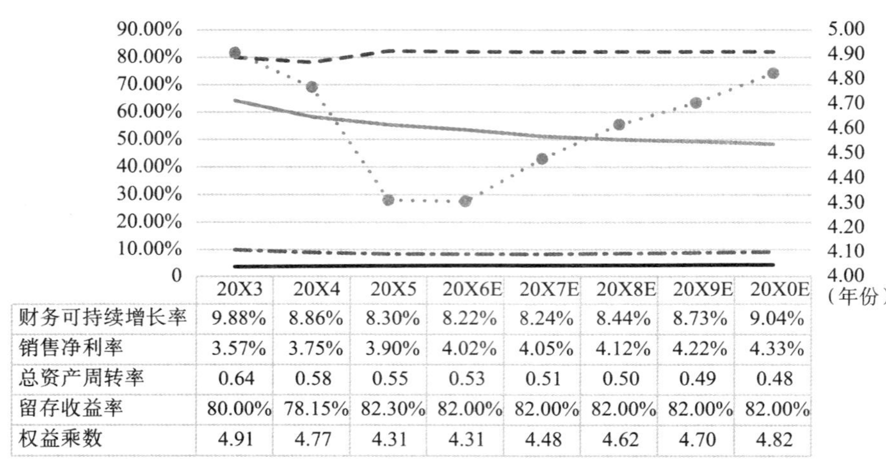

	20X3	20X4	20X5	20X6E	20X7E	20X8E	20X9E	20X0E
财务可持续增长率	9.88%	8.86%	8.30%	8.22%	8.24%	8.44%	8.73%	9.04%
销售净利率	3.57%	3.75%	3.90%	4.02%	4.05%	4.12%	4.22%	4.33%
总资产周转率	0.64	0.58	0.55	0.53	0.51	0.50	0.49	0.48
留存收益率	80.00%	78.15%	82.30%	82.00%	82.00%	82.00%	82.00%	82.00%
权益乘数	4.91	4.77	4.31	4.31	4.48	4.62	4.70	4.82

图 8－21　20X3—20X0 年 CC 企业集团持续增长分析

行对比分析。

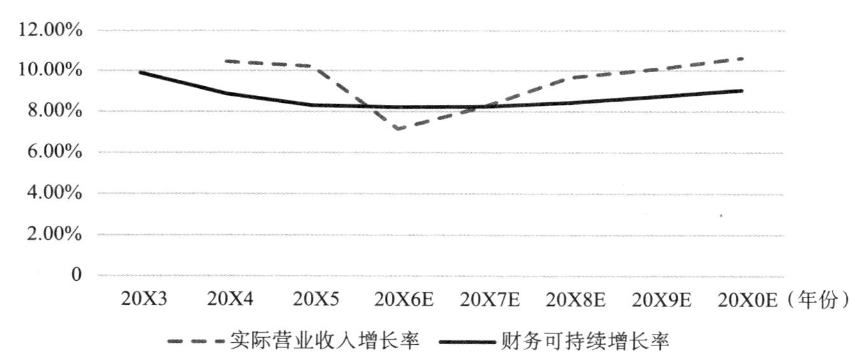

图 8－22　20X3—20X0E 年 CC 企业集团可持续增长与实际增长对比分析

对于一个公司而言，增长过快会使公司的资源变得相当紧张，以致后期增长乏力。而增长过慢也会带来严峻的财务状况，导致公司被淘汰或被收购。由图 8－22 对比发现，CC 企业集团的实际营业收入增长情况与公司的可持续增长情况基本一致。除去 20X6 年实际销售收入增长率没有达到可持续增长率以外，其余年份可持续增长率都略高。

同样在实现高增长的情况下，管理层也要注意防范过快增长给企业带来资源紧缺问题。

二、企业可持续发展能力：价值创造视角

企业价值创造是指企业投资获取的回报超过了企业投资所支付的资本成本，实现了价值增值。企业投资所支付的资本成本取决于融资途径，通常主要由权益资本成本和债务资本成本组成。企业的价值创造并不等同于企业的会计利润为正，因为会计利润没有考虑企业的融资成本（资本成本），即企业出资人（股东或债权人）要求的必要回报。当企业获取的投资回报低于其资本成本时，此时的会计利润仍然可能为正值（但尚未能覆盖资本成本），这种情况下企业并未创造价值，仍处于价值损耗状态。原因在于会计利润仅考虑了债务性资本成本，未包括权益资本成本。只有当会计利润超过了权益资本成本，说明企业净利润在覆盖了其全部资本成本之后还有剩余，即为价值增值；反之当会计利润低于权益资本成本，未能满足出资人的必要回报，即未能实现资产保值，企业实际处于价值耗损状态。企业实现价值创造的目标也就是实现了价值最大化的目标，这要求企业注重资产创利能力的提高，增强企业可持续增长的竞争优势。从项目投资评价角度而言，项目净现值（NPV）大于零意味着价值创造或价值增值，反之则为价值损耗。净现值为零时则等价于项目资产保值。

EVA 正是考量企业是否实现价值创造的一种绩效评价方式。企业账面盈利并不意味着企业创造了价值，基于企业价值创造的涵义，EVA 方法是在企业利润现金流的基础上，通常剔除企业的资本成本来衡量企业价值创造。EVA 为正，表示企业价值增加；反之，EVA 为负时，则表示企业价值减损。传统的会计利润指标在实践中存在较大的弊端：一方面，它容易成为管理者操纵企业利润的手段；另一方面，它们忽视了权益资本回报要求。这对企业选择财务政策以保证其可持

续发展很不利。与传统的财务业绩指标相比，EVA 能够清晰企业创造价值的涵义，使投资者对会计利润有一个清醒的认知。企业集团财务模型的分析功能也有助于 EVA 指标的解析，并呈现出企业价值创造的能力。在分析 EVA 的基础上，再结合企业资本成本和投入资本回报率进一步探索 CC 企业集团的价值管理状况。

图 8－23 和图 8－24 分别展示了 CC 企业集团 20X3—20X0 年 EVA 变化状况，以及资本成本和投入资本回报率的对比分析。

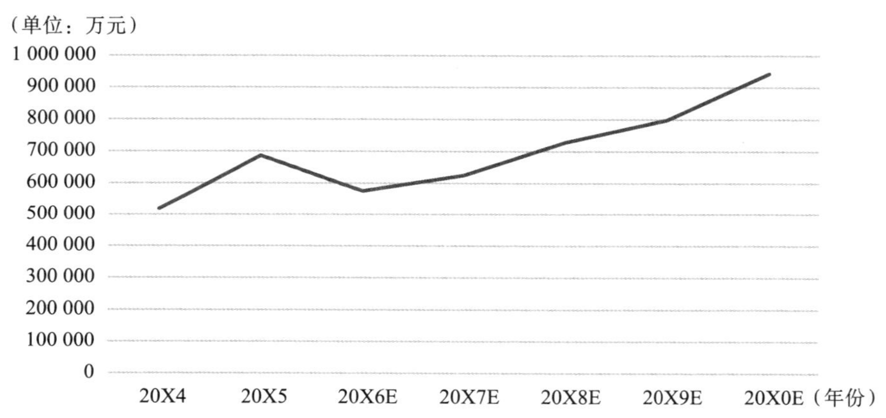

图 8－23　20X4—20X0E 年 CC 企业集团 EVA 变化状况分析

9.00%
8.00%
7.00%
6.00%
5.00%
4.00%
3.00%
2.00%
1.00%
0

	20X4	20X5	20X6E	20X7E	20X8E	20X9E	20X0E（年份）
投入资本回报率	7.65%	7.82%	6.93%	6.83%	6.85%	6.77%	6.82%
资本成本率	5.49%	5.45%	5.19%	5.17%	5.14%	5.12%	5.10%

图 8－24　20X4—20X0E 年 CC 企业集团资本回报率与资本成本对比分析

从图8－24和图8－25可知，CC企业集团的EVA为正，且一直呈增长态势，这说明公司进行了较为有效的价值管理，企业价值创造能力较强。加权平均资本成本较为稳定且有所下降，投入资本回报率与加权平均资本成本之间的差额相对比较稳定，单位资本创造的经济利润保持稳定。

三、公司财务战略矩阵分析

根据财务模型所提供的基础数据，运用财务战略矩阵，将经济增加值和可持续增长率相结合，通过上文对CC企业集团实际增长率、财务可持续增长率、投入资本回报率以及加权平均资本成本的计算和对比分析，可以确定其20X4—20X0E年期间各年所处的财务象限具体位置如图8－25所示。

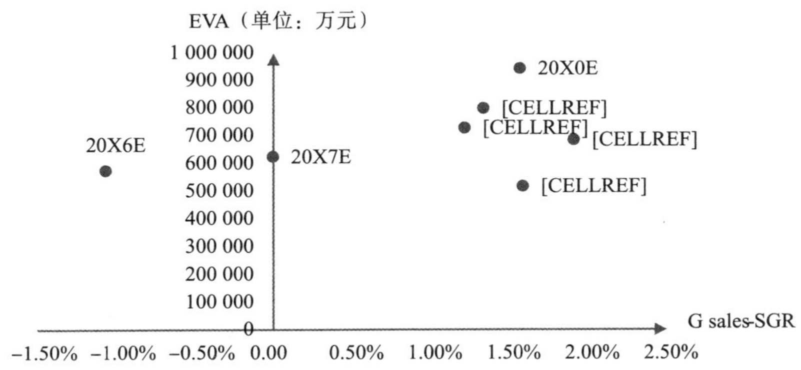

图8－25　CC企业集团财务战略矩阵分析

由图8－25可见，CC企业集团20X4—20X0E年均实现了价值创造，其中20X6E年现金剩余，处于第二象限；表现为增值型现金剩余，EVA大于零，实际销售收入增长率小于财务可持续增长率。该时期企业实现价值增值，但资源利用不甚充分，表现为现金剩余。企业在这种状态下，应充分利用剩余的现金加速增长，如增加投资规模，扩大市场份额；研发新项目，开发新市场；分配剩余现金，提高股利支付率。

除20X6E年、20X7E年以外的其余年份，CC企业集团呈现金短缺状态，处于第一象限；表现为增值型现金短缺，EVA大于零，实际销售收入增长率大于财务可持续增长率。该期间企业集团表现出良好的价值创造能力，由于经营发展对资本投入需求增大，需要更多的资金周转来支持公司业务增长，缓解现金流紧缺。在这种状态下，企业集团可以采用两种方式解决资金短缺问题：一是通过提高经营效率和改变财务政策来提高可持续增长率，如降低营业成本，提高资产管理水平，向收益率较高的市场配置整合资源，或降低股利支付率；二是通过调整企业集团的资本结构，增加融资缓解资金压力。

本章小结

本章着眼于企业内涵式和外延式的发展方式，从企业的市场开发、资源配置、营运管理、风险管控、并购决策等多个角度，结合具体案例对财务模型在企业战略与管理决策中的具体应用进行了阐释。最后从企业可持续发展视角，结合EVA和财务战略矩阵的分析方法对企业价值创造能力做了进一步的分析。财务模型贯穿于企业战略与决策管理的整个过程，财务模型的运用也有助于提升企业的战略与管理决策的科学性和合理性，进而有利于企业实现可持续发展。

第九章

大数据时代企业集团财务决策与应用展望

大数据作为新技术变革的标志，受到学术界、企业界以及政府的广泛关注。大数据时代的来临将使企业的经营环境、决策环境都发生巨大的变化。财务预测是企业财务管理循环中重要的一环，是企业进行财务决策的基础，也是制定财务预算和计划的依据。大数据时代的到来，促使财务预测的基础、模式、方法正经历深刻的变革。本章基于大数据的时代背景下，展望企业集团如何运用大数据技术进行财务决策。

第一节　大数据时代

随着互联网思想日益深化，大数据应用备受瞩目。根据国际数据公司（IDC）的监测统计，2011 年全球数据总量已经达到 1.8ZB，数据还在以每 2 年翻一番的速度增长，预计到 2020 年，全球将总共拥有 35ZB 的数据量，比 2011 年增长了近 20 倍[①]。换言之，近些年来产生的数据总量相当于人类有史以来所有数据量的总和。在这个大背景下，从产业生态到公司战略，从学术研究到生产实践，从国家治理乃至城镇管理，都将发生深刻和本质的变化。作为国家的经济基础单元，企业的市场地位及竞争优势将源于对大数据的智能化利用，国家竞争实力也将部分体现为所拥有数据的规模与活性和对其蕴含的信息进行智能摄取，以及解释和运用数据信息的能力。

一、大数据——时代变革的驱动

随着时代的不断进步以及科技的飞速发展，互联网、物联网、移动通讯、管理信息化、电子商务乃至人工智能等技术不断相互渗透，并作用于国家、社区、企业和民生的方方面面。人们用“大数据”来描述信息爆炸时代产生的海量数据，以及在一段时间内通过对海量数据进行发掘、摄取、管理、处理及整理得到的有价值的资讯与认知，并以此来帮助人们应对、处理事务和做出决策。

如图 9－1 所示，在互联网环境背景下，各种交易载体和媒介传播载体不断产生大量数据，这些数据通过互联网相互融合、相互作用进而增生出数倍的结构数据和数据信息，这对人类如何甄别和利用数据信息提出了挑战。大数据的产生反映了互联网时代海量数据与网络信息技术发展相互交融引致的激变趋势，推动了时代的变革。

（一）何为大数据？

大数据（Big Data），指无法在一定时间范围内用常规软件工具进

① 程学旗、靳小龙、杨婧、徐君：“大数据技术进展与发展趋势”，《科技导报》，2016 年第 14 期，第 49－59 页。

图 9-1 互联网环境背景下的数据产生量[①]

行捕捉、管理和处理的数据集合，是具有海量、高增长率和多样化特征的信息资产，决策者需要新的处理模式对大数据进行认知和透视，试图以大数据为载体来支撑更为有效的决策能力、洞察发现能力和流程优化能力。麦肯锡全球研究所对大数据给出的定义是：一种规模大到在获取、存储、管理、分析方面大大超出了传统数据库软件工具能力范围的数据集合，具有海量的数据规模、快速的数据流转、多样的数据类型和价值密度低等特征[②]。

大数据技术的战略意义不在于提供庞大的数据信息，而在于对这些蕴含有潜在意义的数据进行挖掘和专业化处理，探寻数据信息之间的关联关系，反映其信息价值。换言之，大数据处理可作为发掘信息价值的重要工具，具有潜在商业价值，体现为对海量数据的“加工能力”，通过对海量数据“加工”实现数据向信息的价值转化，进而实现的“增值”。从技术上看，大数据与云计算的关系就像一枚硬币的正反面一样不可分割，对大数据的认知尚依赖于云计算方法，因为大数据无法通过单台计算机进行处理，必须采用分布式架构，其特点在于对海量数据进行分布式数据挖掘，这需要依托云计算的分布式处理、

---

① 图片来源：https：//wenku. baidu. com/view/1a60d7fb710abb68a98271fe910ef12d2af9a93b。

② 张安法：“大数据时代要有大数据思维”，《中国国防报》，2015 年第 3 期。

分布式数据库和云存储、虚拟化技术。

（二）大数据技术的应用

大数据的迅猛发展离不开互联网背景下，信息数据的爆发式增长及数据特征的改变。图9－2展示了互联网环境背景下信息交互的载体与通路，反映了人与人、人与机器、机器与机器之间的互联互通路径。信息在互联网背景下呈现出感知化、物联化和智能化的特点。

图9－2　互联网环境下信息交互载体[①]

感知化是指数据源的多途径和多元化。互联网背景下传感器、RFID标签、芯片、摄像头遍布世界的各个角落，物理世界中原本不能被感知的事物现在可以被感知，它们通过各种技术被接入了互联网。

物联化是指数据获取及传送方式的变化。随着感知化介质的发展与普及，未来数据可能来自于自行车、电器、道路、管道、包装物等，表现为人与人、人与机器以及机器与机器之间形成的多向互联互通方式成为数据信息传递的载体与途径，体现了现代科技发展的趋势。

① 图片来源：https：//wenku. baidu. com/view/1a60d7fb710abb68a98271fe910ef12d2af9a93b。

智能化是指数据使用方式的变化。感知和互联并不是最终的目的，数据只有通过智能化手段进行处理、分析和计算，通过感知和认知的互动，形成共生态情境，从中汲取有价值的东西，并通过商业模式服务于用户需求，实现用户价值。

二、大数据——智能管理的基石

大数据分析相比于传统的数据仓库应用，具有数据量大、数据结构混杂、查询分析复杂等特点。大数据技术基于对海量非结构化数据的采集、处理、发掘、整理和分析，通过发掘数据信息间隐含的相关关系，认知反映事物行为规律特征的数据信息，从中汲取对政府组织和商业组织有价值的用户信息，为实现智能化管理提供数据信息平台基础。

（一）大数据的特征

业界将大数据的特征概括为“4V”，即巨量性（Volume）、多样性（Variety）、价值性（Value）和即时性（Velocity）来概括（如图9－3所示），体现为四个层面：第一，数据体量巨大，从TB级别，跃升到PB级别；第二，数据类型繁多，如网络日志、视频、图片、地理位置信息等；第三，处理速度快，一秒定律，可从各种类型的数据中快速获得相关信息，这一点与传统的数据挖掘技术有着本质的不同；第四，只要合理利用数据并对其进行正确、准确的分析，将会带来预期的信息价值。大数据技术代表了数据信息分析的前沿技术。简而言之，大数据技术即是从各种各样类型的大量数据中快速获得具有用户价值信息的能力。

（二）大数据的功能

对于一般企业而言，大数据的功能主要表现在两个方面，分别是

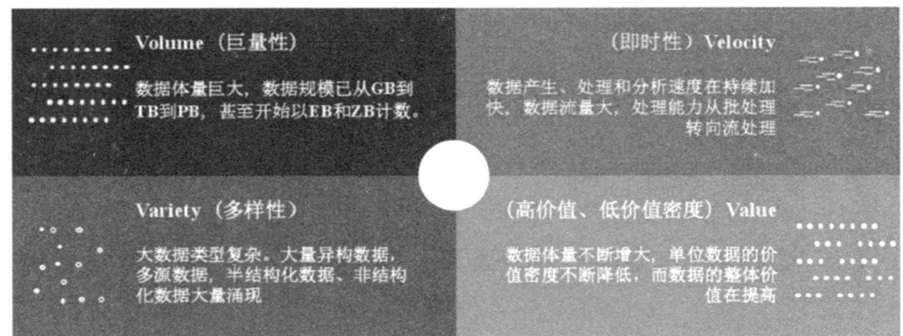

图 9－3　大数据特征①

数据信息的发掘分析与进行二次开发。通过对大数据信息进行分析，不仅能把非显性的数据信息挖掘出来，还能基于这些非显性信息，通过实体销售传导，拓展客户源和开拓市场。至于对数据信息进行二次开发，在网络服务项目中运用较多，通过将这些数据信息进行整理归纳与逻辑分析，制定出符合客户需要的个性化方案，并营造出一种全新有效的广告营销方式。图 9－4 展示了大数据对促进企业提升竞争优势的功能作用，从理念思维、技术变革、管理效率、运营绩效等方面刻画了大数据推进企业转型发展的促进作用。

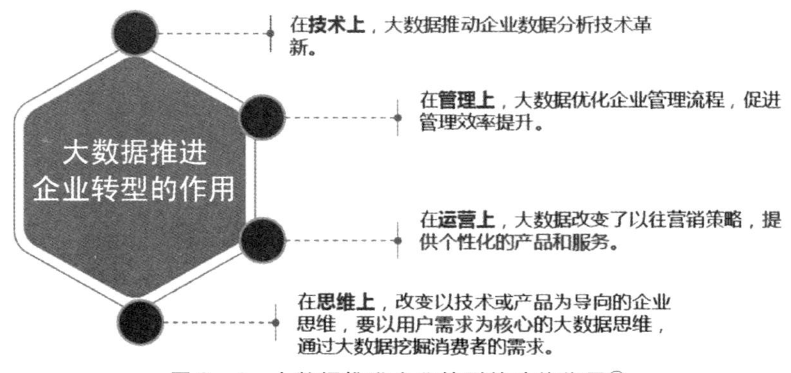

图 9－4　大数据推进企业转型的功能作用②

① 图片来源：https：//wenku. baidu. com/view/1a60d7fb710abb68a98271fe910ef12d2af9a93b。

② 图片来源：https：//wenku. baidu. com/view/51e14f1ef011f18583d049649b6648d7c1c708d0. html。

三、大数据——智能技术应用平台

从大数据的系统观点来看，大数据的整体架构是通过分层结构来实现的，主要包括5个环节：数据准备、数据存储与管理、计算处理、数据分析和结果展现。数据准备阶段是从各种数据源（如互联网、物联网、企业数据等）采集和导入数据，对数据进行加载、提取、转换成统一格式的结构化数据。数据存储管理是将经数据准备阶段转换的数据导入数据库进行存储。计算处理是在数据库中通过批处理技术、流处理技术、交互分析技术等方式对大数据作进一步的梳理、分析和整理。数据信息解释与结果展示阶段是将数据分析结果借助 GUI（Graphical use Interface，图形用户界面）可视化及人机交互技术呈现出来，GUI 可视化技术可以将数据分析结果以图形化界面显示，使数据结果更加易于接受。图 9-5 展示了大数据技术的信息处理流程，从数据源结构、数据提取与整合、数据分析、数据可视与解释 5 个层面刻画了大数据技术的信息处理逻辑结构。

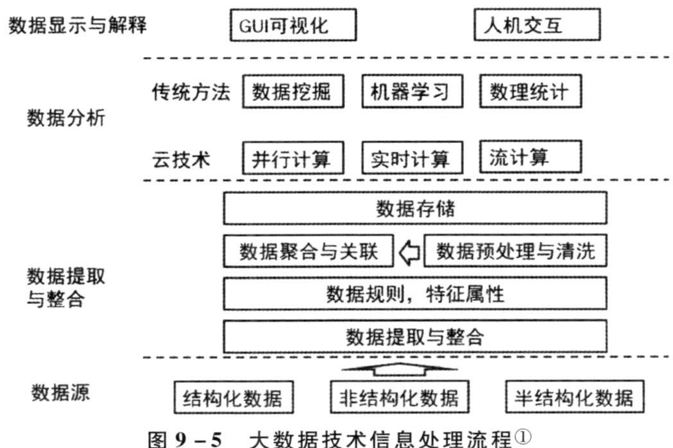

图 9-5　大数据技术信息处理流程①

① 图片来源：https：//blog. csdn. net/ningjingdezhizuo/article/details/77748666。

（一）大数据的采集和预处理

大数据主要通过集中采集和分布采集两种方式实现数据的收集和整理。所采集数据的形式多样，如表、图像、文件、音讯等。需要对这些采集到的结构化和非结构化数据进一步梳理整合，通过转换生成一种新的数据集，便于后续处理。这些采集技术包括系统日志采集、网络数据采集、其他数据采集等等。目前数据库继承、信息系统识别、集成融合技术都取得了突破性进展，位于发展前沿的互联网技术已经开发了数据清洗和质量控制等工具。

（二）大数据存储与管理

大数据时代的到来，使传统模式下的数据存储容量无法满足当今人们对其容量的需求。传统数据存储模式因受时间和空间的限制，其储存容量小，处理能力慢，无法应对大数据体量大、离散复杂的特点。针对大数据，云计算采用分布式存储系统将不同属性的数据分类存储，通过属性查询及时提取数据，大大提高了数据处理效率；与此同时，运用大数据计算机技术可将大容量数据进行压缩，使其占据内存更小，方便对其进行高效管理和准确处理。

（三）大数据计算模式

大数据计算模式是指根据大数据的不同数据特征和计算处理特征，从多样性的大数据计算问题和信息价值需求中提炼并建立的各种高层抽象和模型。大数据计算模式运用的技术比较多，基本上无法用单一的计算模式来满足大数据的计算需求。现阶段主流计算模式是应用Map Reduce来实现数据的计算和处理，但是随着数据量不断增长和处理数据问题的复杂性及难度增加，其已经不能完全满足大数据技术应用的需要，目前人们正在不断研究开发新的大数据技术来更有效地对数据进行计算和处理。

大数据技术可以抽象地分为大数据存储技术和大数据分析技术，这两种技术是截然不同的计算机技术领域。大数据存储致力于研发可以扩展至 PB 甚至 EB 级别的数据存储平台，而大数据分析技术关注的是在最短的时间内处理大量不同类型的数据集。

（四）大数据技术智能运用

大数据技术的智能化特性表现为它能够将隐藏于海量数据中的信息挖掘出来，对信息的组成结构进行客观的认知，形成专门知识，如群体或个体的行为特征、行为关系、交互影响等，为人类的社会经济活动提供依据，从而提高各领域的运行效率，大大提高整个社会经济的集约化程度。大数据的应用越来越彰显其优势特点，它涉足的领域也越来越广泛，电子商务、O2O、金融服务、物流配送等，各种利用大数据进行发展的领域正在协助企业不断拓展新业务，创新运营模式。有了大数据技术的助力，对于消费者行为的判断，产品销售量的预测，精准的客户营销以及存货的及时补给等，提供了有价值的信息支撑，使之得到长足的改善与优化。表 9 - 1 为大数据技术在相关领域的具体应用。

表 9 - 1　　大数据技术应用领域

行业	数据处理方式	价值
金融	➢ 贷款保险等多种业务数据集成分析、市场评估 ➢ 新产品风险评估 ➢ 股票投资组合趋势分析	➢ 增加市场份额 ➢ 提升顾客忠诚度 ➢ 提高整体收入 ➢ 降低金融风险
医疗	➢ 共享电子病历及医疗记录 ➢ 穿戴式设备远程医疗	➢ 改善医疗质量 ➢ 加快诊疗速度

续表

行业	数据处理方式	价值
制造	➢ 产品治疗、失效综合分析 ➢ 专利技术检索 ➢ 智能设备全球定位，位置服务	➢ 优化产品设计 ➢ 降低保修成本 ➢ 加快问题解决
能源	➢ 勘探、钻井等传感器阵列数据集中分析	➢ 降低工程事故风险 ➢ 优化勘探过程
互联网	➢ 在线广告投放 ➢ 商品评分、排名 ➢ 社交网络自动匹配 ➢ 搜索结果优化	➢ 提升网络用户忠诚度 ➢ 改善社交网络体验 ➢ 向目标用户提供有针对性的商品和服务
政府	➢ 智能城市网络集成 ➢ 天气、地理、水电煤等公共数据收集、分析 ➢ 公共安全信息集中处理、智能分析	➢ 提高公共服务水平 ➢ 舆情分析 ➢ 准确预判安全威胁
零售	➢ 基于用户位置信息的精准营销 ➢ 社交网络购买行为分析	➢ 促进客户购买热情 ➢ 顺应客户购买行为习惯

四、大数据——引领智能化发展趋势

在经济、社会、民生需求等众多领域，大数据引领着智能化信息的应用与发展。比如在服务于政府职能方面，大数据为预判和调控经济运行情景、灾难预警、公共卫生安全防范、城市预防犯罪、提升紧急应急能力等提供信息支撑；协助社会舆论监督、实现智慧交通、帮助医疗机构建立患者疾病风险跟踪机制。在工业经济方面，大数据在诸多行业为其提供智能化信息服务，如帮助医药公司提升药品的临床使用效果，帮助航空公司节省运营成本，帮助电信公司提升售后服务质量，帮助保险公司识别欺诈骗保行为，帮助运输公司监测分析运输车辆的故障险情和预警维修，帮助电力公司有效识别并预警设备故障；帮助电商公司向用户推行精准营销，帮助旅游网站为旅游者提供心仪的旅游路线，帮助二手市场的买卖双方找到最合适的交易目标，帮助用户找到最合适的商品购买时期、商家和最优惠价格，等等。其实，还远不止这些，未来大数据的身影可无处不在，虽无法准确预测大数据最终会将人类社会带往哪种形态，但有理由相信历史发展的脚步势不可当，因大数据而产生的变革浪潮将会冲击到地球的每一个角落。

继互联网的发展、物联网技术的出现使人们感知到了当代技术变革的强大魅力。当物联网发展到达一定规模时，借助条形码、二维码、RFID等做到能够唯一标识产品，传感器、穿戴设备、智能感知、视频采集等技术可实现实时的信息采集和辨识，这些智能化信息技术将向支撑智慧城市、智慧交通、智慧能源、智慧医疗、智慧环保的方向发展，它们也是大数据技术采集数据信息的来源和服务的对象范围，成为驱动人类社会不断发展的动力源。

（一）可视化推动大数据普适性发展

大数据的可视化技术基于大数据挖掘技术，将数据信息形象化、感知化，从而方便人们更直观地感知和获取深层次的重要信息。大数据可视化技术从数据信息源或存储空间摄取关键信息，并运用多种不同的分析手段提取位置信息，将这些信息以图像、图形等更直观的方式展示出来，帮助人们更好地感知、理解、洞察大数据中蕴含的深层次有价值的信息，同时通过信息智能化技术降低检索数据耗费的时间，提高处理数据信息的能力，拓展大数据技术应用的普适性。

（二）云计算支撑大数据开发与运用

大数据的未来正朝着智能化的方向发展，通过人工智能技术的开发让计算机模拟人的思维逻辑去思考、理解人类的行为模式，并对未来进行预判，这些智能化的实现路径与云计算的支撑分不开。云计算是一种基于互联网的计算方式，这意味着云计算能力可以在互联网上流通，对终端用户完全开放，并提供计算服务。云计算效率高、速度快、成本低，不需要人们掌握专业的技术知识就可以使用，可以满足用户的多样需求，具有很强的灵活性。云计算的分布式处理、分布式数据库和云存储、虚拟化技术为大数据提供了看似无限的存储空间和处理能力，满足大数据存储、传输、复杂计算的要求，改善了传统数据存储处理能力的缺陷与不足，是大数据的最佳载体。

第二节　大数据技术在企业集团财务决策中的应用展望

财务管理是现代企业管理的重要组成部分，现代企业赋予它不仅仅是传统的会计记账的职能，还担负着企业的投资、融资、资产管理决策职能，并且从财务业务一体化的需求出发，要求从财务数据中挖掘出非显性的信息，帮助和指导企业分析过去，掌控现在，预测未来，促进企业的可持续发展。随着物联网、云计算、大数据对企业经济活动的渗透，面临互联网环境下海量数据信息带来的挑战，企业集团财务管理也发生着改变。财务管理尤其需要通过数据来说话并帮助决策，而以数据体量巨大、类型繁多、处理速度快、精准度高为显著特征的大数据技术可在数据信息智能化方面提供支撑，让企业财务管理如虎添翼。

一、大数据技术——对企业集团财务决策的影响

大数据时代下，数据信息生成的量级和速度十分惊人，可谓是近年来数据生成技术的颠覆性变革。大数据与传统数据生成的本质区别在于，结构化数据比例趋于减少，而碎片化信息数据比例日趋增加，大量诸如图片、音频、视频等信息在满足特定数据特征的条件下，已

然成为影响财务数据乃至企业价值的不可忽视的因素。然而传统数据库的财务分析模式尚无法适应这种非结构化、碎片化类型的数据分析，为此，要想及时从中获取有价值的财务信息，快速筛选、精准定位、综合分析是大数据信息处理胜任的关键要素。

（一）大数据对企业财务决策带来挑战

财务管理是企业的核心，企业的重要决策都离不开财务管理，需要先进的经营管理理念和分析工具为企业财务管理的科学决策提供支撑。在当今数据信息爆炸的时代，传统的企业财务分析工具难以应对信息的规模化增长的海量数据的处理。大数据技术则成为必然的选择。大数据的信息来源多角化，有助于企业管理者拓宽财务管理的视野，让社会、经济数据信息的智能化应用与企业决策制定融为一体，提高企业财务管理决策的科学性。

大数据对企业的挑战与其发展趋势密切相关。为顺应社会经济数据信息环境的急剧变化，大数据科学理论方法应运而生，对原有数据世界的诸多算法和计算理论带来了变革，结合网络信息技术的突破，对企业财务业务一体化发展提出了更高要求；与云计算的深度结合，并得益于云设备为大数据提供了弹性可拓展的基础性设备，这为大数据应用提供了技术支持和保障，从数据管理方面为企业财务管理能力的提升创造了更大的空间。数据管理包括数据的定义、数据的来源管理、数据的特征提取和分类、数据的加工融通等。数据管理能力不仅为实时财务分析、应对环境变化、改善财务结果提供支撑，还提供了辨识影响企业经营风险因素的洞察力，为企业创新商业模式提供数据信息的支撑。数据管理能力要对企业核心竞争优势形成有力的支撑，相关数据信息的收集和处理应能提供服务于企业决策的有价值的信息，这从财务数据信息智能化应用方面对企业财务管理提出了挑战，要求从原有的事务性财务管理、事后进行核算转变为经营管控型财务管理、事前预测与事中控制结合，提升财务管理对企业决策提供支撑的有效性。

云计算、移动互联网时代的到来，使得种类繁多、数量庞大的大数据逐渐成为企业的重要战略资源，也是支撑企业构建云会计能力的基础资产。云会计作为一种新型的企业会计信息化建设模式，能够显著提高会计信息系统的柔性，并大幅度降低企业会计信息化的建设成本。作为信息化基础设施，云会计平台为企业能够顺应大数据时代进行财务决策提供支撑，通过为企业提供强大的数据存储和处理能力，为企业方便、快捷地提供各种财务决策支撑服务。企业财务决策需要对各种财务数据和非财务数据之间的相关性分析，要求财务业务数据的有机融合，实现财务业务一体化。基于云会计平台，可实现对企业财务决策相关的各种结构化、半结构化、非结构化类型的财务和非财务数据的抽取、转换、加载，通过大数据技术手段分析数据之间的关联关系，并从中挖掘出数据间蕴含的用户价值，从而为实现企业财务决策科学合理化和提升企业价值提供支撑。

（二）大数据对企业财务决策逻辑结构的影响

大数据时代带来的庞大数据洪流改变了企业经营管理决策的环境，使企业财务决策不仅再依赖于单纯的企业财务数据和决策者的经验判断，而在很大程度上企业财务决策的效率和质量将受到企业对数据的获取、处理、分析及应用能力的影响。企业发展的多元化、规模化和全球化使得企业财务决策所需的支撑数据已经不仅仅局限于企业的财务数据，还需要考虑与企业经营活动相关的各类机构或部门的非财务数据所带来的影响。企业财务决策除受其采购、销售、库存、生产等数据信息的直接影响之外，在不同程度上还会受税收相关法律法规、税收稽查、会计师事务所审计报告、评估报告、咨询报告、银行提供的信用等级、信贷管理数据乃至区域经济及宏观经济发展数据的影响。

这些财务决策数据信息可能分布在不同地域、不同机构，并且以不同的数据类型存在，且数量规模庞大，现有的企业财务决策系统难以收集和处理如此庞大的数据。因此，利用云计算—大数据平台的功能去实现这些分布式数据的采集与预处理成为一种可行且有效的选择。

当今社会经济环境的多变和突变对企业带来的挑战日益严峻，企业所处市场环境中的结构化数据、半结构化数据、非结构化数据已经成为影响企业财务决策不可忽视的重要数据信息资源，如何有效地利用好这些资源，从中发掘出其中蕴含的巨大商业价值是企业财务决策必须关注的问题，也是所面临的挑战。大数据、云会计为应对该挑战提供了契机和通路。企业财务决策所依据的数据源，可以通过互联网、物联网、移动互联网、社会化网络等多种媒介，借助云会计平台，从企业群体、工商、税务、财政、政法、事务所、银行、金融机构等多渠道获取。对大量的数据来源，借助大数据处理技术和方法（Hadoop、HPCC、Storm、Apache、Drill、Rapid Miner 等）可对获取的数据进行规范化处理，并通过 ODS、DW/DM、OLAP 等数据分析与数据挖掘技术提取企业财务决策相关的政府监管、纳税、会计和审计等数据信息，进而通过商业智能、可视发现、文本分析和搜索、高级分析等技术进行智能化辨识和判断，服务于企业的各种财务决策。

图 9-6 展示了大数据时代企业财务决策的逻辑结构。来源于互联网、物联网、移动互联网、社会化网络的结构化、半结构化、非结构化等财务与非财务数据经过云计算平台的数据处理，形成可供数据信息技术进行甄别、分析、整理、集成的数据群或数据集；这些数据流向社会经济的各部门机构，为政治、经济、社会、法制、民生、工商等各类活动提供其决策分析所必需的数据信息，作为国家实体经济单元的集合体，企业集团的经营活动及决策分析同样需要这些多元数据信息的支撑；运用大数据技术平台对大量的数据信息进行甄别、发掘、分析、整理，形成有价值的信息服务于企业集团的各类财务决策。可

见，借助互联网、物联网、移动互联网和社会化网络，企业可以通过大数据平台从企业内部、工商、税务、财政、会计师事务所、银行、交易所和金融等多渠道获取各种与财务决策相关的结构化数据、半结构化数据和非结构化数据，并根据企业财务决策需求进行相应的数据筛选、甄别、转换和集成，进而通过虚拟化技术实现数据的分布式的存储和管理，为后续采用大数据技术和方法进行数据处理提供数据支持。

如图 9－6 所示，基于大数据平台，企业将采集、预处理和存储起来的各种数据通过 Hadoop、HPCC、Storm、Apache Drill、RapidMiner、Pentaho BI 等大数据技术进行处理，然后借助 ODS 操作数据存储、OLAP 联机分析处理、DW 数据仓库、DM 数据挖掘等数据分析与挖掘技术，对来源于各渠道的数据进行信息分类分析，如政府监管信息、财税政策和纳税信息、法规及合规信息、行业信息和企业财务信息、会计师及审计信息等，进而面向企业预算管理和财务决策，包括投资决策、筹资决策、收入决策、定价决策、生产决策、成本费用决策等，根据决策需要形成不同的多层次决策方案。作为企业决策者，需要从这些财务决策方案中，根据相对最优原则进行抉择，并合理配置资源。

大数据技术将会对企业财务管理产生以下几方面的影响：

1. 财务管理系统创新。企业财务管理经历从人工核算、会计电算化会计软件、ERP 系统、商业智能（BI）等演进过程，但财务管理系统仍面临着一系列问题和挑战：如何从非结构化和半结构化数据中提取可供财务决策的有效信息；如何融合企业内、外部数据使之与企业经营状况实时交互和监测管理；如何多角度呈现财务信息和风险预警等。大数据时代为创新财务管理系统开启了新思维和新途径。

2. 提高企业预算准确性。预算为企业进行各项经营活动提供了重要依据，它在企业经营活动中起到了管理约束作用，为使预算有效，必须保证预算的刚性约束。考量企业预算的编制和执行，是要能够对预算制定和执行情况进行判断，分析其是否符合会计条例和准则要求，

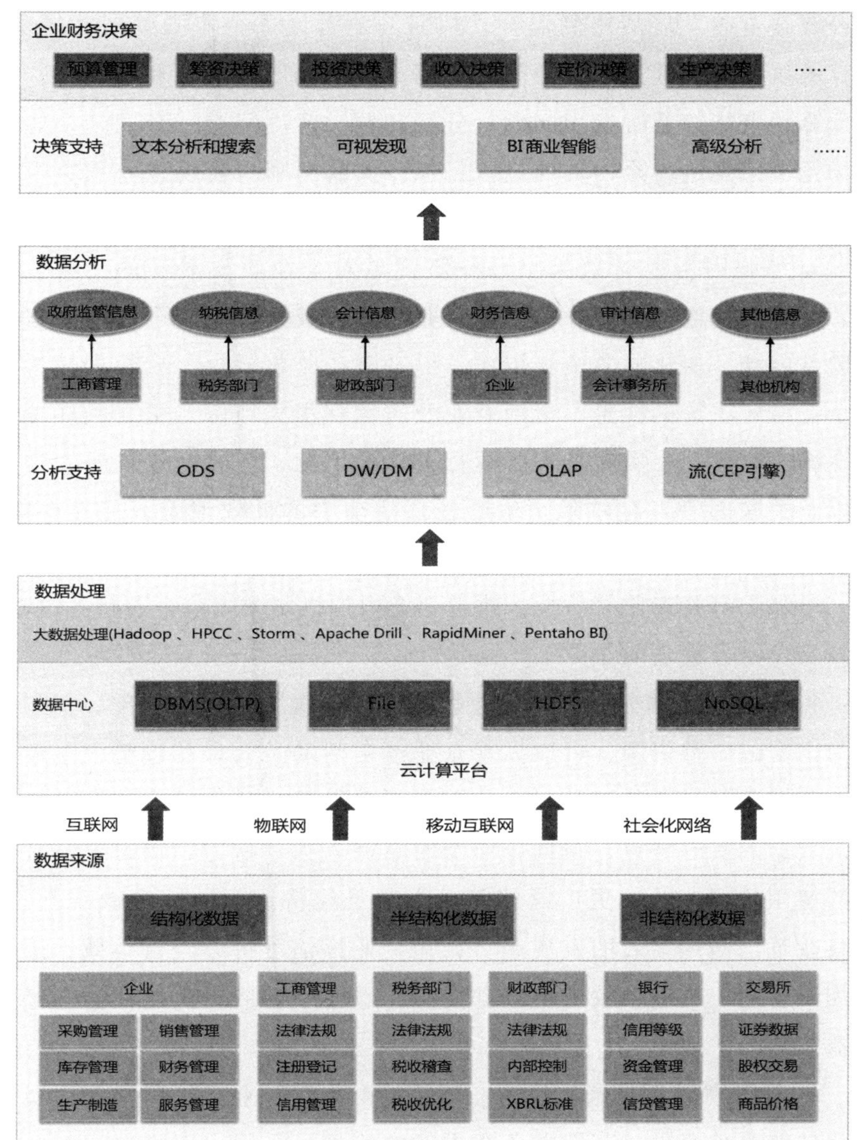

图9-6　大数据时代下企业财务决策逻辑结构图

注：可扩展商业报告语言（Extensible Business Reporting Language，EBRL）是指可扩展商业报告语言，目前应用于非结构化信息处理，尤其是财务信息处理的最新标准和技术。

是否符合企业发展战略的需要，判断其能否促进企业的发展和进步；预算的执行在于敦促企业各部门提高业务活动的经济性和有效性，通过预算约束能够及时发现问题、分析问题、解决问题，有助于企业在市场竞争中规避风险，实现经营目标。大数据则为实现企业预算管理科学化、民主化、法制化提供了有效方法。

3. 增强财务监管效果。财务监督是对企业收支活动的约束、规范、督导和促进。通过分析整理企业财务大数据，可以进一步丰富财务监督内涵，深化财务监督层次，提升财务监督效果。大数据通过开阔企业财务决策的视野，帮助企业及时掌握更大范围、更复杂环境下资金的实时流向、实施进度、运行效果等情况，还有助于及时发现问题以及关联因素，有效阻止生产经营活动中的低效浪费，促进合规，遏制腐败，更具针对性地提出改进建议和补救措施，提高资金运行效率，增强国有资产监管效能，改善企业内控机制，防范企业财务风险，提高企业财务管理质量。

4. 促进企业绩效考核。企业财务大数据作为企业最基础、积累量最为丰富的一种资源，可以纵观企业经营活动及效果的趋势，基于财务与非财务相结合的视角对企业财务活动绩效进行全面分析评估。通过大数据的实时特点，帮助企业及时掌握人力、财力、物力等各种资源的使用状况，并在更广泛的基础上收集经济运行的宏观微观数据，洞察改革与治理绩效的发展趋势，为企业评估可持续经营绩效，进一步加强管理、改进绩效提供数据支撑，服务于创造更大的社会和经济效益。

5. 提升财务人员素质能力。传统的财务管理业务，对财务人员信息化技能要求有限，获取财务数据新的能力也受限，而且数据的时效性较差。大数据时代的到来，数据信息的激增与数据网络结构趋于复杂，改变了企业经营管理的环境，对财务信息化水平提出了更高要求，同时从知识、技能、实操等方面对财务人员适应大数据情景的素质和能力也提出了挑战。

在大数据时代，企业的财务决策需要采用大数据技术从一系列抽象、隐晦的数据中提取出企业可直接利用的有价值信息或知识，通过将大数据将其转化为服务于企业决策的相关信息，能够大幅度提升财务决策的效率和效果，实现了企业财务决策的智能化，保证企业财务决策的科学性、严谨性。

二、大数据技术——企业集团财务决策应用

大数据得以成功应用不全在于对硬件技术投入多少，还取决于企业组织能够提供多少与大数据技术应用相匹配的辅助性资源，让数据与商业模式、业务模式、管理决策方式充分融合。由于企业集团对于大数据技术投资的收益通常难以直接体现，对大数据技术投资决策判断存在不确定性。企业管理层通常将大数据投资视为战略性长期投资，为此，需要用战略视野认知大数据技术应用对于企业集团财务决策中凸现价值的关键所在。从企业集团管理角度，大数据所提供的数据信息技术平台为企业战略发展开拓了空间，大数据所带来的变革性影响不仅在于生产率的提升，更重要的是会直接影响企业集团内外各的合作关系及商业合作模式。大数据变革了数据信息整合的方式，加快了信息传递速度，并致力打破企业组织内外信息传递壁垒，提高信息融合共享，这也直接促使企业组织内外合作模式、契约方式与管理协作的形式发生重大变革。

大数据对企业集团财务决策过程中分析问题的逻辑产生影响，大数据思维引导人们从“因果性思维”向与“相关性思维”以及两者相结合的视角过渡与转变，通过采集海量的碎片化数据中蕴含的信息成分，从中发掘隐含的相关性关系并进一步认知潜在的因果关系，将其转化为对企业集团有意义的财务数据。传统财务分析受技术和环境等时代因素的限制，以定量的货币数据描述为主进行财务分析，大数据

则通过大样本数据及相关性思维，将海量碎片化的信息数据整合成相关的财务数据，将会比局限于小样本的因果性分析得到的结果更为可靠和精准。可以认为在大数据时代下，企业集团财务分析与决策将会以货币数据信息为主，以海量碎片化数据信息作为支撑的模式向科学化决策发展。

（一）大数据强化经营策略分析

相对于其他类型的数据，财务数据更庞大、更复杂，蕴含着更多的专有信息。大数据强调用数据说话，通过梳理大量数据间的相关关系，强化以数据信息为基础的定量分析，反思企业的过去，评价企业的现今及财务状况、经营成果和现金流情况，判断企业未来走势，帮助企业完善决策。运用大数据技术对财务数据的处理和对隐含信息的充分挖掘，能够暴露非效率的沉淀，警示潜在的业务风险，实行收入、费用、成本跟踪分析，有效改进财务管理水平和资金使用效率，促进财务业务一体化，将资源更好的配置在增长领域。通过财务相关数据信息的深度发掘、深度融合，发现影响企业经营的非显性要素，及时调整经营策略应对竞争约束，保障企业可持续发展。

（二）大数据强化预算管理

企业预算是根据历年数据和当前业务实际数据的分析、结合相关调整信息对未来时期的资金需求进行预测和规划，在此基础上，通过合理分配人力、物力和财力等资源，为企业未来一定时期经营活动设计的资金配置和管理方案。以往因为会计记录、数据存储和分析工具的限制，企业全面预算大都局限于企业内部数据和历史数据，甚至内部数据信息的积累不完整导致不能适应经营决策的需要，也无法与同行业、先进的企业对标，全面预算管理缺乏科学性。而大数据用数据说话，通过各种数据对企业内外部大数据进行收集、处理、分析、整合、集成，帮助企业获取全面预算所需的数据信息，促使预算管理逐步实现规范化、科学化、有效化。

（三）大数据实行财务监管

财务监督可以督导企业各方面经营活动的执行符合企业规章制度及内控流程要求，促进企业各项经营活动和管理行为合规合法。而数据信息通达是支撑财务监督的基础条件，为促进财务职能角度的有效监督提供保障。大数据环境下，财务管理不仅打通了财务内部、财务与企业各业务部门、企业与财政、税务、工商等政府机构之间的“信息孤岛”，敦促企业接受来自各方面的监督，而且有助于股东、投资者和外部审计师通过大数据信息渠道了解企业经营活动的真实财务状况，促进企业各项活动合规化、管理行为科学化。

（四）大数据推进企业绩效评价

企业绩效评价实质上是按照市场经济和竞争环境要求从自身纵向绩效考量和横向对比绩效考量两个维度判断企业的盈利能力、发展能力和综合竞争能力，为引导企业经营行为，梳理内外部环境变化影响要素，强化企业内部监管，提高企业经营管理能力提供参考依据和改进思路。随着企业集团经营活动面向跨区域、跨地域市场的拓展，企业的管理能力、竞争能力及其整体绩效已不再仅由传统的财务指标所能反映，企业绩效评价也由传统的财务指标向财务与非财务指标相结合运用发展，实践中企业集团在绩效评价中倡导运用平衡记分卡也证实了这一点。财务与非财务指标结合的必然要求在于要合理把握构建非财务指标数据信息源的可信度，这需要借助大数据技术认知与企业行为相关的大量碎片化、半结构化数据间的相关性，进而推断影响企业业绩的潜在因果关系和关键要素，通过用“数据说话”贯通企业集团决策与绩效提升的互动逻辑。

（五）大数据助力固定资产管理

固定资产管理是企业财务管理的重要组成部分，重购置轻管理成为企业固定资产管理中普遍存在的问题。大数据环境下的资产管理软件工具可以有效帮助财务管理人员摈弃传统繁缛的手工记账，通过建立固定资产总账、分类账、明细账和卡片账等电子账务，并辅之以有效手段将账务与实物的数据信息对应关联，实现固定资产数据信息库动态管理，对各部门所占有、使用的固定资产进行定期清查，对处置、报废的固定资产逐一核实，做到账账相符、账实相符、账卡相符。大数据技术有助于提升资产管理的有效性，帮助实时甄别固定资产的使用状态，防止非效率或闲置，在有效提升固定资产创利效率的同时，保障固定资产处于正常使用状态。

（六）大数据提升企业财务管理信息化水平

大数据环境下，提高企业财务管理水平的有效提升是要通过提升财务管理信息化水平得以实现。制定统一的财务管理制度旨在有效提升企业财务管理的效率和质量，这以提高财务信息化水平、会计数据的透明度和披露程度为前提，先进的网络信息化平台为完善信息化制度提供了支撑。大数据可以帮助企业构建统一的财务管理信息化平台，打通企业各部门间的财务信息资源共享，保障企业预算、结算、现金流、财务监督等财务管理业务的规范化、高效化，提升财务管理的时效性，促进各部门之间的协作，进而提升投资者对企业的信心、企业的社会形象和用户价值。

由此可见，现代信息技术极大扩展了人们收集数据、处理数据、管理储存数据、分析数据以及应用数据的方式和手段，也成为提高企业集团财务管理水平的重要工具。诚然，大数据在企业集团财务管理中真正发挥作用还需要真实可靠的信息资源、先进的信息化管理平台以及高素质能力的财务人员作为支撑。大数据技术的发展为企业收集和汇总与企业财务决策相关的各种数据成为可能，也为企业管理者采用大数据技术做出科学、合理的财务决策提供了平台支撑。大数据时代，财务数据信息作为企业集团财务决策的核心数据信息，与企业经营管理活动中非财务数据信息深度融合，并通过大数据技术和方法在企业各项财务决策中的应用，将会为企业带来强大的核心竞争优势。大数据的潮流不可逆转，顺应了时代科技发展和用户价值发掘，它对企业集团财务管理及决策的影响将是长久而深远的。

三、大数据技术——企业财务模型构建应用展望

企业财务建模对在企业集团日常经营活动有着重要的影响作用。随着计算机技术在企业财务管理中的普遍应用，历年企业财务报表数据的收集整理，定量分析总结，掌握其发展规律，建立财务模型，实时掌握日常经营过程的变化规律，为企业经营策略制定和提升企业价值提供了有效支撑，财务模型作为一种有效工具，针对市场拓展和投融资业务，可有助于科学地为企业管理者提供决策依据，促进企业经营业务稳健运行，对企业未来良性发展提供强有力的支撑。

企业集团通过构建财务模型可以帮助实现财务预测、财务分析、财务预警以及辅助经营决策的相关功能。通过构建财务预测模型，可有助于企业集团梳理和识别影响公司发展和经营业绩的关键因素，帮助财务人员认知和管控未来的不确定性因素，使财务计划的预期目标与可能变化的市场环境和经济条件相适应，并对财务计划的实施效果做到心中有数。

财务预测是企业财务管理循环中重要的一环，是企业进行财务决策的基础，也是制定财务预算和计划的依据。大数据时代的到来，使财务预测的基础、模式、方法正经历着深刻的变革。通过收集企业经营活动相关的财务数据和非财务数据，以及其他相关来源的海量数据，

并对这些数据进行分析与挖掘，进而辨识影响企业经营的关键因素和风险因素，准确地把握企业的经营现状，为提高企业运营效率、开拓企业新业务提供决策参考。大数据技术有助于从数据信息发掘中获取新的洞察力，预测研判企业经营的未来趋势，并制定适应企业未来发展规划的财务战略，更全面地提升财务决策科学化水平。

借助于大数据技术进行企业集团的财务预测、财务分析和财务预警，能够更贴近实际地对未来经营、投资和融资计划做出客观预测；进而基于预测提供财务分析指标，帮助把握公司未来发展状况，为决策方案抉择提供依据，供决策者权衡利弊，进行科学抉择；同时辅助公司管理层合理进行经营业务规划、投资规划和筹资规划。当公司环境发生变化时，通过财务预警辅助管理层做出相应调整，支撑科学决策。

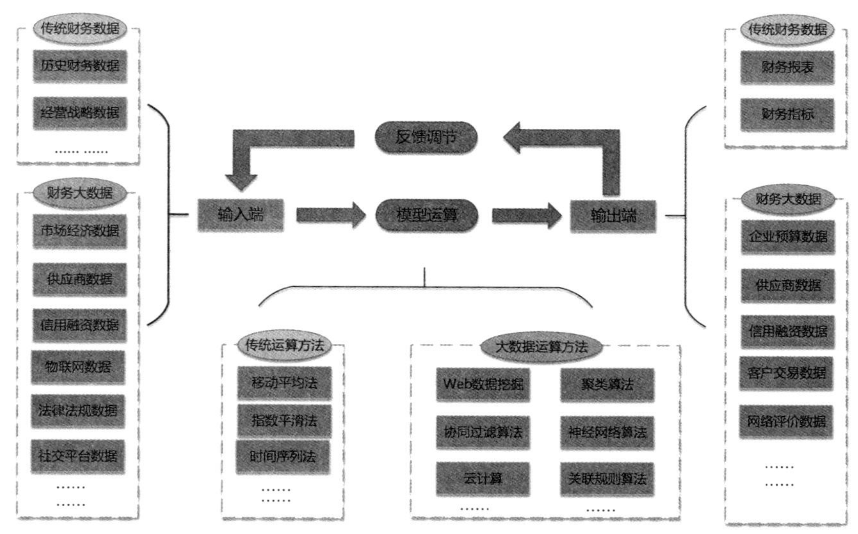

图 9-7 大数据背景下财务模型构建思路

财务模型包括输入、模型运算、输出三大系统，模型采用三级逻辑架构设计，即自下而上包括基础数据层、模型运算层、输出界面层。

各层系统具体包括：（1）基础数据层为主要输入端，主要包括历史财务报表和各子模型的特殊基础数据和参数。（2）模型运算层集成了所有数据运算，根据基础数据层采集的参数值，进行包括经营业务、投资业务和融资业务的运算过程。（3）输出界面层是对模型运算结果、基础数据按照界面友好原则进行的再梳理，重点梳理运算得出的关键绩效指标，并与管控（绩效考核）指标进行对标分析，提供预警机制。

传统财务预测以结构化数据为基础，以定量或定性化分析模型为支撑，依据因果逻辑推理得到预测结果，如时间序列预测、回归分析、趋势分析等。但在大数据时代，预测的数据基础已发生了质的变化，非结构化数据大量涌现，结构混杂，对此传统财务预测的精确化处理方式已无法适用，引致大数据时代下企业财务预测方法会发生深刻变化。

（一）模型输入端以“全部数据”为预测基础

传统的财务预测包括定性与定量分析，其中定量分析主要是时间序列预测、因果分析预测，其基础主要是统计分析中的“抽样分析”，它是基于有限的样本数据进行分析论证，是在获取数据途径和方法有限的时代环境下，无法进行全部数据分析的无奈选择。且传统的抽样分析存在其缺陷和局限，源于抽样分析结果的准确性与样本的数量及样本选择的随机性有关。

大数据背景下，数据收集、存储、处理技术发生了翻天覆地的变化，数据获取途径的局限已被打破，财务预测不再依赖抽样的方法，而是采用全部数据的方法。云计算、物联网、数据库等技术的发展，为获取足够大的样本数据乃至全体数据提供了技术支撑。Hadoop 等开源技术的发展也为数据的分析与挖掘提供了条件。大数据技术为财务预测功能的拓展提供了空间。

（二）模型运算以“相关性”为预测逻辑

Viktor Mayer-Schonberger（2013）在《大数据时代》中指出“建立在相关关系分析基础上的预测是大数据的核心”，与“小数据时代”基于因果关系的财务预测不同，大数据时代的财务预测主要通过寻找事物间的相关关系寻求答案。[①] 传统财务管理依赖于对因果关系探寻来分析问题，先通过假设两个变量之间存在某种因果关系，然后进行验证，是通过揭示其内部的活动机理来进行分析，这种方式限制了人们的思维视角。例如传统销售百分法对资金需求的预测，主要依据是会计科目与销售收入之间的依存关系，利用销售收入增长率来预测财务报表，预测资金需求，这种分析无论是科学性还是准确性都存在局限性。大数据时代的财务预测不再过度依赖因果关系，而更多的是依据考量多个变量之间的关联性来分析事务的现象和内在逻辑关联。通过对财务大数据的比较、聚类、分类等分析，探寻两个或两个以上变量之间存在的某种规律性，发现数据集里非显性的相互关系，进而对企业发展的未来趋势做出判断和预测。正是因为这种思维模式的突破，使得大数据背景下财务预测的逻辑发生了变革，由此获得更大的拓展和创新空间。

（三）模型输出端的预测结果转向多样化

与传统财务预测的数据来源及结果推导不同，大数据以非结构化数据为主，数据结构混杂，难以通过传统财务预测模式进行处理，需要构思和设计新的且适合大数据特征的数据处理方式。大数据分析以全体或总体为对象，很难直接或直观地发现全体或总体的本质、属性、特征、规律、联系，也难以找到合适的统计学或数学模型来对其进行

---

① 张高胜：“大数据时代财务预测的变革探索”，《商业会计》，2016 年第 6 期。

客观描述。大数据财务预测不再以追求精确结果为目标，而是通过发掘多维因素变量之间的相关关系提供更多行为规律性的结果和发现，企业财务预测结果转向多样化和发现新知识。

本章小结

本章主要讲述在大数据时代背景下，大数据技术如何对企业集团财务决策过程中的数据采集与输入、模型运算及结果输出等方面产生影响，进而对企业集团未来的财务决策发展方向进行展望。在对大数据概念特征及现阶段大数据技术应用分析的基础上，阐释了大数据技术应用将对企业集团财务管理、财务模型构建及财务决策各个流程产生的优化及改进。

参考文献

[1] Altman E I. Financial ratios, discriminant analysis and the prediction of corporate bankruptcy [J]. The journal of finance, 1968, 23 (4): 589 – 609.

[2] Altman, E. I. Corporate Financial Distress and Bankruptcy [M]. 2nd Edition, John Wiley & Sons, New York, 1993.

[3] Altman E I, Hartzell J, Peck M. Emerging markets corporate bonds: A scoring system [Z]. Salomon Brothers Inc, New York, 1995.

[4] Beaver W H. Financial ratios as predictors of failure [J]. Journal of accounting research, 1966: 71 – 111.

[5] Fitzpatrick P J. A comparison of the ratios of successful industrial enterprises with those of failed companies [M]. Accountants Publishing Company, 1932.

[6] 阿尔弗洛德·拉帕波特:《创造股东价值》，云南人民出版社 2003 年版。

[7] 岑林:“企业产品销售成本与制造成本回归模型初探”，《能源与环保》，2009 年第 6 期，第 114 – 116 页。

[8] 陈清:“完善我国企业社会责任会计信息披露制度”，《上海企业》，2006 年第 4 期，第 63 – 65 页。

[9] 程学旗、靳小龙、杨婧、徐君:“大数据技术进展与发展趋势”，《科技导报》，2016 年第 14 期，第 49 – 59 页。

[10] 程平、王晓江:“大数据、云会计时代的企业财务决策研究”，《会计之友》，2015 年第 2 期，第 134 – 136 页。

[11] 当前中国 PPP 的发展现状以及存在的问题，https://

www. sohu. com/a/193837604_ 263888。

［12］邓金蕾："基于大数据环境的物流企业管理创新分析"，《中国管理信息化》，2019 年第 4 期，第 75－76 页。

［13］邓旭东："企业并购中的利益博弈与协调探究"，《法制博览》，2018 年第 16 期，第 140－141 页。

［14］丁慧平、孙长松、徐敏："基于资本属性及回报的高速铁路客运投资分析"，《同济大学学报（自然科学版）》，2012 年第 10 期，第 1582－1588 页。

［15］丁慧平、孙长松、徐敏青："基于资本属性及回报的高速铁路客运投资分析"，《同济大学学报（自然科学版）》，2012 年第 10 期，第 1582－1588 页。

［16］冯钰萍："谈企业经营失败与财务预警"，《苏南科技开发》，2006 年第 4 期，第 52－54 页。

［17］郭明明、吴述金、朱晓雨："二叉树模型的参数估计"，《应用概率统计》，2014 年第 2 期，第 206－212 页。

［18］郭凯："如何从财务报表中分析企业经营管理风险"，《企业改革与管理》，2016 年第 9 期，第 92－93 页。

［19］韩立岩、娄静："经营、投资和筹资现金流动态交互影响分析"，《中国管理科学》，2010 年第 2 期，第 1－7 页。

［20］贾康、孙洁："公私伙伴关系（PPP）的概念、起源、特征与功能"，《财政研究》，2009 年第 10 期，第 2－10 页。

［21］金元浦："互联网＋时代：文化科技创新—创意新特征"，《江苏社会科学》，2016 年第 2 期，第 250－256 页。

［22］李慧："线性回归预测与控制在物流作业成本法中的应用"，《重庆交通学院学报》，2004 年第 6 期，第 115－117 页。

［23］李浩举、程小可、郑立东："经济政策不确定性、营运资本管理与企业价值"，《中央财经大学学报》，2016 年第 3 期，第 72－

81 页。

[24] 李敬："基于 TOPSIS 的成本组合预测方法及其应用"，《统计与决策》，2013 年第 4 期，第 71 – 73 页。

[25] 李绪富："我国上市公司重塑研究"，复旦大学，2003 年。

[26] 李天天、朱翠景、李昕欣："浅析大数据与财务分析的关系"，《中小企业管理与科技（下旬刊）》，2017 年第 6 期，第 81 – 82 页。

[27] 罗伯特·希金斯：《财务管理分析（第六版）》，北京大学出版社 2003 年版。

[28] 李向前："企业价值研究"，吉林大学，2005 年版。

[29] 李帆、杜志涛、李玲娟："企业财务预警模型：理论回顾及其评论"，《管理评论》，2011 年第 9 期，第 144 – 151 页。

[30] 刘学兵、袁智慧、钟俐玲："海南农垦企业集团转型期财务管理体制研究"，《会计之友（中旬刊）》，2010 年第 12 期，第 45 – 47 页。

[31] 刘凤委："财务与大数据技术的融合与发展"，《新理财》，2018 年 Z1 期，第 94 – 95 页。

[32] 刘盛蓉："财务可持续增长模型的比较分析"，《齐鲁珠坛》，2008 年第 5 期，第 8 – 10 页。

[33] 刘亮："也谈上市公司财务危机预警模型"，《财会通讯（理财版）》，2007 年第 7 期，第 83 – 84 页。

[34] 林文杰："EVA 价值管理体系及在我国商业银行的应用"，《华中科技大学》，2012 年。

[35] 马惠锦："试论企业财务的预警管理"，《山西广播电视大学学报》，2009 年第 3 期，第 90 – 91 页。

[36] 苗晴："中国 A 股上市公司市值管理研究"，江苏大学，2009 年。

[37] 苗濛："备件需求预测模型研究"，《物流工程与管理》，2013 年第 11 期，第 78 - 84 页。

[38] 彭璐琦："FCFF 和 EVA 估价模型在企业价值评估应用中的比较研究"，江西财经大学，2016 年。

[39] 皮爱兰："大数据背景下企业财务管理的挑战与变革"，《财会学习》，2018 年第 4 期，第 35 - 36 页。

[40] 宋璇："集团企业财务危机预警系统探讨"，《商场现代化》，2009 年第 4 期，第 88 - 89 页。

[41] 宋雪丰、唐国宇、孙戌杰："大数据技术进展与发展趋势"，《电子技术与软件工程》，2018 年第 21 期，第 145 - 146 页。

[42] 唐泽林："PPP 模式的特点及其在公路建设中的应用"，《交通世界》，2018 年第 14 期，第 3 - 5 页。

[43] 唐兵、田留文、曹锦周："企业并购如何创造价值——基于东航和上航并购重组案例研究"，《管理世界》，2012 年第 11 期。

[44] 田辉："乘数估值法在证券市场股权估值中的应用"，《中国资产评估》，2004 年第 5 期。

[45] 田子义："Z 值财务预警模型解释"，《现代经济信息》，2014 年第 12 期，第 245 页。

[46] 腾敏："市值管理背景下公司价值实现问题研究"，集美大学，2017 年。

[47] 王丽娟、梁晓娟："基于可持续增长速度的企业融资效率研究"，《会计之友》，2012 年第 16 期，第 26 - 29 页。

[48] 王明虎："企业集团财务管理教程（第二版）"，立信会计出版社 2017 年版。

[49] 王灏："PPP 的定义和分类研究"，《都市快轨交通》，2004 年第 5 期，第 23 - 27 页。

[50] 王晓燕、雷振华："多变量财务预警模型实证的比较分析"，

《中国乡镇企业会计》，2011 年第 9 期，第 18 – 20 页。

[51] 王治邦："浅谈大数据在企业财务管理中的运用"，《中国统计》，2016 年第 5 期，第 60 – 62 页。

[52] 邬烈岚：《企业集团财务管理》，立信会计出版社 2017 年版。

[53] 小约翰·科雷：《公司战略》，中国财政经济出版社 2003 年版。

[54] 肖明、胡志颖："我国企业财务决策中价值评估模型选择"，《科研管理》，2006 年第 2 期，第 140 – 144 页。

[55] 徐光辉："从'价值创造'开始——论中国经济战略转型"，《管理世界》，2011 年第 11 期，第 1 – 11 页。

[56] 姚清云、张峰、殷秀清等："基于组合灰色预测模型的物流企业运营成本预测"，《会计之友》，2014 年第 28 期，第 5 – 9 页。

[57] 闫华红、孙明菲："可持续增长下的财务战略研究——基于高新技术企业的实证数据"，《经济与管理研究》，2011 年第 2 期，第 94 – 102 页。

[58] 杨国莉："可持续增长模式的比较分析"，《商场现代化》，2007 年第 17 期，第 339 – 340 页。

[59] 杨景海："基于可持续增长率对财务战略调整框架的构建"，《商业会计》，2012 年第 13 期，第 9 – 10 页。

[60] 杨妍珑："浅议杜邦分析法和因素分析法在财务管理中的应用"，《财政监督》，2010 年第 20 期，第 34 – 36 页。

[61] 干胜道、邓小军、陈念："基于修正销售百分比法的资金需求量预测"，《财会月刊》，2003 年第 21 期，第 86 – 88 页。

[62] 油晓峰、王志芳："财务可持续增长模型及其应用"，《会计研究》，2003 年第 6 期，第 48 – 50 页。

[63] 叶佩娣："市盈率估值法和市销率估值法在我国 A 股市场的

应用分析”，《山东财政学院学报》，2008 年第 2 期，第 42 – 45 页

[64] 王革新、王立强、张静源：“面向交通运输体系构建的货运量定量预测方法研究”，《黑龙江科技信息》，2011 年第 22 期。

[65] 张高胜：“大数据时代财务预测的变革探索”，《商业会计》，2016 年第 6 期，第 14 – 16 页。

[66] 张涛：“销售百分比法分析及改进意见”，《会计之友》，2005 年第 12 期，第 73 – 75 页。

[67] 张涛：“用 Excel 进行质量成本预测——基于移动平均法”，《中外企业家》，2011 年第 12 期，第 39 – 40 页。

[68] 张爽：“提升财务管理在企业管理中的作用”，《中外企业家》，2015 (29)：92 + 95.

[69] 张高胜：“企业财务管理变革的新方向——‘大数据财务’”，《现代商业》，2015 年第 26 期，第 123 – 124 页。

[70] 张睿芊、方颀卓：“企业财务风险与经营风险探究”，《中国市场》，2017 (29)：219 + 233.

[71] 张鼎祖：“对市场法评估企业价值的思考”，《财会月刊》，2006 年第 2 期，第 5 – 7 页。

[72] 张云：“企业管理会计以及价值创造转型”，《经贸实践》，2017 年第 19 期，第 271 – 272 页。

[73] 张高胜：“大数据时代财务预测的变革探索”，《商业会计》，2016 年第 6 期，第 14 – 16 页。

[74] 张洪文：“营改增后 PPP 项目的会计及税务处理”，《注册税务师》，2016 年第 12 期，第 46 – 50 页。

[75] 张向锦：“我国行政事业单位财务问题探讨”，《行政事业资产与财务》，2011 年第 18 期，第 60 – 61 页。

[76] 赵学明：“基于一元回归法和灰色预测模型 GM (1, 1) 的工程项目成本预测”，《华北电力大学学报（社会科学版）》，2011 年

第 S2 期，第 114 - 117 页。

[77] 赵倩：“企业的财务建模与优化分析”，西安科技大学，2017 年。

[78] 詹姆斯·范霍恩：《财务管理与政策（第十一版）》，东北财经大学出版社 2000 年版。

[79] 周首华、杨济华、王平：“论财务危机的预警分析——F 分数模式”，《会计研究》，1996 年第 8 期，第 8 - 11 页。

[80] 中国政府采购网，http://www.ccgp.gov.cn/ppp/zs/201506/t20150612_5411222.htm。

[81] 朱明：“浅析新会计准则下投资核算对企业的影响”，《全国商情（理论研究）》，2012 年第 1 期，第 50 - 51 页。